戏剧
教育之光

陶金金　王　蕊／编著

文化发展出版社
Cultural Development Press
·北京·

图书在版编目（CIP）数据

戏剧教育之光 / 陶金金，王蕊编著. —北京：文化发展出版社，2024.5

ISBN 978-7-5142-4331-4

Ⅰ. ①戏… Ⅱ. ①王… ②陶… Ⅲ. ①戏剧教育－教学研究－小学 Ⅳ. ①G623.712

中国国家版本馆CIP数据核字（2024）第066571号

戏剧教育之光

陶金金　王　蕊　编著

出 版 人：宋　娜　　　特约编辑：李新承
责任编辑：孙　烨　　　责任校对：岳智勇
责任印制：邓辉明　　　封面设计：盟诺文化
出版发行：文化发展出版社（北京市翠微路2号 邮编：100036）
发行电话：010-88275993　010-88275710
网　　址：www.wenhuafazhan.com
经　　销：全国新华书店
印　　刷：北京佳益兴彩印有限公司

开　　本：710mm × 1000mm　1/16
字　　数：272千字
印　　张：17
版　　次：2024年5月第1版
印　　次：2024年5月第1次印刷

定　　价：79.80元
I S B N：978-7-5142-4331-4

◆ 如有印装质量问题，请电话联系：010-88275720

前言

戏悦童心——“戏剧教育，让每个孩子都精彩”综合实践活动实施方案

一、开发背景

实现教育的公平就是为每个学生提供发展的机会，让每个学生有发展的舞台、有实现自我的机会。秉承“师生的实际获得是学校的出发点和落脚点”的教育理念，关注学生必备品格，促进学生核心素养发展。为推进美育教育、德育教育在学校教育的落地，我校开展以戏剧教育为主的综合实践活动，让戏剧教育，面对全体学生，为全体学生所享有，为全体学生服务。

二、指导思想

戏剧教育课程是通过戏剧的方式，展开综合性的教育活动。它集语言、形体、音乐、美术等多元智能于一身，综合提升小学生的感受力、表现力、理解力、创造力以及动手能力和团队合作精神等，并在实践过程中自然融入美育，从而培养学生感受、表现、鉴赏、创造美的能力。把戏剧教育作为综合实践活动的内容，开展戏剧教育的相关活动。在以表演一个剧目为目标的活动过程中，落实研究性学习、劳动技术教育、社区服务、社会实践四方面教育活动。通过考察探究、社会服务、设计制作、职业体验等方式，培养学生综合素质的跨学科实践。

三、实施目标

总目标：落实以戏剧教育为主题的综合实践活动。学生通过戏剧教育活动，能从个体生活、社会生活及与大自然的接触中获得丰富的实践经验，形成并逐步提升对自然、社会和自我之内在联系的整体认识，具有价值体认、责任担当、问题解决、创意物化等方面的意识和能力。

分目标：

1. 价值体认：通过形式多样的学习方式和剧目的表演活动，影响学生习惯养成，培养学生关爱感恩、热爱自然、感受生命的美好。培养合作意识、持之以恒、责任担当、家国情怀、国际视野、多元理解等品格。

2. 责任担当：重视学生实践活动的过程，使学生在活动中主动参与，乐于交流，大胆表达，在实践中使学生探究能力、发现问题解决问题的能力、合作能力、交流表达能力、鉴赏能力等综合能力得到提升；并在分组活动中建立自己的责任意识，有责任担当。

3. 问题解决：让学生在戏剧教育主题活动中，了解戏剧教育的相关知识，通过情境创设、角色表演、故事剧场、戏剧创作等学习方式，使学生学习多学科的相关知识，并学会将已有知识再整理、再加工、再提高、再学习。能够从生活中发现问题，运用戏剧的方式进行问题解决，更好地为生活服务，并能在活动中提出有价值的问题，能够根据问题进行恰当方法的运用并尝试解决问题。

4. 创意物化：学生通过服装道具、音乐等活动的动手操作实践，初步掌握手工设计与制作的一些基本技能，并通过对道具的探秘与制作，学会正确选择工具和材料，使制作的道具为舞台表演增加视觉冲击力及感染力。

四、实施原则

1. 全员参与原则。

2. 多项融合原则：学科实践、德育工作、民族团结教育、美育教育。

3. 自由宽泛原则：根据班级特点，发挥师生特长自由选择主题开展大小剧目实践活动。

五、具体实施

（一）教师培训提水平

1. 需要专家引领。

①借助社团进行戏剧指导培训，周六三个剧目社团一个基础课程社团，安排老师进行辅助组织并学习。

②借助区级戏剧工作室活动开展校级师生培训活动。

2. 加强教师自身学习，通过书籍和网络了解戏剧课程。从态度上重视此项实践活动课程。

3. 借助出书促进教师进行经验梳理和专业提升。

（二）课程实施展精彩

1. 年级主管牵头制定各年级的戏剧综合实践活动主题，与德育工作相结合确定各年级主题：

一年级，文明进行时；二年级，节日文化传；三年级，诚信伴我行；四年级，安全心中记（校园安全、交通安全等）；五年级，民族故事风（少数民族故事）；六年级，党在我心中。

2. 以语文教师牵头出班级剧社剧本，班主任协调安排班级剧社实践活动。

3. 各学科教师落实剧本衍生出的主题任务，组织学生进行深入的学习、实践和研究。用各自的主题任务活动，支持剧目表演和班级剧社建设。

4. 以戏剧展演为终极目标，开展综合实践活动课程学习成果展示活动。结合元旦开展“亮彩谈赢——第九届戏剧节”活动，每个班级剧社表演一个剧目，这一任务由班主任教师和综合实践老师负责共同完成。

（三）规范常规促发展

1. 计划。年级主题计划要有讨论、有主题、有分工、有职责，要让涉及的老师人人知晓。

2. 备课。有单元备课，单元备课通过任务串或思维导图呈现单元备课、课时备课的关系。单元大反思不少于 1000 字；课时备课落实教学目标精准描述，围绕目标设计有兴趣有研究的活动。

3. 研究。同年级教师利用周反思时间进行小教研明确每周活动方向及内容。期初定戏剧研究方向，期末同年级教师案例交流，择优校级交流分享。

4. 学习。每位教师一学期要听不少于一节综合实践课，并记录在教学手册中。

5. 作业。作业以小组或个人方式完成，形式多样，注重过程性、研究性，做到真问题、真研究、真实践。建立纸张档案及电子档案。

每个月按照进度进行班级“戏悦童心”专栏更新，月底检查反馈，按照总积分评选出优秀实践作业。戏剧节活动时进行优秀作业展示分享。

6. 评价。备课每月末上交检查反馈，并记录在年级评价中。

六、实施建议

（一）实施主题

戏悦童心——戏剧教育，让每个孩子都精彩。

（二）实施形式

以一个剧目最终展示为主开展实践活动。

（三）实施内容

1. 文学性活动。（决定行动）组织学生开展阅读书籍、文章，编写、修改、研学剧本等活动，发掘其中蕴含的教育思想和人文思想。学习相关戏剧艺术的知识，丰富学生的知识。培养和提高学生的文学修养，培养学生的阅读兴趣与能力，提高学生的写作水平。

2. 欣赏性活动。（决定行动）组织学生欣赏话剧、课本剧、电影、歌舞剧等，丰富学生文化生活，陶冶学生情操，提高他们的艺术修养，对学生进行相应内容的美育。

3. 实践性活动。（实践行动）围绕剧目，组织内容丰富、形式灵活的综合实践活动。如服装设计、舞台设计、音乐选配、展演设计、剧目文化等，培养学生广泛的兴趣爱好，学会做事的方法。

4. 展示性活动。（亮彩行动）通过宣传策划、组织剧目表演、小组成果展示等，提高学生的合作能力、艺术表现能力及审美水平。

5. 总结性活动。（明德行动）让学生在自我分析中学会做人、学会做事的方法，知德行、懂感恩。

（四）实施建议

此次实践活动共分四次活动完成：决定行动、实践行动、亮彩行动、明德行动。

1．决定行动

活动主题及时间	活动内容	实施建议	课时分配	活动成果（副产品开发）
决定行动（9—10月）	开发阶段：以综合实践课为主。 主题研究：根据年级主题开展小主题研究活动。	以剧目为研究主题开发相关小主题研究。 如：民族主题可从民族知识、背景、文化、饮食、建筑、服饰等进行研究。 主题研究从问题提出、分设小主题调查研究、多种渠道收集资料、小组合作探究提出问题解决等方面进行研究，并从中收集故事作为剧本创编素材。	二至三周	1. 问题提出。 2. 研究过程。（思维导图、记录单） 3. 研究成果（记录单、研究结果分析、活动感受）等。 4. 建立主题档案袋。
	班级剧本创编： 根据学生年龄特点，围绕年级制定的主题，挖掘生活、学校、自然等题材进行班级剧本创编活动。	分小组或分幕式进行剧本创编；按照故事的起承转合进行故事创编及剧本编写；分层次进行剧本研磨及指导，确定最终剧本。	二周（语文学科实践）	1. 剧本框架。 2. 多个小组剧本（草本）。 3. 班级剧目剧本（终本）。 4. 完成班级剧本（电子版）。

2. 实践行动

活动主题及时间	活动内容	实施建议	课时分配	活动成果（副产品开发）
实践行动（10—11月）	表演行动： 开展表演艺术戏剧教学活动。	根据各年龄特点，开展表演艺术戏剧活动。包括创造性戏剧活动课中的专注、肢体表演、游戏、角色扮演、即兴表演、说故事剧、戏剧扮演的表演等。	二周	活动照片

续表

活动主题及时间	活动内容	实施建议	课时分配	活动成果（副产品开发）
实践行动（10—11月）	学生分组：可分为导演组、表演组、音乐组、美工组、道具组、剧务组、宣传组等。 （分组原则：本着自愿和学生特长进行分组）	低段：通过角色扮演、面具表达等方式进行表演组人员的确定。 中高段：通过即兴表演、角色扮演等方式进行表演组人员的确定。	一周1—2课时	任务单
	剧目表演（以综合实践课为主班主任协助完成）。 1. 语言表达：理解台词分析台词表达的方式，背台词。 2. 形体表达：研究角色的特点、分析肢体语言和表情表达方式。 3. 合作表达：通过初步串戏体验小组合作。	以表演组学生为主，打破已有小组重新结合，以角色为新的小组，进行语言、形体表达练习。 以表演组学生为主进行研磨，形成多个表演小组进行串戏。	二周	1. 角色分析思维导图。 2. 活动照片或视频。 3. 剧本修改。
	探究行动：设计制作道具、服装（服装选择）、背景等。（以学科实践为主）	以道具组、美工组为主。	二周	1. 设计初稿。 2. 修改方案。 3. 成果（小型道具、简易服装、头饰、绘本等）。
	设计制作音效、选择适合的音乐。（音乐学科实践）	以音乐组学生为主。	利用音乐学科10%	音频作品 任务单

3. 亮彩行动

活动主题及时间	活动内容	实施建议	课时分配	活动成果（副产品开发）
亮彩行动（12 月）	磨炼阶段： 1. 走场彩排。 2. 磨戏提高。 3. 全员彩排。	全员参与，做到人人有事做、事事有人做。	二周	照片、视频。
	宣传行动：（以学科实践为主） 1. 策划宣传海报（美术学科实践）。 2. 策划宣传视频（信息技术实践活动）。 3. 策划宣传行动，开展宣传活动，分析活动效果。	以宣传组学生为主。	1. 学科 10% 课时。 2. 以信息为主的实践活动。 二周	图片、视频、宣传海报、美篇等。
	展演行动： 亮彩谈赢——第五届戏剧节	分年级策划、展示。	一周	年级方案、活动资料、照片、视频资料。
	总结提升： 展示后的分析、再研磨再提升。	小组分析在展演中出现的问题，根据问题制定解决问题的策略。	一周	

4. 明德行动

活动主题及时间	活动内容	实施建议	课时分配	活动成果（副产品开发）
明德行动（6 月）	汇报展示：（以综合实践为主） 分组进行交流分享。	围绕小组实施目标、达成方式、遇到问题解决问题策略、实际获得、达成效果等方面引导学生进行展示。	二周	展示设计方案、展示相关作品。
	学会感恩： 低段：通过为身边的人做一件有意义的事学会感恩。 中段：写一封表达感谢的信。 高段：开展一次感恩主题会。	班主任利用主题班队会时间开展感恩行动。	一课时	作品、信、班队会。

（五）自主研发实践活动

本着师生实际获得为出发点和落脚点的教育理念，教师可根据学科特色自主研发开展学科实践活动。活动建议渗透戏剧教育。在学科课程教学中，根据学科特点，寻找戏剧教育的切入点，创设情境，将戏剧元素引进课程教学。

以英语为主的戏剧教育：一是，可以根据班级剧目进行英语剧改编；二是，英语美洲街景模拟，在校园内创设美洲街景文化布置，设置有美洲美食街景、美洲文化街景、美洲艺术街景，在模拟的街景中，不同年龄段学生分别表演文化、美食、艺术等。学生穿梭于其中，体验异域文化，掌握知识。

信息技术融入戏剧教育：利用信息技术软件提升舞美品位，运用编辑软件进行音视频编辑，运用 PPT 技术进行舞台背景制作，学习灯光技术控制舞台灯光等。根据学生年龄特点设计不同年龄段学生实践活动。

目录

第一章　戏剧课例

第二章　原创剧本

第三章　戏剧案例

第四章　戏剧论文

第一章

戏剧课例

讲民族故事，咏民族炫歌
——《走进火童剧目》教学课例

一、背景分析

学校非常重视传承民族文化，发展民族教育，在课程开发上不断探究教育的新途径，戏剧教育是很好的实施途径，为此学校开展戏剧教育课程。希望通过戏剧教育渠道开展切实有效、入脑入心的教育，让民族团结的种子根植于每个学生心中。学校戏剧教育课程分不同年级、不同主题实施，五年级的主题是民族故事风，以哈尼族的火童故事为例，利用综合实践活动课开展“讲民族故事，咏民族炫歌”主题实践活动。

二、指导思想

《中小学综合实践活动课程指导纲要》强调学生综合运用各学科知识，认识、分析和解决现实问题，提升综合素质，着力发展核心素养。通过探究、服务、制作、体验等方式，培养学生综合素质的跨学科实践性课程。本着自主性、实践性、整合性、连续性原则，以综合实践活动方式开展戏剧教育，注重学科间的融合。

国务院《关于全面加强和改进学校美育工作的意见》《艺术课程标准》中，将戏剧纳入学校美育课程。其核心在于弘扬真善美，塑造美好心灵，坚持以美育人、以美润心，引导学生树立正确的民族观、文化观。

本活动立足学生实际，结合学校戏剧教育实施主题，选择学生喜闻乐见的绘本故事进行主题开发与实践。经历剧本创编、分组实践、舞台表演、总结提升等系列活动，增强爱国、爱民族的情感，坚定文化自信，提升人文素养。

三、教学目标

1. 学生在交流与分享的过程中，跟随不同的小组，走进不同的火童剧组，知道不同戏剧小组实践探索的方法与研究过程，从交流与汇报中，知道研究方法的多样，研究过程的流程完整，成果表现方式要适当。

2. 学生在交流与分享活动中，借鉴他人经验，懂得多种方法的灵活选择与运用；讲求活动过程的完整，能够提出自己的修改方案；能够突破性地运用一些新鲜的表现形式呈现活动成果。

3. 学生通过亲身的实践探究与交流分享，感受戏剧不同小组具有发现问题、解决问题意识，而且感受不同民族文化的多彩，增强爱民族情感，树立正确的民族观。在演绎民族故事中，传承民族精神。

四、教学流程

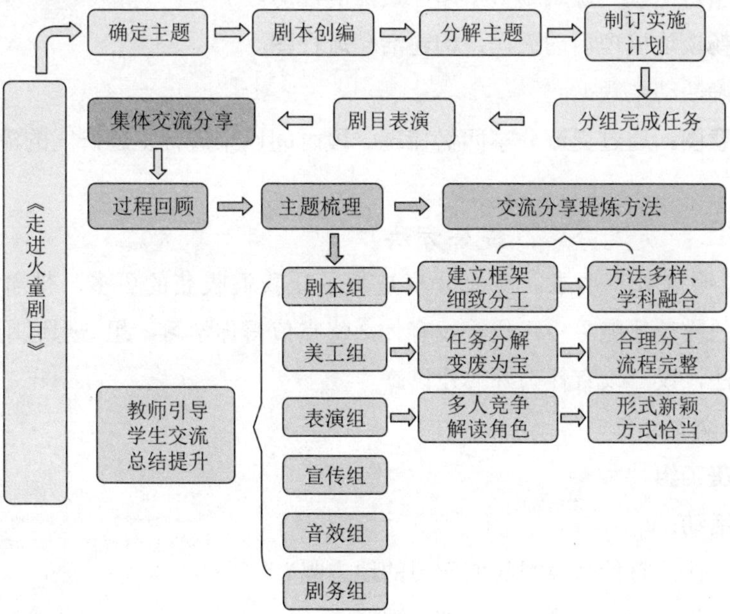

五、教学过程

环节一：过程回顾，提出主题

教师活动：

1. 谈话导入：我们的戏剧节刚刚落下帷幕，在我们的戏剧节中哪些让你印象最深刻？

2. 梳理流程：经历了一个学期，我们才能在期末呈现出我们班精彩的剧目，我们的道具获得了一等奖、剧目表演获得了一等奖。恭喜大家取得了一个很好的成绩。谁能帮大家一起回忆一下我们都经历了哪些过程？

教师板书流程：

确定主题—剧本创编—分组完成任务—剧目表演—成果展示

3. 揭示主题：回忆围绕火童剧分了六个小组，宣布活动主题“走进火童剧目”，围绕每个小组的活动过程、收获感悟进行分享。

学生活动：

1. 学生自由说一说戏剧节中印象最深的经历。

2. 边畅谈边梳理活动流程，构建活动流程图。

3. 明确活动主题。

设计意图：通过交流分享回忆梳理一段时间以来进行主题研究的流程，明确主题。

环节二：交流分享，提炼方法

（一）明确分享要求：交流分享是为了让我们收获的更多，带着问题去学习，我们的收获才能更多。找一找有什么优点值得你学习，想一想运用了哪些好的学习方法，议一议有什么好的建议。

（二）交流分享。

走进美工组

教师活动：

1. 找一找：有什么值得我们学习的地方吗？

2. 想一想：运用了哪些学习方法呢？

教师总结：合理分工、流程完整。

3. 议一议：有什么需要修改的建议吗？

教师总结：道具的设计和制作要关注道具舞台使用原则，注意结实耐用、符合剧情、大方美观。

学生活动：

1. 小组展示汇报，利用道具和 PPT 进行展示。分 3 个小组进行交流：展示三种道具石犀牛、火种、小道具。

2. 讨论交流。

找一找：他们制作的道具多，分组进行制作道具将任务进行了分解。能够带着问题进行设计制作，并且根据剧情进行不断的修改，这种不断研究的精神值得学习。利用废旧材料进行制作，有环保意识。

想一想：制作蜂窝运用了多种方法进行对比，网络查找的方法，设计—实践—改进—再实践。

议一议：关注细节，比如石犀牛的制作粗糙不美观。

设计意图：通过分享，让学生学习在活动中做到合理分工，并学会制作类活动的流程。

走进表演组

教师活动：

1. 找一找：有什么值得我们学习的地方吗？

教师总结：台上一分钟，台下十年功，每一个角色表达都离不开小演员们的努力付出。

2. 想一想：运用了哪些学习方法呢？

教师总结：在交流汇报时采用论坛的形式很好，形式新颖。板书：形式新颖方式恰当。

3. 议一议：我们的剧目在戏剧节中获得了一等奖，对于戏剧表演我们还有很多的上升空间，你们有什么好的建议吗？

教师总结：戏剧舞台表演是美的艺术，在表演上还需要体会角色，融入剧中，带着情感的表演才能在感动自己的同时感动他人。

学生活动：

1. 小组展示汇报，借助表演视频及 PPT 进行展示，展示刻苦训练及进行表演磨戏中经历的过程。

2. 讨论交流。

找一找：表演组同学通过不断的修改、不断的刻苦训练才能有好的收获，他们身上不怕吃苦的精神值得学习。

想一想：利用采访的方法找到剧目表演中的优缺点，进行剧目调整；寻找正确的帮助对象；竞争角色多人参与。

议一议：舞蹈的设计很好，注意整齐动作到位美观。

设计意图：通过交流分享，向其他组学习多样的展示方式及全面丰富的研究方法。

走进剧本组

教师活动：

1. 找一找：我们的剧目要想获得成果，可离不开一个好的剧本，剧本组可是功不可没。他们身上有什么值得我们学习的地方和学习方法呢？

教师总结：剧本先建立框架，再细致分工，有部署、有合理的分工才有精彩的剧本呈现。

2. 想一想：运用了哪些学习方法呢？

教师总结：将语文学科的故事改编运用到剧本编写中，活学活用。板书：方法多样、学科融合。

3. 议一议：你们有什么好的建议吗？

教师总结：剧本编写很重要，更详细的舞台说明会让演员们更清晰自己的心理活动，更好地进行表演。我们要善于运用过渡性提示和舞台性提示精细剧本编写。

学生活动：

1. 小组展示汇报，利用 PPT 进行交流分享。

2. 讨论交流。

找一找：剧本完成的过程细致，有耐心，肯钻研，剧本的反复修改不断完善的精神值得学习。

想一想：利用网络学习剧本编写及哈尼族文化；利用调查问卷梳理问题并利用数据分析进行剧本的修改；利用微信进行不断交流。方法多样。

议一议：剧本的故事在结尾处要突出主题，还需要在语言上再吸引人。

设计意图：通过交流分享明确活动过程中要能够将学科知识进行融会贯通，活学活用。

环节三：活动总结

教师活动：在大家的分享中我们又学到了更多知识与实践方法，由于时间关系走进火童剧目活动第一阶段展示就到这里，希望大家能够将我们今天各组所使用的研究方法继续在我们以后的实践中延续下去，期待我们下节课其他三个小组的展示。

学生活动：谈谈本节课的收获与体会。

设计意图：通过交流分享拓宽研究途径，挖掘研究潜能。

六、教学反思

（一）在研究中传承民族文化

聚焦学校民族文化，选择学生身边的民族绘本，以民族故事为原型进行创编，在故事创编中学生对民族文化进行深入研究。在《火童》剧中，哈尼族的文化、饮食、音乐、礼仪都可以成为学生一个个小的研究主题。比如，哈尼族起名字的学问不同于汉族，学习哈尼族舞蹈等，通过剧目表演以及在表演组的分享中让学生再次感受艺术魅力，走进民族文化，从中接受民族文化教育，并且在扮演小英雄明扎的分享中，深入感悟到英雄品格。

（二）在实践中提升综合能力

通过几个小组的交流分享，让学生回顾经历的整个研究实践过程，不同的小组在研究中、交流分享中对自己亲身经历的实践过程进行了再次梳理。每个研究小组借鉴戏剧教育理论和实践，从戏剧视角、表演视角将一个民族故事以文本和立体表达的形式呈现。每个小组都是建立在解读文本、理解言语、创新思维、感悟文化的基础上，把台前学习和幕后思考在自己的小主题研究中不断深化。学生在实践中运用多学科知识进行有效融合，并在动手操作中学会发现问题解决问题，从而提高综合实践能力。

（三）在体验中培养价值观

运用综合实践活动开展戏剧教育，在丰富学生学习内容的同时激发了学生的多维思考。在真实的任务驱动下，让学生自主学习更有效，同时通过戏剧角色分配和担当，实质性参加和互动交流中，创设了用生命的真情体验，表达真实情境，使价值观透过活生生的画面、人物、故事浸润学生心田。

“演长征故事　传红色精神”
——小学生戏剧教育活动案例

一、案例摘要

“长征是宣言书，长征是宣传队，长征是播种机。”2021 年是中国共产党成立 100 周年，通过开展以学习和弘扬长征精神为主题的戏剧活动，用情境体验和即兴表演这样直接的教育方式，让学生们感悟和学习红军长征不怕困难、不惧艰险、顾全大局、团结协作、艰苦奋斗的革命精神，用戏剧表演的方式纪念长征，传承红色基因，为祖国献礼。

本次主题教育以学习和传承长征精神为主题，让学生在特定的戏剧情境中进行表演体验，相互学习、交流经验、走上舞台、展示自己，感受戏剧的魅力，有所获得。通过聆听、学习、表演体验、反思，以自主学习和小组合作学习的方式完成此次戏剧教育主题教育，提升美育，达到育人目的。

二、教学背景

国务院《关于全面加强和推进学校美育工作的意见》中，将戏剧纳入学校美育课程，这一政策的出台，开启了中国当代中小学戏剧教育的新时代。戏剧作为美育教育的重要途径之一，必将走进校园、走进课堂，形成常态教育，从而使学校美育教育进一步提升。《中国学生发展核心素养》在培养学生审美情趣、勇于探究、乐学善学、社会责任、问题解决等方面提出了具体要求。

三、教学目标

1. 通过活动，学生能够说出什么是表演及表演的基本要素。

2. 在小组合作中，能够完成表演创作，并进行自信展示和表演。锻炼学生自主学习能力、创造能力、合作能力、语言交流能力和角色扮演能力，培养学生审美情趣、勇于探索、学会学习、实践创新等核心素养，提升美育素养。

3. 在表演体验中，学习红色文化和不怕困难、不惧艰险、顾全大局、团结协作、艰苦奋斗的长征精神，并传承下去。

四、教学准备

（一）教师准备

1. 场地资源：提前勘察和沟通学校剧场。

2. 教师资源：聘请戏剧教育优秀教师陶金金老师。

3. 撰写活动方案（包括 PPT、任务单等）。

4. 准备活动所需用品。

（二）学生准备

1. 活动前自主观看有关长征故事影片，了解什么是长征精神。

2. 提前自主了解什么是表演，表演的要素有哪些。

五、教学流程

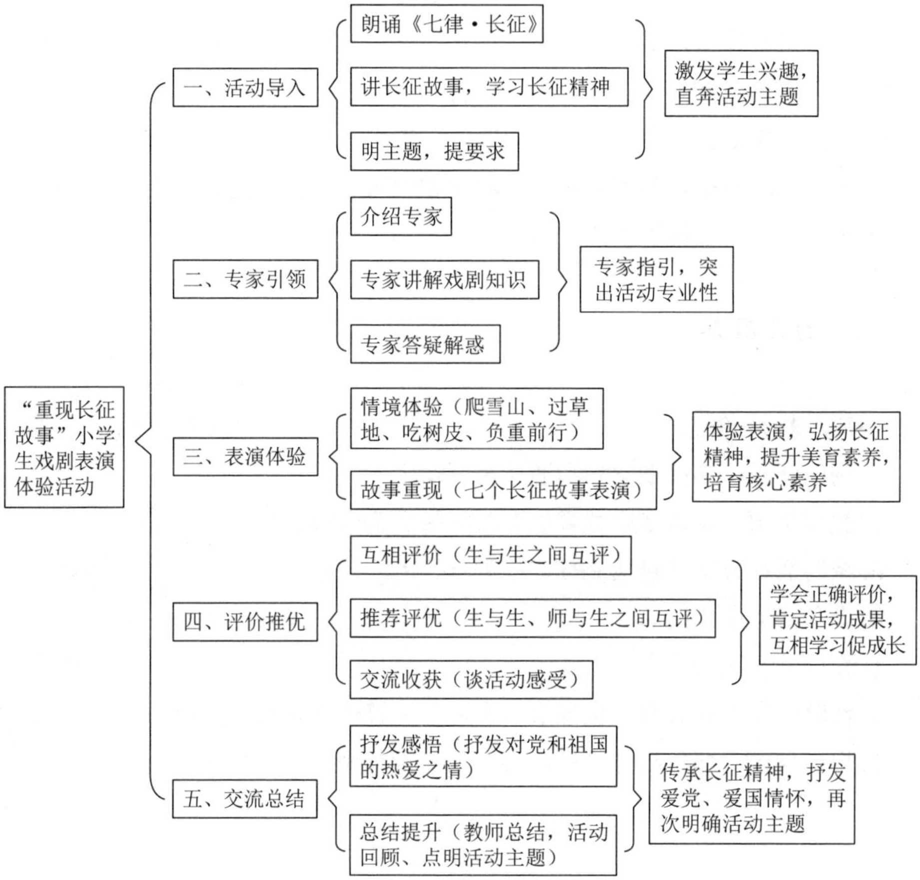

六、教学过程（130 分钟）

环节一：活动导入（10 分钟）

教师活动：

1. 颂诗歌：教师朗诵《七律·长征》（播放纪录片《长征》视频片段）。

2. 讲故事：教师简单讲述长征历程，阐述长征精神。

3. 明主题：宣布实践活动主题，提出要求。

学生活动：

1. 聆听诗朗诵。

2. 聆听长征故事，学习长征精神，分享感受。

3. 明确活动主题和要求。

设计意图：

1. 以长征诗歌吸引学生，带领学生直接进入活动主题。

2. 听长征故事，学习长征精神，明确主题。

环节二：专家引领（15 分钟）

教师活动：

1. 介绍专家：戏剧教育优秀教师陶金金老师。

2. 专家讲解：陶老师讲有关戏剧表演的知识。

3. 答疑解惑：学生和专家互相交流，解答学生疑惑。

活动开始，介绍聘请的专家陶金金老师

学生活动：

1. 认识本次活动的指导专家。

2. 听陶老师讲有关表演的知识，用笔记录下来。

3. 提出自己的疑问。

（1）怎样才能快速融入舞台表演？

（2）在舞台上如何表现出坚定的信念和坚强的斗志？

（3）怎么克服表演时的不好意思？

设计意图：培养学生收集信息意识和勇于探索、提出问题的能力，在交流中激发兴趣，解决疑惑。

环节三：表演体验（85 分钟）

教师活动：

（一）情境体验（15 分钟）

1. 设定情境：爬雪山、过草地、吃树皮（草根）、负重前行。

2. 明确要求：四个小组以抽签方式，自主选一个情境，每组派出三个代表，进行情境表演。

3. 专家点评：陶老师对每组情境表演进行现场点评。

4. 教师评价：组织教师进行总体评价。

（二）故事重现（70 分钟）

同学们领取长征故事剧本

1. 即兴创编（30 分钟）

（1）表演内容：《倔强的小红军》《丰碑》《一袋干粮》《半条棉被》《金色鱼钩》《七根火柴》《飞夺泸定桥》。

（2）分组抽签：将七个故事根据人物数量分配成七个小组，由七个课代表抽签选定故事。

（3）具体要求：a. 教师规定故事人物、规定故事情节，不设定固定台词，学生们在规定的故事情节和表演范围中扮演角色，进行即兴创作表演；b. 时间不超过 3 分钟。

2. 精彩展示（25 分钟）

（1）小组展演：组织学生进行展演。

（2）专家点评：陶老师对每组表演进行评价，表扬优点，指出不足。

3. 反思提升（15 分钟）

（1）再次展示：选择一个小组学生进行再次自由展示，学生现场评价。

（2）专家点评：陶老师进行评价和总结。

教师及专家对小组进行表演指导

学生活动：

（一）情境体验

1. 小组长抽签选定情境，全员参与，进行选定情境表演练习。

2. 每组选派三个代表进行情境表演。

3. 聆听点评，提升自我。

4. 整体了解表演情况。

（二）故事重现

1. 即兴创编：（1）七个课代表抽签选取故事，并根据故事人物数量自主结合成一组；（2）各组抽签，领取任务；（3）小组合作进行故事创编，填写任务单。

2. 精彩展示：（1）各组进行展演；（2）聆听点评反思不足。

学生表演长征故事《过草地》

（拍摄者：付晓红）

小组热烈讨论中

（拍摄者：付晓红）

学生表演长征故事《丰碑》

（拍摄者：付晓红）

学生表演长征故事《倔强的小红军》

（拍摄者：付晓红）

学生表演长征故事《半条棉被》（拍摄者：付晓红）

3. 反思提升：（1）再次展示，学生认真看，进行现场评价；（2）聆听点评，提升自己。

设计意图：

1. 为学生搭建展示的平台，自主学习，提升美育素养，培育勇于探索、学会学习等核心素养。

2. 小组合作下的即兴创作表演，可以锻炼学生们的创造力、语言交流能力和角色扮演能力。

3. 体验和弘扬红军们不怕困难、不惧艰险，勇于进取、团结协作的长征精神。

4. 学会反思，分析不足，及时改进，让学生有所获得。

环节四：评价推优（10分钟）

教师活动：

1. 互相评价：说说活动中你印象最深的表演，进行评价。

2. 推荐评选：组织学生评选出“最佳表演小明星”七人和“最佳合作团队”奖。

3. 交流总结：为表现好的个人和团队发证书和奖品，以资鼓励。

学生活动：

1. 学生间进行互相评价。

2. 每组推荐一名表现最好的为“最佳表演小明星”。（填写任务单）

3. 每组推荐出一个“最佳合作团队”。（填写任务单）

设计意图：在师生、生生互相评价中，肯定学生的成果，学生之间能够互相学习，正确评价自己和同伴，推优鼓励。

环节五：交流总结（10分钟）

教师活动：

1. 交流总结：组织学生进行实践活动收获交流。

2. 抒发感悟：将自己的感悟及对党和祖国想说的话贴在“寄语墙”上。

3. 总结提升：教师对活动进行总结。

学生活动：

1. 自由说说此次活动的收获。

2. 在“寄语墙”上送祝福。

3. 聆听教师总结，回顾活动内容。

设计意图：

1. 锻炼学生即兴语言组织能力和表达能力。

2. 说感悟，传承长征精神；写寄语，抒发爱党、爱国情怀。

学生们积极发言，抒发爱党爱国情怀

（拍摄者：付晓红）

写自己的活动心得，并为祖国献祝福

（拍摄者：付晓红）

七、教学评价

本次主题教育是密云区青少年宫《剧彩童年》项目戏剧普及活动中的一次活动，由于正值疫情防控阶段，因此将之前全区集中开展的活动重新规划成以每个学校为活动点，即每次活动只在一所学校进行，以点带面，逐步进行，达到全面开展的目的。

整个活动分为五个环节。实施活动中，以学生为主体，以自主学习和小组合作探究为学习方式，通过学习、体验、展示、反思、分享等活动，让学生在愉快的氛围中，成功完成了长征故事重现表演展示，学习红色文化，传承长征精神，锻炼合作、探究、分享等能力，更重要的是对审美情趣、勇于探究、学会学习、实践创新等核心素养的培养。

（一）以长征精神为主题

长征被誉为“地球上的红飘带”。“长征是宣言书，长征是宣传队，长征是播种机”，伟大长征精神是中国共产党人革命风范的生动反映，今年是中国共产党成立100周年，在这样的大背景下，我开展以学习和弘扬长征精神为主题的戏剧表演体验活动，用情境体验和即兴表演这样直接的教育方式，让学生们感受红军长征不怕困难、不惧艰险、顾全大局、团结协作、艰苦奋斗的革命精神，抒发对党和祖国的热爱之情，用戏剧表演的方式纪念长征，传承红色基因，为祖国献礼。

活动导入环节中，教师朗诵《七律·长征》、讲述长征故事、学习长征精神，都紧紧围绕主题、突出主题，大大激发了学生想进行本次活动的欲望和激情。

爬雪山、过草地、吃草根、负重前行等情境体验，七个长征故事的重现表演，以及学生交流分享等活动，都围绕长征进行体验和表演，在活动中学习红色文化和长征精神，感悟长征的伟大，激励自己，抒发对党和祖国的热爱之情，情感得到升华，达成活动目标。

（二）以戏剧教育为手段

近些年来，戏剧教育教学方法在我国的教育教学中逐步开展。它是一种非常重要的培养学生全面素质和能力的教学方法，通过情境设置、角色扮演和即兴表演来教育引导孩子。

它作为一种教学方法和手段，在本次活动“表演体验”环节中得到尤为突出的体现和运用。此环节中，学生以小组为单位，抽取情境体验和故事重现的主题，自主进行角色分配，小组合作进行表演创作，整个过程都利用戏剧教育这种教学方法进行活动组织，充分展示出学生的自主学习能力、创造能力和合作能力，锻炼了学生的语言交流能力和角色扮演能力，培养学生审美情趣、实践创新等核心素养，达到育人目的。

（三）以优秀教师为引领

优秀教师的专业引领，成为活动中的一个亮点。一个成功的活动，除了让学生体验到快乐，领会精神，还必须要有专业知识和技能上的获得。本次活动，聘请戏剧教育优秀教师陶金金老师为指导专家，在活动中，陶老师从讲有关表演的知识，为学生解惑答疑，到表演体验的点评，都渗透着优秀教师引领的重要作用，凸显出活动的专业性，对学生知识技能目标的达成和活动难点的突破起到了重要作用。

活动成功之余，我也在反思不足之处。

活动时间安排的问题。活动中，表演体验环节的时间过长，导致后面的交流总结环节有些偏紧，学生交流不够深入。这个看似是时间安排不够合理的问题，但是深层次反映出的是未能更多注重学生的实际获得，他们虽然有知识和技能上的收获，但是由于时间紧凑，没能让学生充分抒发自己的情感，表达自己的活动感悟。因此，以后的活动中，我会合理、准确地安排时间，注重学生的实际获得。

今后的实践活动，我会不断探索和创新，努力做到五育并举，以“戏”育人，将更多、更精彩、更具美育特色的活动带给学生。

八、活动任务单

表演体验任务单

组别		组员	
时间		故事名称	
角色分配			
负责人		记录人	

“最佳表演小明星”推荐表

（每组推荐出一名同学）

组别		被推荐人	
推荐原因	表情		
	台词		
	舞台表现力		

“最佳合作团队”推荐表

（每组推荐一个小组）

组别		被推荐小组	
推荐原因	合作能力		
	舞台表现力		
	完整度		

巧做道具　助力成长

——《飞夺泸定桥》戏剧课例

一、课例背景

2022 年义务教育课程方案和课程标准将戏剧纳入其中。对戏剧教育在义务教育中的目标与要求更加清晰明确，戏剧作为美育教育的重要途径之一走进课堂，使每一个学生都有展示自己的舞台。戏剧表演集文本、表演、化妆、道具、对白于一身，极具欣赏性、娱乐性、教育性，把课本知识搬到舞台上，通过戏剧展示不仅提升学习氛围，又能掌握所学知识，为学生们所喜爱。学生能受到更加专业科学的艺术教育，顺应国家需要，成长为有理想、有本领、有担当的新时代社会新人。

二、指导思想

《中小学综合实践活动课程指导纲要》中指出：综合实践活动课程强调学生亲身经历各项活动，在“动手做”“实验”“探究”“设计”“创作”“反思”的过程中进行“体验”“体悟”“体认”，在全身心参与的活动中，发现、分析和解决问题，体验和感受生活，发展实践创新能力。本节课，通过制作道具的活动，让学生掌握手工设计与制作的基本技能，体验工匠精神；在特定的戏剧情境中进行手工制作，相互学习、展示自己、交流经验，感受戏剧的魅力；通过学习、小组制作、反思等方式完成此次活动，提升美育，达到育人目的。

三、教学目标

1. 在观看经典作品中发现道具的作用，激发制作道具的兴趣。

2. 在动手制作的活动中培养学生的身体协调性、创造力和团队合作能力。

3. 在戏剧课程中，培养学生能够发现美、感受美，懂得审美之余能够创造美。

四、教学流程

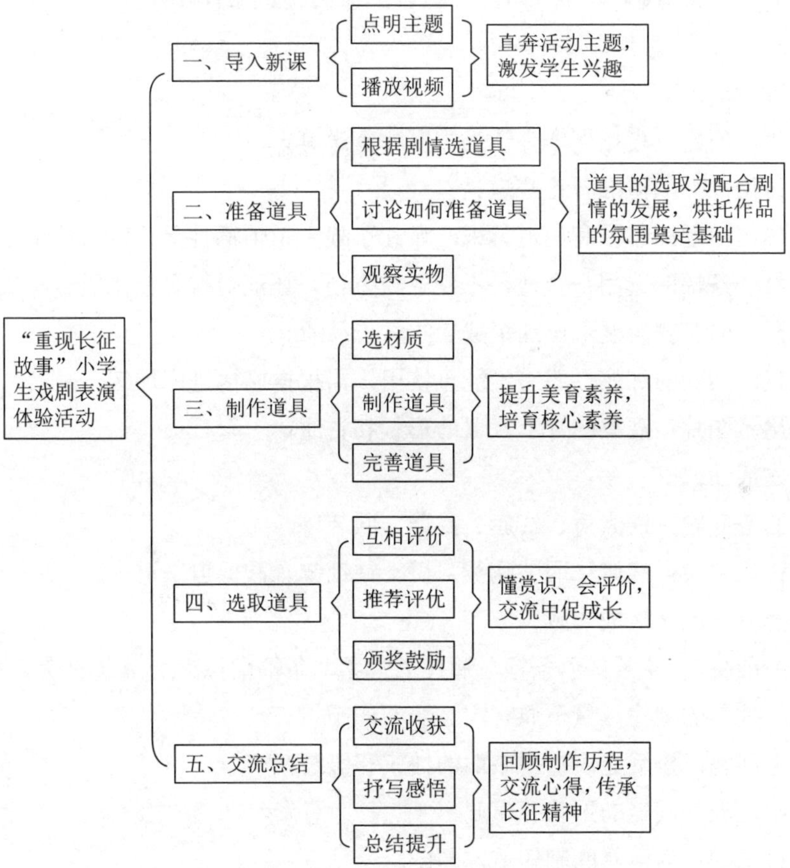

五、教学过程

（一）导入新课

教师活动：

1. 同学们，这节课我们继续走进《飞夺泸定桥》。通过前面的学习，我们知道了红军战士的品质，在戏剧表演中怎样能够突出人物形象呢？

2. 播放视频。

学生活动：

回答问题，通过观看视频完善认知：合适的道具设计可以突出舞台的气氛，演出人物精髓。

设计意图：在回顾旧知的基础上提出问题激发学习兴趣。搭建台阶，让学生通过观看视频交流感受，初次体会道具在戏剧表演中的作用。

（二）准备道具

教师活动：

1. 提出问题：根据剧本你认为需要哪些道具？

2. 讨论：你如何准备这些道具？

3. 提出问题：怎样利用道具来凸显红军战士不怕牺牲勇往直前的革命精神？

小结：条幅的选用很合适，不仅取材方便，还能对舞台氛围进行渲染；逼真的“武器”能够侧面展示出红军战士的意志品质。

建议：购买的红旗、服装不能直接用，需根据剧情进行加工。

4. 出示图片：观察图片上武器的形状和材质。

学生活动：

1. 回答问题：铁索桥、红旗、武器、服装等。

2. 讨论结果：红旗、服装购买，桥、铁锁链、武器自制道具。

3. 充分交流、达成一致。

（1）准备 3—4 条红色条幅，通过上下晃动条幅虚拟火墙密布的铁索桥。

（2）武器的制作尽量还原真实武器的样子。

思考回答：接受建议，用破旧的红旗和服装。

4. 学生观察武器的形状和材质。

设计意图：为道具的制作奠定基础。

（三）制作道具

教师活动：

1. 通过学习，你要选用什么材质来制作道具？

2. 提出问题：哪一种材质更适合做武器道具？为什么？

适时引导，道具要选取取材方便（简单、易做、廉价），简洁实用（加工制作方便）的材料制作兵器道具。

3. 选取材料后以小组为单位制作武器道具。

4. 听学生交流，建议学生戏剧表演时“mp18 伯格曼”和“汉阳造”用 2—3 支，“解放手枪”“勃朗宁”可多用几支，侧面刻画人物的形象。

学生活动：

1. 回答问题：纸张、硬纸壳、塑料、木板、PVC 板、泡沫板等。

2. 充分交流得出结论：硬纸壳更易制作，可以通过裁剪、拼搭、粘连、涂色来制作枪；泡沫板制作手榴弹。

3. 选取、收集材料，制作道具。

学生小组为单位制作道具（拍摄者：井涛）

4. 道具展示：学生交流想法，讨论：武器制作是否精致，能否突出人物形象。

5. 修改道具。

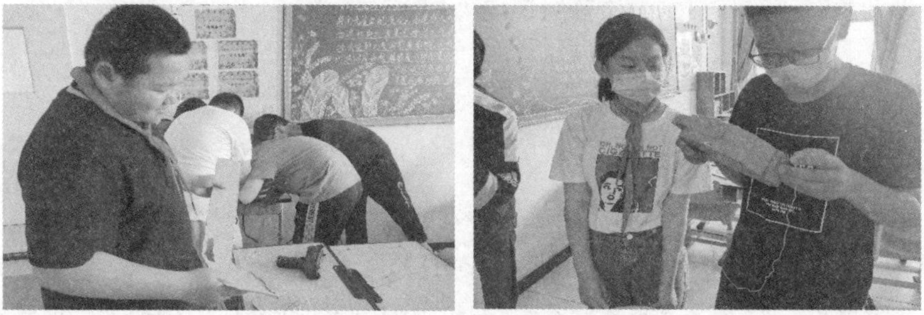

学生对道具进行修改（拍摄者：井涛）

设计意图：认识道具的作用，掌握选取材质的方法以及制作道具的能力。

（四）选取道具

教师活动：

1. 互相评价：说说你最喜欢的道具，进行评价。
2. 推荐评价：推荐一件道具，说清楚理由。
3. 颁奖鼓励：为获奖个人和团队发证书和奖品。

学生活动：

1. 学生进行评价。
2. 每组推荐一个道具。
3. 每组推荐出一个优秀团队。

设计意图：具备赏识的能力，具有挖掘美、创造美的能力。

（五）交流总结

教师活动：

1. 交流收获：本节课你有什么收获？
2. 抒写感悟：将自己的感悟写在收获单中。
3. 总结提升：教师对活动进行总结。

学生活动：

1. 说说自己的收获。
2. 抒写感悟。
3. 聆听教师总结。

设计意图：锻炼学生的语言组织能力和表达能力。

六、教学反思

本节课学生学习积极性较高，能够参与活动并通过思考来选择合适的材料制作道具，学生可以在充满趣味性和互动性的教育活动中，增长知识，锻炼能力，培养艺术修养，建立自信心，并在集体活动中体验团队合作的乐趣。受课堂形式限制教学形式较为单一，教学延伸可以安排学生走进剧院观看戏剧演出，进一步感受戏剧的魅力，带领学生去抗日纪念馆参观，与真实武器零距离接触，为制作符合剧情、展示人物特点的道具增添灵感，推动表演的顺利完成。

歌唱二小放牛郎　做勇敢机智好少年

一、案例摘要

“中国人民抗日战争的伟大胜利，彻底粉碎了日本军国主义殖民奴役中国的图谋，有力捍卫了国家主权和领土完整，彻底洗刷了近代以来抗击外来侵略屡战屡败的民族耻辱。”在纪念中国人民抗日战争暨世界反法西斯战争胜利 75 周年座谈会上，中共中央总书记、国家主席、中央军委主席习近平发表重要讲话强调，中国人民在抗日战争的壮阔进程中孕育出伟大抗战精神，向世界展示了天下兴亡、匹夫有责的爱国情怀，视死如归、宁死不屈的民族气节，不畏强暴、血战到底的英雄气概，百折不挠、坚忍不拔的必胜信念。伟大抗战精神，是中国人民弥足珍贵的精神财富，将永远激励中国人民克服一切艰难险阻、为实现中华民族伟大复兴而奋斗。

本次教育活动主题是“歌唱二小放牛郎，做勇敢机智好少年”，将抗战精神贯穿整个活动，让学生在戏剧游戏中体验戏剧，通过小组合作学习、小组汇报、小组展示，感受戏剧的魅力。通过聆听、分析、模仿、表演、评价，以合作学习的方式完成此次戏剧教育主题教育，提升美育，达到育人目的。

二、教学背景

国务院《关于全面加强和推进学校美育工作的意见》中指出，在义务教育阶段逐渐开设戏剧等艺术课程，这就意味着戏剧教育的地位逐步提升，在学校美育教育中将占有一席之地。2022 年新课标即《义务教育艺术课程标准（2022 年版）》中指出 3—7 年级的学习任务主要依托音乐及语文、外语实施，任务为“课本剧表演”，即选用音乐、语文、外语等教材中的教学素材，进行课本剧编创表演等。《中国学生发展核心素养》在培养学生审美情趣、勇于探究、乐学善学、社会责任、国家认同等方面提出了具体要求。

三、学习目标

1. 通过戏剧活动，学生充分感受戏剧表演的基本要素。
2. 通过小组合作，让学生能够完成表演创作，并进行自信展示和表演。
3. 在戏剧活动中，感受革命时期小英雄勇敢、机智的斗争精神和奉献精神。

四、教学思路

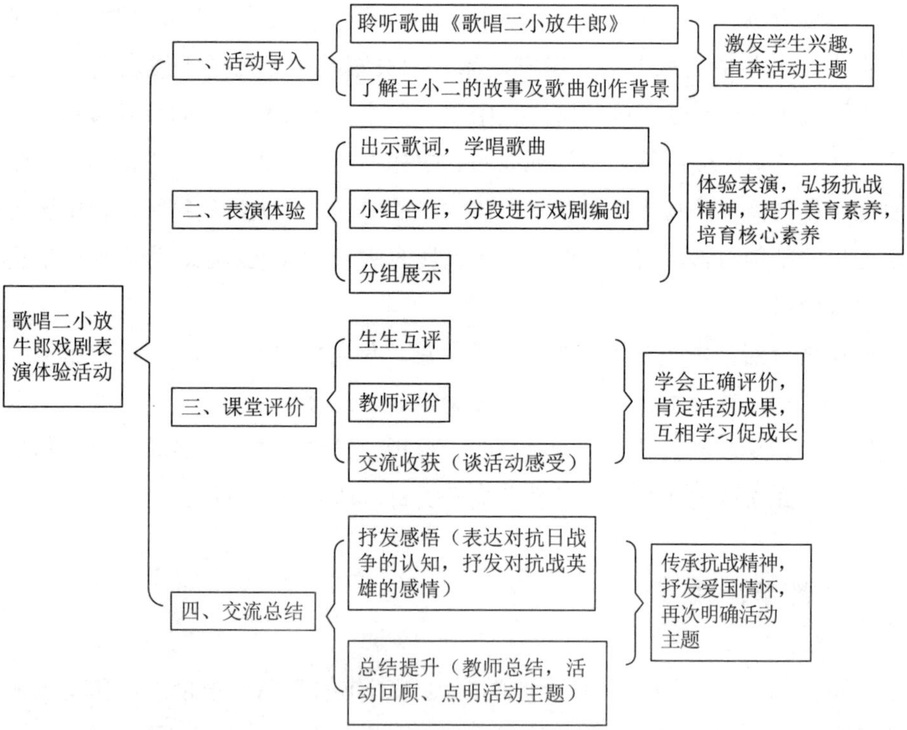

五、教学过程（45 分钟）

（一）活动导入（5 分钟）

教师活动：

1. 播放歌曲：聆听歌曲《歌唱二小放牛郎》

2. 了解故事：教师简单讲述王二小的英雄事迹，以及歌曲的创作历程。

学生活动：

1. 聆听歌曲《歌唱二小放牛郎》。

2. 聆听“王二小”故事，了解歌曲创作历程，学习抗战精神。

设计意图：

1. 利用歌曲作为导入，带领学生直接进入主题。

2. 聆听英雄故事，明确主题，初步感受抗战精神。

（二）表演体验（30 分钟）

教师活动：

1. 出示歌词，教唱歌曲（7 分钟）

（1）分段教唱：分段播放歌曲，了解歌曲分为 7 段歌词，但旋律一致。

（2）通过表格，对比找出每段音乐要素的区别，并总结。

（3）完整演唱歌曲。

2. 小组合作，分段进行戏剧创编（15 分钟）

（1）分段创编（10 分钟）

①根据歌词内容，将故事分为 7 个段落，引导学生进行小组讨论，选择 1—2 段进行戏剧创编。

②分组指导：在学生讨论与编创过程中教师根据每组选择的段落以及想要进行的戏剧形式进行指导。

③具体要求：根据现有故事情节进行戏剧编创，不规定台词，学生在自己选定的情节内进行角色分配、创编台词，可以自由选择表演形式，如话剧、音乐剧等。

（2）分组展示（5 分钟）

小组展演：学生按小组进行展演。

学生活动：

1. 出示歌词，学唱歌曲（7 分钟）

（1）分段学唱：分段学唱歌曲，了解歌曲分为 7 段歌词，但旋律一致。

（2）通过表格找出每段音乐要素的区别，并总结。

（3）完整演唱歌曲。

2. 小组合作，分段进行戏剧创编（15 分钟）

（1）分段创编（10 分钟）

①根据歌词内容，将故事分为 7 个段落，经小组讨论后，选择 1—2 段进行戏剧创编。

②戏剧编创：在学生讨论与编创过程中教师根据每组选择的段落以及想要进行的戏剧形式进行指导。

③具体要求：根据现有故事情节进行戏剧编创，不规定台词，学生在自己选定的情节内进行角色分配、创编台词，可以自由选择表演形式，如话剧、音乐剧等。

（2）分组展示（5 分钟）

小组展演：学生按小组进行展演。

设计意图：

（1）通过小组合作的形式，让每位学生都有展示的机会，自主学习，培养学生对于戏剧的兴趣，培养学生审美情趣、勇于探究、乐学善学等核心素养。

（2）在戏剧创作中，锻炼了学生的语言交流能力和表演能力。

（3）体验和弘扬抗日英雄们不怕牺牲，勇敢与敌人作斗争的抗战精神。

（三）课堂评价（5 分钟）

教师活动：

（1）生生评价：引导学生说出觉得最好的表演，并说明原因。

（2）教师评价：对学生表现进行评价，对展示较好的小组进行表扬并说明原因。

（3）交流收获：引导学生对于本节课进行总结。

学生活动：

（1）学生间进行互相评价。

（2）聆听老师评价，并反思自己小组的优缺点。

（3）总结本节课的收获。

设计意图：学会正确评价自己与他人，通过客观评价，认识自己的优点与不足，从而取得更大的进步。

（四）交流总结（5 分钟）

教师活动：

（1）抒发感悟：引导学生对本节课的主题“歌唱二小放牛郎”进行总结，说一说自己对抗战英雄有什么样的感情。

（2）总结提升：教师对课堂进行总结。

学生活动：

（1）抒发对“王二小”等抗战英雄的感情，表达对英雄不畏牺牲精神的崇敬等。

（2）聆听教师总结，回顾课堂内容。

设计意图：让学生对本节课进行回顾，通过总结，培养学生语言表达能力，树立学生的社会责任与国家认同。

六、教学反思

本节课选取义务教育教科书·音乐，人民音乐出版社五年级上册教材中第 3 课歌曲《歌唱二小放牛郎》为主题展开戏剧教学。本节课共分为 4 个环节，在实施过程中，以学生为主体，教师起引导作用，让学生在学习活动中充分发挥主观能动性，从剧情选择、台词设计到表演与评价，全部交给学生来完成，让学生充分体验到戏剧的乐趣。

本节课以抗战精神为主题。中国人民抗日战争是中华民族历史上最伟大的卫国战争，是中国人民反抗日本帝国主义侵略的正义战争，是世界反法西斯战争的重要组成部分。习近平总书记指出，在中国人民抗日战争的壮阔进程中，形成了伟大的抗战精神，中国人民向世界展示了天下兴亡、匹夫有责的爱国情怀，视死如归、宁死不屈的民族气节，不畏强暴、血战到底的英雄气概，百折不挠、坚忍不拔的必胜信念。伟大的抗战精神，是中国人民弥足珍贵的精神财富，永远是激励中国人民克服一切艰难险阻、为实现中华民族伟大复兴而不懈奋斗的强大精神动力。本节课通过分析乐段、选择剧情、设计台词等环节，让学生直观感受抗日英雄的伟大，培养了学生的爱国主义精神与社会责任感。

但由于时间关系，本节课表演环节时间较长，导致后面交流总结时间被压缩，有些学生还想要表达自己的观点与意见只能放在课下进行。在今后设计教学内容时，我会注意时间上的安排，争取让学生能够在课堂中更有收获。

演英语戏剧，展少年风采

——Three times Beating the Monster

一、课例背景

此英语剧目是根据中国四大名著《西游记》中的经典内容《三打白骨精》创编而成，是小学生熟悉并喜爱的故事，唐僧师徒四人为取真经，行至白虎岭前。在白虎岭内，住着一个尸魔白骨精。为了吃唐僧肉，先后变幻为村姑、妇人、老头，全被孙悟空一一识破，最后孙悟空战胜邪恶，保护了师徒安全。这个熟悉的故事利于全体学生参与，自编、自导、自演，为学生提供了一个集中学习、自制道具、互相交流、实践体验、分享表演的机会；利于深度挖掘戏剧文化的育人价值，助力学生的成长。

二、指导思想

教育学家约翰·杜威说过："戏剧作为一种重要的教学方法，对孩子的学习、表达、合作、想象和社交等能力的培养具有不可替代的优势。"《义务教育英语课程标准（2022 年版）》指出，"通过开展英语综合实践活动，促进学生核心素养的全面发展。本着'学用结合、课内外结合、学科融合'的原则，开展英语综合实践活动，把学生的学习从书本引向更广阔的现实世界"。英语戏剧作为现代课堂的教学辅助补充，对发展学生英语核心素养具有不可替代的优势。

三、教学目标

1. 通过英文戏剧表演，巩固运用所学知识，学用结合，积累词汇量，提升表达能力。

2. 通过参与整个剧目的自编、自导、自制道具、自演的全过程，通过实践和探究，培养学生积极思考解决问题的能力，拓展并加深学生对正义与邪恶、认错与宽容、善良与勇气的深度思考。

3. 加深对中国传统经典的解读，开阔视野，坚定文化自信。

四、教学流程

Scene 1

师徒四人西天取经行至森林深处，由于大家都饿了，悟空要外出寻找食物。为了师父他们的安全，防止妖精偷袭，悟空拿着金箍棒绕着他们跑了一圈。该剧的道具均为学生自己制作，孩子们集思广益，教师提供一些思路，反复商讨怎样制作所用道具，比如金箍棒最初选择的是一根铜色的长棒，缺少舞台效果，孩子就提出在铜棒外面包裹一层金色激光闪光纸，金光闪闪，大大增加了舞台呈现效果。

场景 1

Scene 2

师徒几人等待悟空回来，他们几人在圈内玩牌，这时，白骨精变身为村姑出现，悟空与村姑打斗，唐僧念紧箍咒教训悟空。表演该幕时，教师首先指导学生的英语语言，尤其是难词 electric net，monster 的发音和语调，通过语音和语调的起伏突出白骨精的狡诈，悟空的心理变化；通过播放歌曲 *only you* 增加了表演的诙谐效果。

场景 2

Scene 3

白骨精变身老妇出场，悟空认出是妖精，要把她打死，唐僧去挡老妇，孙悟空把唐僧推倒在地后，将老妇打死。沙僧扶起唐僧。这一幕侧重对孩子的站位和肢体语言指导。随着剧目的发展，人物增多，每个学生站在哪里表演既不影响舞台效果，又不会影响别的同学表演，需要师生精心设计和认真思考。学生由于年龄特点，孩子表演的老妇哭得没有感染力，教师通过悲怆性的故事感染孩子，让她深入剧情，融入表演，呈现了涕泗交颐的哭声，增加了悲剧效果。

场景 3

Scene 4

见唐僧已经对悟空产生不满，这时白骨精抓住时机，变成老头出来。老头出场后，看到倒在地上的老伴和女儿，狂奔过去。悟空举起金箍棒打死老头，唐僧气急，赶走悟空。剧目已经发展到高潮，该幕重在对学生情感的指导。老头的哭声和老妇的哭声是不一样的，老妇的哭声是饱含丝丝真情的，老头的哭声就是亦真亦假，这就需要孩子通过肢体语言和面部表情呈现出来。孙悟空杀死了村姑、老妇、老头，这时唐僧的气愤、孙悟空被赶走时的无奈，都需要孩子们对故事反复揣摩，练习肢体语言和表情。

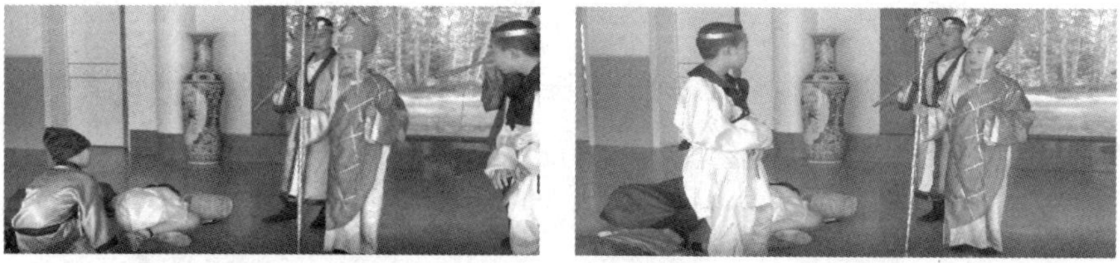

场景 4

Scene 5

白骨精见能力超强的孙悟空已经被唐僧赶走了，高兴地出来，准备享受唐僧肉。原来悟空已经识破了白骨精的奸计，是故意离开的，看到白骨精终于露出了原形，悟空奔过来，一棒拍死了白骨精。师父认识到错了，知错就改，诚挚地向悟空道歉，引发学生对犯错与宽容的思考。该剧目重点对学生语言和动作的指导，白骨精奸计得逞，通过夸张的肢体语言呈现来表现她得意的心理状态；师徒冰释前嫌后，通过诚挚的语言起到感人的效果。

场景 5

五、教学反思

戏剧教育作为课堂教学的重要补充，与英语教学的有机融合很好地促进了学生英语核心素养的培养，英语戏剧用体验和实践的方式来补充英语教学。小学生有较强的表演欲，英语戏剧表演活动迎合了学生的这一需求。学生在自编、自导、自演的过程中，在英语戏剧的表演实践和体验过程中，获得了极大的自信心和自我满足，他们在这个展示自我、锻炼自我的舞台上收获着、成长着。学生们基于自己的认知经验出发开展想象、演绎、创编。学生们在整个创编过程中，应深度解读故事，深度挖掘故事的育人价值，体现在剧本中；应进一步加强学生道具的制作，兼顾美观性与实用性。在今后的教学中，笔者将发掘探索更多不同风格样式的优秀戏剧作品，不断实践完善，在孩子们心中播撒真善美的种子，为孩子们的成长提供孕育、绽放的土壤，让英语核心素养落地生根。

戏剧道具之旅
——头饰面具的设计与制作

一、教学背景

在当今社会，人们越来越重视艺术教育，尤其是戏剧教育。戏剧教育不仅能够帮助小学生提高表演技能，还可以培养他们的创造力和团队协作能力。头饰面具作为戏剧表演中的重要道具，对于营造角色氛围和增强表演效果具有关键作用。因此，我们以课本剧“头饰面具的设计与制作”为主题，开展了一次旨在让学生了解戏剧道具的重要性，并提高动手能力和团队协作能力的戏剧教育活动。

二、教学目标

1. 让学生了解戏剧道具的作用及重要性；
2. 让学生掌握简单头饰面具的设计与制作方法；
3. 培养学生的动手能力、观察能力和团队协作能力；
4. 让学生通过活动，感受戏剧的魅力，增强对戏剧表演的兴趣。

三、教学对象

本次活动针对小学四年级学生，共有 50 名学生参与。

四、教学准备

1. 道具材料：彩纸、卡纸、剪刀、胶水、双面胶等。
2. 多媒体设备：投影仪、白板、话筒等。

3. 案例剧本：根据课本剧《头饰面具的设计与制作》改编的剧本。

4. 角色分配：按照学生的兴趣和能力进行角色分配，确保每个学生都有适合自己的角色。

五、教学过程

1. 导入环节

老师引导学生观察生活中常见的戏剧道具，如头饰、面具等，并向学生介绍戏剧道具的重要性。接着，通过展示一些典型的头饰面具，激发学生对于此类道具的浓厚兴趣。

2. 剧本解读与分析

老师带领学生一起阅读并分析《头饰面具的设计与制作》剧本，引导学生理解剧本中的角色性格、特点以及情境背景。通过分析和讨论，帮助学生深入理解剧本的主题和内涵。

3. 头饰面具设计

老师介绍头饰面具设计的要素和方法，鼓励学生根据自己的理解和对剧本角色的认识进行创意设计。学生可以分组进行，互相讨论、交流，共同构思出有创意且符合剧本特点的设计方案。每组选出一位代表，向全班同学展示本组的设计方案。

4. 头饰面具制作

老师带领学生准备制作所需的材料和工具，并演示制作过程。学生按照各自的设计方案进行头饰面具的制作。在制作过程中，老师要巡回指导，及时发现并纠正学生在操作中的问题。同时，鼓励学生在制作过程中发挥创意，尝试不同的制作方法和材料。

5. 头饰面具表演与评价

学生完成头饰面具制作后，按照剧本进行表演。老师对学生的表演进行点评，肯定学生的表现，同时指出需要改进的地方。邀请学生观众评价每个头饰面具的设计和表演效果，鼓励他们提出建议和意见。通过表演和评价，让学生更深入地理解戏剧表演的艺术性和技巧。

六、教学总结与延伸

老师对整个活动进行总结，回顾学生在活动中的成长和收获。同时，针对活动中存在的问题和不足，提出改进的建议和展望。为了进一步巩固学生在活动中所学的知识，我们将开展以下延伸活动。

1. 阅读更多的戏剧剧本，了解不同剧本中头饰面具的设计与制作方法

在这个延伸活动中，我们会为学生提供一系列经典的戏剧剧本，引导他们关注剧本中头饰面具的设计和制作方法。通过阅读和分析这些剧本，学生可以更加全面地了解头饰面具在不同情境下的作用和特点，拓宽他们的视野和知识储备。这个活动将安排在一个星期内进行，为学生提供充足的时间阅读和讨论戏剧剧本。

2. 组织头饰面具制作比赛，鼓励学生发挥创意，设计出更具特色的头饰面具

这个延伸活动旨在激发学生的创造力和实践能力。我们将举办一个头饰面具制作比赛，鼓励学生发挥想象力，设计出与众不同、独具特色的头饰面具。通过比赛的形式，可以激发学生的竞争意识，促使他们不断提升自己的动手能力和创新思维。比赛的评委将由老师和学生代表组成，他们将从创意、技巧性和与剧本的契合度等方面对头饰面具进行评价。获胜者的作品将在班级和学校展示，以表彰他们的努力和才华。

3. 邀请专业戏剧人士来校讲座，让学生更深入地了解戏剧道具的制作和表演技巧

为了让学生的戏剧学习更加深入和专业，我们会邀请一些戏剧领域的专业人士来到学校，为学生讲座和指导。这些专业人士将分享他们在戏剧道具制作和表演方面的经验和技巧，为学生提供宝贵的指导和启示。通过与专业人士的交流和学习，学生可以更加深入地了解戏剧行业的专业要求和技能，为他们的未来发展打下基础。这个活动将在一个星期内进行，讲座结束后，学生可以与专业人士进行互动交流，向他们请教关于戏剧道具制作和表演方面的问题。

通过这些延伸活动的开展，学生将更加深入地了解戏剧行业，提高他们的动手能力和创新思维。同时，这些活动也将为学生提供更多展示自我的机会，激发他们对戏剧表演的热情和兴趣。我们相信，在不断的探索和创新中，我们将为学生提供更加丰富多彩的戏剧教育活动，促进他们的全面发展。

七、教学效果评估

活动结束后，我们将对学生进行问卷调查，了解他们对本次活动的评价和反馈。问卷调查将包括以下方面：

1. 对戏剧道具重要性的认识；

2. 对头饰面具设计与制作方法的掌握程度；

3. 动手能力、观察能力和团队协作能力的提升情况；

4. 对戏剧表演的兴趣和热情是否有所增强。

同时，我们将观察学生的头饰面具制作作品，评估他们在实践操作中的创意和技巧。此外，我们还将与参与活动的其他学科老师交流，了解头饰面具制作活动对学生的综合素质和学习能力是否有积极影响。

根据学生的反馈和评估结果，我们将总结本次活动的成功经验和不足之处，为今后的戏剧教育活动提供参考和改进方向。我们将更加关注学生的需求和兴趣，不断创新和优化戏剧教育活动，为学生提供更加优质的学习体验。

八、教学反思与总结

在本次头饰面具设计与制作活动中，我们取得了许多宝贵的经验教训。首先，导入环节中的头饰面具展示激发了学生对戏剧道具的浓厚兴趣，为后续活动打下了良好的基础。其次，剧本解读与分析环节帮助学生深入理解剧本主题和内涵，提高了他们的角色认知能力。在头饰面具设计环节，学生充分发挥创意，展现了不同的设计和构思。在制作过程中，老师巡回指导及时发现并纠正问题，确保了学生的制作质量。

然而，我们也发现了一些不足之处。首先，在头饰面具制作环节，部分学生的制作技巧还需加强，需要我们在日常教学中注重实践操作的训练。其次，在头饰面具表演与评价环节，我们可以邀请更多的学生参与表演和评价，以激发更多学生的表现欲望和评价能力。

通过延伸活动的开展，我们进一步巩固和拓展了学生在本次活动中的学习成果。阅读更多戏剧剧本的环节让学生了解了不同剧本中头饰面具的设计与制作方法，拓宽了他们的视野。头饰面具制作比赛激发了学生的创造力和实践能力，提高了他们的竞争意识。邀请专业戏剧人士来校讲座让学生更加深入地了解戏剧道具的制作和表演技巧，为他们未来的发展打下基础。

总体来说，本次头饰面具设计与制作活动取得了显著的成效，不仅提高了学生的动手能力、观察能力和团队协作能力，还激发了他们对戏剧表演的兴趣和热情。我们将继续努力，不断创新和优化戏剧教育活动，为学生提供更加丰富多彩的学习体验。同时，我们也希望通过本次活动的经验总结，为其他学科和教育领域提供有益的参考和启示。

戏剧邂逅体育趣味浓
——《50 米 ×8 往返跑》教学课例

一、背景分析

《国务院关于基础教育改革与发展的决定》和《基础教育课程改革纲要》文件精神指出，教师在教学过程中，应为学生创设主动参与的教学情境，给予其质疑、尝试和探究的机会，培养学生的实践能力，使之主动、富有个性地学习。

传统的体育教学大多采用讲解示范法，忽视学生的学习兴趣。

结合我校开展的戏剧课程，使戏剧教育与体育教学融合，让学生有全新的活动体验，大幅提升学生的学习兴趣，同时提高体育课堂教学质量，是一种新的尝试。

二、指导思想

《体育与健康课程标准》指出："运动兴趣好习惯是促进学生自主学习和终身坚持锻炼的前提，只有激发和保持学生的运动兴趣才能达到终身体育。"《义务教育课程方案和课程标准（2022 年版）》将戏剧纳入义务教育新课标，新课标让戏剧教育作为艺术载体贯穿小初高的教学。戏剧教育以其特有的策略和方法融入体育教学，调动学生的体育兴趣，为提高学生参与体育锻炼积极性提供了新的途径。

三、教学目标

1. 学生在戏剧教育创设的真实情境中积极参与教学内容的学练，形成运动兴趣。

2. 学生在参与戏剧教育全过程中了解安全健康知识，提升交往与合作能力。

3. 学生通过对戏剧教育活动的切身体验，增进积极进取、团队合作等德育水平。

四、教学流程

《50 米 ×8 往返跑》以“支援灾区”为主题创编故事（剧本），制订实施计划，道具组、音效组等分组完成任务，讨论实施细节，集体参与活动。

五、教学过程

环节一：交代戏剧活动的背景，明确主题

语音播报：受强台风影响，北京连续强降雨，西部、西南部、南部迎来特大暴雨。多地暴发洪水，人民生命财产受到严重威胁。请全体解放军指战员（学生，下同）做好战斗准备。

（全体学生分组慢跑做准备活动，然后队伍到达 50 米 ×8 往返跑场地）

教师活动：

同学们，灾区现在停水、停电，与外界失去了联系，人民群众陷入极度恐慌，需要紧急救援，英勇无畏的人民解放军已经整装待发，请你们把红旗插在灾区上空让人民群众知道解放军的到来，请人民放心。

（救援开始，学生分组依次将道具纸箱、垫板、长一米 L 形塑料棍、小红旗运送到 50 米的另一头，纸箱当底座，用垫板压住 L 形塑料棍的一端，L 形塑料棍另一端挂红旗，每次由一个人完成运送，当红旗升起的时候这个同学也完成了一次 50 米 ×8 往返跑）

学生活动：

1. 集体回答：我们是英勇的人民解放军，保证完成任务。

2. 在明确活动主题后，完成第一阶段任务（学生练习的过程中语音播报灾区情况）。

（同学们都在为本组的同学大喊加油，都想第一个将红旗升起，当第一面红旗升起的时候，场地上爆发出发自内心的欢呼声）

设计意图：通过语音播报交代戏剧教育内容的背景，使全体学生明确主题。

环节二：完善活动过程，强化练习

教师活动：

现在灾区人民情绪稳定，但是没有食物和其他生活必需品。需要你们以最快的速度解决他们的难题，大家都很累，但是时间就是生命，人民期待着你们，你们有信心吗？

学生活动：

1. 学生集体回答：有，保证完成任务。

（几句话激起了学生们内心的责任感，他们摩拳擦掌、跃跃欲试的样子将他们内心的纯真与善良充分展示了出来）

2. 两人一组将代表水、食物、衣服、帐篷的沙包、篮球、足球、小垫子等道具依次送到 50 米对面的红旗下。

（练习过程中，播放人民群众接到物资后对解放军感谢的话语）

设计意图：在符合现实的情境中调动学生积极参与活动的兴趣。

环节三：庆祝任务圆满成功

教师活动：

洪水已经退去，人民群众重建家园需要我们的帮助，我们能不能用这些物资（刚才运到红旗下面的道具）为他们建新家？

学生活动：

学生集体回答：能，大家都跳起来，异口同声地喊出来。

创意戏剧游戏：重建家园（学生立刻动起手来，有的组一起讨论后开始搭建，有的组直接组合搭建，有的组在搭建的过程中觉得不合适又改变方案，学生们你一言我一语热闹非凡）。

教师活动：

下面我们每组请一名同学用一两句话说出你们作品的名称，学生回答“幸福家园”“红旗新村”等，请大家和我一起为“支援灾区”的胜利跳一段欢快的舞蹈庆祝一下吧！

（最后一个戏剧教育的定格画面，拍摄记录下每个参战队员的快乐身影，所有人在轻松欢快的舞蹈动作中、在欢声笑语中结束了本次体育课）

设计意图：利用创意戏剧游戏进一步调动学生的兴趣，进行团队合作等德育教育。

六、总结与反思

戏剧教育融入体育课堂教学时编排的内容主要来源于经典故事，来源于学生熟悉的生活，来源于人人熟知的故事，来源于当下实事，不能凭空捏造故事。运用角色扮演、戏剧游戏、定格、创意戏剧等戏剧教育的策略和教学方法特别符合小学生的身体和心理特点，让学生在戏剧创设的角色情境中获得欢乐、愉快的良好体验。在真实的故事情境中，学生善良、纯真的天性被点燃，充分激发起学生的兴趣，戏剧教育的融入使学生在忘我的状态中体验到体育锻炼的乐趣。

戏剧教育是一种新型的教学方式，将戏剧教育元素运用到体育课堂教学中是一种全新的尝试，也为体育教师课堂教学设计提供了新思路。针对“50 米 ×8 往返跑”这一教学内容，以解放军支援灾区为切入点，结合北京地区洪水灾害的现实，以“支援灾区”为主题创编故事情节（剧本）。以感人的故事情节为枯燥的教材内容赋予崇高的思想内涵，将解放军神圣的使命变身为自己的实际行动，体验解放军不怕苦、不怕累，一切为了人民群众的精神，设置红旗升起民心定、食物齐全民心安、重建家园民心欢的角色任务，学生在完成任务过程中伴随着实时播报的灾区情况语音，环境的创设使每一名学生都像是真正的解放军，忘我地投入到练习中，兴趣倍增，潜能得到极大发挥，整个活动中学生的自主能力得到充分的体现，课堂效率得到了极大的提高。

戏剧教育融入体育教学，强化育人功能。戏剧教育以其特有的策略和方法将学生深深地吸引到体育课堂活动中，学生在戏剧创造的真实生活情境中完成角色任务，发挥出了积极进取、超越自我的精神，为了共同完成目标、加强团队的重要意义，在创意戏剧游戏中体验到了自由和创造的乐趣，与此同时提升了高阶思维能力。学生在戏剧教育的实践过程中，时时处处受到美好精神品德的熏陶。

设计宣传海报

一、背景分析

随着新课改的不断推进，在小学教学中渗透戏剧艺术教育教学已经成为优化学校课程体系、体现素质教育“美育”功能的重要策略。戏剧是多种艺术的融合，包含了 演讲、绘画、童谣、诗歌、音乐、舞蹈……它是可以真正在玩中学的艺术。戏剧的宣传海报则是凝固的宣传作品，是将戏剧中的人物性格和情节内容，转换成与其属性和内涵相适应的文字、图形、色彩等元素的视觉艺术作品，将最具有代表性的主题和内容的细节进行视觉形象化的呈现出来，它通过易懂、有力的图像、文字、色彩视觉效果，将戏剧以视觉形式传达给观者，在戏剧与观众中起着中介的作用。

二、指导思想

2022 年 4 月，教育部印发《义务教育课程方案和课程标准（2022 年版）》，正式将戏剧纳入艺术课程。其核心在于弘扬真善美，塑造美好心灵，坚持以美育人、以美润心，引导学生树立正确的民族观、文化观。《中国学生发展核心素养》在培养学生审美情趣、勇于探究、乐学善学、社会责任、国家认同等方面提出了具体要求。通过一系列的教育教学活动，使学生增强爱国、爱民族的情感，坚定文化自信，提升人文素养。

三、教学目标

1. 引导学生通过海报欣赏，认识和了解海报的特点、意义及其作用。
2. 使学生初步掌握简单的海报设计方法，为校园的文体活动设计海报。

3. 结合欣赏和设计活动，启发学生认识并体会海报的艺术美感，提高审美能力。

四、教学对象

本次活动针对小学四年级学生，共有 50 名学生参与。

五、教学过程

环节一：新课导入

教师活动：

1. 教师陈列观摩海报。

2. 谈话导入：看看前面的这些海报，你对哪张海报比较感兴趣？谈谈你的想法。

学生活动：

1. 学生自由参观欣赏。

2. 边参观边思考自己对观摩的海报有什么感受。

3. 明确活动主题。

设计意图：通过直观地观看，激发学生对戏剧宣传海报的兴趣。通过交流分享，引发学生对如何设计海报进行思考，明确主题。

环节二：认识海报

（一）什么是海报？

教师活动：你觉得什么是宣传海报呢？

教师总结：海报又称招贴，是一种在公共场所挂贴的速看广告，是以图形文字等设计手段来传递信息的视觉平面艺术。

学生活动：学生结合自己对图片的理解，尝试说出海报的概念。

（二）海报的分类

教师活动：

教师提供图文资料，并进行提问：海报都分为哪几类呢？

教师总结：海报主要分为 4 类。

（1）公益海报：是通过表现的主题来碰撞人们的生活和精神领域的海报。

（2）商业海报：以宣传商品获取经济利益为目的而制作的海报。

（3）政治海报：传播政治思想，提高人们的思想觉悟的海报。

（4）文体海报：传递文化、体育信息的海报。根据宣传内容的不同，可分为多种，如运动会海报、音乐节海报、电影海报等。

学生活动：

1. 学生依据图文对照进行连线活动，认识公益海报、商业海报、政治海报、文体海报等不同类型的海报。

2. 说出在生活中见过哪些海报，对不同类型海报的认识。

（三）海报设计三要素

教师活动：

1. 教师提供不同海报图片，并进行提问：海报的结构都由哪些部分组成？

2. 海报设计时，要考虑哪些因素？

教师总结：海报设计的三要素为文字、图案和色彩。

文字：具有说明作用。

图案：海报是视觉艺术，可以通过图案产生强烈的视觉效果。

色彩：具有象征性。

教师板书：三要素为文字、图案、色彩。

学生活动：

1. 学生结合图片观察总结海报构成元素 。

2. 学生结合图片说明海报的特点。

（四）海报设计原则

教师活动：教师出示优秀海报样例，并进行提问：设计海报时，要遵循什么样的原则，才能设计出吸引人的海报？

教师总结：海报设计原则——构思新颖、主题明确、构图简洁。

学生活动：讨论、分析《戒烟公益广告》的画面特点，回答问题。

设计意图：通过认识海报这个环节，学生进一步对海报概念加深了理解。通过自主探究、分析海报的分类、构成、设计原则等，初步掌握如何进行海报设计，为后续进行海报设计进行铺垫。

环节三：海报的设计与制作

（一）海报的设计

教师活动：如果要你设计“全员运动会”的海报，你会怎么做？你会先做什么？后做什么？能说说你的设计步骤吗？

学生活动：小组讨论并交流，进行分享。审题—构思—起稿绘制。

（二）海报的制作

教师活动：海报有哪些制作方式？

学生活动：小组讨论，总结并回答海报制作的方式。可以有手绘、拼贴、电脑制作等形式。

设计意图：通过本环节，学生明确设计制作海报的具体步骤和方法，为设计出优秀的海报打下扎实基础。通过小组合作共同探究出方法，增强学生的合作探究能力。

环节四：为班级戏剧设计海报

教师活动：

1. 看了这么多的海报，大家想不想也成为一名设计师？现在，我们每个人为自己班级的戏剧设计宣传海报，大家有没有信心来完成这些设计？

2. 教师巡视指导。

学生活动：学生设计活动，小组合作完成本组的海报制作。

设计意图：通过本环节，学生动手进行海报设计，培养学生创新思维，提高学生动手能力。

环节五：活动总结

教师活动：通过本节课的学习，同学们又学会了一种表达与展示自我的方式，希望同学们关注我们此次实践活动，能充分发挥海报的作用，用你的智慧和才干设计出优秀的海报作品，让更多的人感受到设计艺术的精彩。

学生活动：展示自己的作品，并谈谈本节课的收获与体会。

设计意图：通过交流分享拓宽学生眼界，提高表达能力和审美素养。

六、教学反思

在本次宣传海报设计中，我们取得了许多宝贵的经验教训。首先，导入环节中的优秀海报展示激发了学生对海报设计的浓厚兴趣，为后续环节打下了良好的基础。其次，深入认识海报环节，学生通过小组合作，自主探究出什么是宣传海报、宣传海报的构成、宣传海报的设计原则以及宣传海报的设计和制作步骤。教师将课堂还给学生，充分尊重学生的主体地位，培养了学生的核心素养。宣传海报设计环节，学生充分发挥创意，展现了不同的设计和构思。在创作过程中，老师巡回指导及时发现并纠正问题，确保了学生的制作质量。

然而，我们也发现了一些不足之处。首先，在设计构思方面，应当再给学生更多的空间，发散他们的思维，激发其想象力。其次，在宣传海报展示评价环节，我们可以邀请更多的学生参与其中，以激发更多学生的表达能力和评价能力。

总体来说，本次海报设计课程取得了显著的成效。学生以直观的方式从海报找到灵感，尤其是对海报特点的认识，学生掌握较好。在设计海报作品时，学生很感兴趣，个个都很认真地去构思如何设计海报，最终的呈现效果也是非常显著的。

创新戏剧道具，增强戏剧魅力

——《自制排箫》教学课例

一、背景分析

檀营满族蒙古族乡中心小学重视传承民族文化，发展民族教育，希望通过戏剧教育渠道开展切实有效、入脑入心的教育，让民族团结的种子根植于每个学生心中。戏剧表演的产生需要舞台道具配合，舞台道具在具有审美功能基础上还可以为戏所用。在引人入胜的表演中，道具功不可没。排箫是戏剧表演中常用到的道具，也是我国一种古老的乐器，它音色好听，容易吹奏。在我校四年级的戏剧《火童》表演中用到了道具排箫，结合四年级学生科学课“声音”单元，利用科学课开展道具排箫的制作，激发学生了解排箫的制作方法、步骤，体验动手制作排箫的兴趣。

二、指导思想

以培养小学生科学素养为宗旨，积极倡导让学生亲身经历以探究为主的学习活动，培养他们的好奇心和探究欲，发展他们对科学本质的理解，使他们学会探究解决问题的策略，为他们终身的学习和生活打好基础。活动整体上属于科学探索和设计制作两种基本活动形式的整合，通过活动使学生理解科学是探索发现新知识，将知识运用于生活和生产就是技术。科学和技术的结合是发展社会的动力，也是对人们素质培养的需要，基于这样的认识，活动的前期应侧重科学探索的过程和方法的指导，实验过程力求规范，注重数据的采集和结果的记录和分析，力求得出正确的科学结论；活动的后期则关注学生技术的实现过程，注意培养学生严谨踏实的工作作风和工作习惯。

三、教学目标

1. 学生在了解声音是由振动产生的原理基础上，逐步探究了解空气振动产生的声音高低取决于空气柱的长短。尝试制作乐器道具排箫。

2. 学生能通过猜想、实践、分享、小结、改进的模式进行探究与发现，了解和掌握从吸管变成排箫的原理与制作过程。学生能够运用测量、记录与推算的方式，得到准确的数值依据，推算出吸管吹出的音阶每个音之间的长短距离。

3. 通过小组制作排箫，培养学生小组合作的意识与能力，并在制作过程中培养对传统文化的喜爱之情。

四、教学流程

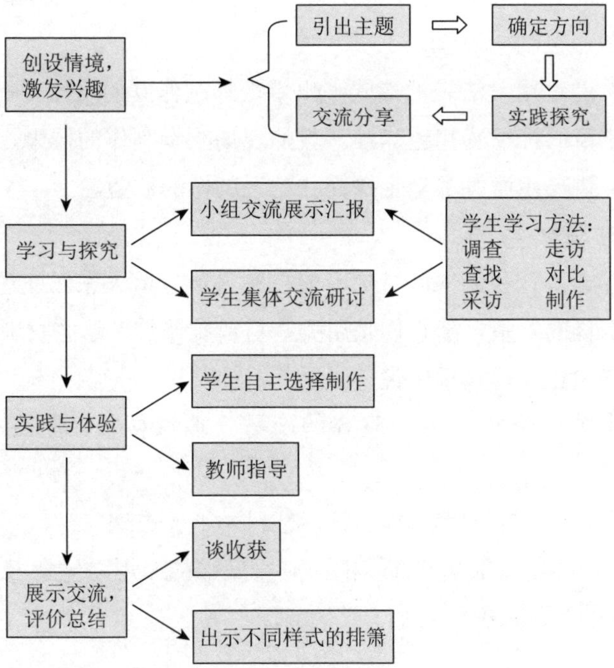

五、教学过程

（一）创设情境，激发兴趣

1. 教师指导语：同学们，今天老师给大家带来了神奇的魔法袋，想试一试你的运气如何吗？来，看你从里面能摸出什么？

预设 1：摸出了一个塑料吸管。

预设 2：用广告纸卷的硬纸筒。

预设 3：用废旧的彩笔壳制作的一件乐器。

让学生猜一猜这件乐器的名字，观察它是用什么材料制作的？并说一说。

2. 教师展示自制的乐器——排箫。

学生欣赏，激起学生动手的欲望。

教师谈话：同学们，你想不想也自己动手制作一个排箫，和同学在课余时间一起吹好听的歌曲？今天我们自己动手制作一件新的乐器——排箫。

3. 出示课题：自制排箫。

设计意图：通过用魔法袋的形式，出示教师制作好的乐器——排箫，增加了自制乐器——排箫的神秘感和趣味性。教师现场吹奏制作的排箫，使学生感受排箫声音的优美，进一步激发了学生探究并动手制作的欲望。

（二）学习与探究

1. 教师指导语：让我们来欣赏更多的自制排箫，请大家仔细观察，看一看它们的形状是什么样的？猜一猜它们是用哪些材料制作的？这些材料有什么特点？

先小组合作讨论，再找学生说一说。

预设 1：排箫的形状一端是整齐的，另一端像楼梯，整齐排列、固定在一起。

预设 2：竹子、不锈钢管、PVC 管、塑料、纸、玻璃。

预设 3：制作的材料都是圆筒状的，其中一端的口用物体封严。

预设 4：有的管长、有的管短。

预设 5：……

教师小结：原来，这么多的材料都可以制作排箫，同学们观察得真细致，这些制作排箫的材料都是圆筒状，比如吸管、用旧画报纸卷的圆筒等，在我们生活中也随处可见，利用它们制作排箫既环保又为我们的生活增添了乐趣。

小组合作探究：制作排箫需要准备哪些材料和工具？制作步骤有哪些？

2. 教师指导语：老师给每个小组都准备了两个制作好的排箫，请小组同学一起看一看、吹一吹，再议一议，猜猜老师是怎样制作的？需要准备哪些材料和工具？制作步骤有哪些呢？

各小组组长拿出教师制作好的排箫。

（1）小组内讨论、交流。

（2）班级内交流讨论的结果。

（3）教师小结自制排箫需要的材料和工具。

（4）教师小结自制排箫的基本步骤。

让学生仔细看一看，读一读。

教师板书制作排箫的步骤：剪截→ 堵塞→ 调音→ 固定→ 美化。

3. 小组合作探究：固定排箫管的方法。

教师指导语：同学们，为了我们制作的排箫更方便拿着吹奏，我们已经了解了用废旧的彩笔制作排箫的固定方法，用其他材料制作还有没有更好的固定方法呢？

（1）小组内讨论、交流。

（2）班级内交流讨论的结果。

（3）教师小结固定排箫管的方法。

4. 教师补充资料：排箫管的长度的要求。

教师指导语：为了使我们制作的排箫音准准确，吹奏的歌曲更好听，相邻两个管的长度有小窍门呦！

让学生认真看一看，读一读。

设计意图：通过欣赏各种材料制作的排箫图片，让学生了解排箫的形状特点，通过小组合作探究，看、吹、拆教师制作好的排箫，掌握制作排箫需要的材料、方法和步骤。

（三）实践与体验

1. 教师指导语：同学们，快动手制作一件你喜欢的排箫吧！看一看谁制作的排箫既美观，吹出歌曲的声音又好听。在动手前，我们来看看老师给你的温馨提示。

让学生看一看，读一读。

2. 学生拿出准备的制作材料，动手制作排箫。

（1）课件循环播放自制排箫的方法、步骤，剪裁每根管的长度等幻灯片，以便给予在活动中遇到困难的学生及时的帮助。

（2）教师巡视、指导。

关注学生个体差异，及时给予制作排箫有困难的学生指导和帮助。

设计意图：通过本环节，让学生学以致用，利用生活中各种材料制作排箫，让学生体验动手制作的乐趣，培养学生的创造能力、动手能力，同时对学生渗透环保的思想教育。

（四）展示交流，评价总结

教师指导语：同学们，老师看到一件件漂亮的排箫已经在大家灵巧的小手中制作完成，许多同学已经迫不及待，想来给大家展示、吹奏一曲了。

设计意图：通过展示、多元化评价制作的排箫，给学生提供了必要的、及时的反馈，以促使学生改进作品的不足。

（五）扩展与延伸（5 分钟）

教师指导语：同学们，生活无限，创意无限；自制乐器，快乐无穷！今天，我们学会了用圆筒状的材料制作排箫，在我们生活中还有许多这样的材料也可以制作出排箫。看，用蔬菜胡萝卜做排箫是不是更有创意？课下，如果有兴趣，你也可以试一试，做一做吧！

设计意图：通过让学生欣赏用胡萝卜制作的排箫，使学生开阔了眼界，受到了创作的启发，为学生进一步亲身体验、获取新知识搭建了平台。

六、教学反思

（一）导之有方向，辅之有方法

教师不是“教”技术制作，而是“指导”学生开展科学探究，授人以鱼不如授人以渔。任何一项研究都离不开方法的支撑。没有研究方法的科学研究是不存在的，没有研究方法，其研究就成了无源之水、无本之木，就不是真正的研究。在戏剧活动中教师教会学生走进生活，提出真问题、真研究、真实践。使学生学会分析问题，运用合理的研究方法得到科学的结论。

（二）探之有趣味，能之有提高

自制排箫是利用生活中形状是圆筒状的物体，进行加工制作成可以简单吹奏的小乐器。制作材料在生活中比较好找，活动主题贴近学生的年龄特点、兴趣爱好，在我们的探究过程中，同学们都表现出了极大的兴趣。在本次自制排箫的过程中，提高了学生的综合素质，学生既小组合作探究出制作乐器的方法，还能亲自设计制作并吹奏排箫，使学生的知识和智慧得到了充分的展示，但学生的收获不只是这些，在研究过程中，学生遇到了不少困难，促使他们不怕困难、积极努力去解决困难，使他们的合作探究能力和实践能力都得到充分锻炼。

（三）思之有创新，做之有自主

通过我们四年级科学课“声音”单元的学习，学生对排箫的结构有一个新的认识。在了解学习排箫的过程中学生充分研究，从结构分析到发声原理再到后期的制作选材，学习认识排箫的过程中充满了研究的意识。教师应引导学生在制作前进行创新设计的思考，培养孩子们的自主能力。遵循传统的排箫制作方法，在材质和设计上进行创新。在制作过程中要求学生主动探索问题、发现问题，具有敢于质疑、标新立异的品质，对所学知识善于独立思考，乐于生疑提问，提出解答问题的不同方法。

“自制排箫”活动，体现了学生自主学习、自主发现的过程。学生在实践中运用多学科知识进行有效融合，并在动手操作中学会发现问题解决问题，从而提高综合实践能力，提升核心素养。本次活动教师尊重了学生的个性和创造性，因材施教，使每个学生在原有的基础上都有发展。

乐享皮影非遗，传承戏剧文化

——《会变的影子》教学课例

一、背景分析

以戏剧课程为载体，将民族教育渗透在教育教学中，帮助学生积淀深厚的中华优秀传统文化，感悟民族瑰宝的魅力所在。现在的学生对皮影戏是熟悉的，经常可以在手机、电视等传播媒体上看到，但又是陌生的，因为大部分学生没有看过现场演出，不知道具体的运行机制。在四年级的科学课程中，《会变的影子》一课与我校办学理念高度契合。故在本课教学中，我重新设计教学内容，将科学课程与戏剧教育相融合，促进现代化手段与传统文化的有机融合。

二、指导思想

皮影戏是中国最古老的戏剧形式之一，是国家级非物质文化遗产，也是我国广泛流行的一种民间艺术。2005 年 12 月 22 日国务院发布《关于加强文化遗产保护的通知》，体现了我国对于非物质文化遗产传承的重视程度已提高至国家软实力建设及文化自信的宏观战略高度。正如习近平总书记所明确的，要用好课堂教学这个主渠道，各类课程与思想政治理论课同向同行，形成协同效应。

本实践团队经过大量的实践研究，设计了切实可行的教学方案，在科学学习中融入皮影戏，让学生以皮影戏为载体，提高科学课的趣味性与实践性，旨在从深层次发挥“非遗”皮影戏的育人价值。

三、教学目标

1. 学生在探究影子形成的条件时，知道行进中的光被阻挡时就形成了阻挡物的阴影，能说出光源、阻挡物和屏是影子形成的必要条件。

2. 学生能通过闯关游戏，说出制造不同影子（如长度、形状和长短不同）的方法。

3. 学生在编排皮影戏时能小组内合理分工，以事实为依据，对自己和他人表演戏剧的过程做出客观评价。通过戏剧表演，希望学生能感受到戏剧的美，喜欢戏剧。

四、教学流程

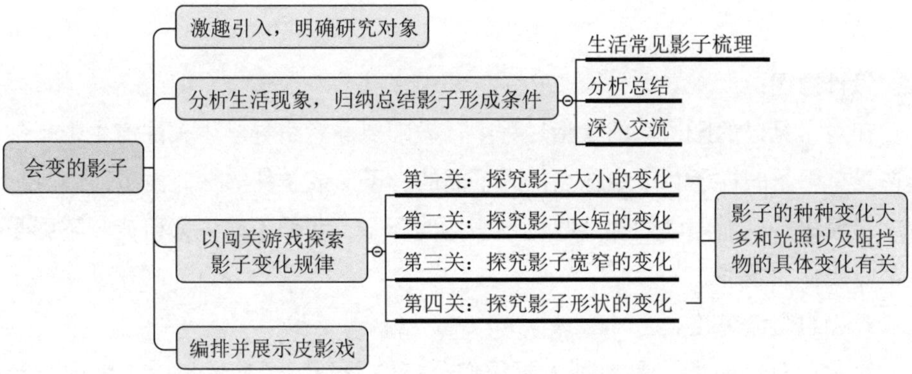

五、教学过程

环节一：激趣导入，通过设疑明确研究对象

教师活动：

1. 谈话导入：今天我们的科学课就从一张照片开始。

2. 出示照片。请你看一看，这张照片中，你有没有觉得不对的地方？

3. 明确本课研究对象——影子。

学生活动：

1. 寻找照片中不合理的现象，发现一根铅笔没有影子，思考异样原因。

设计意图：

激发学生兴趣，学生在认真思考哪里异样的过程中会发现有一支铅笔没有影子，也会调动起学生的前概念，到底在什么情况下会产生影子。

环节二：以学生关于影子产生条件的已有认知为基础，归纳总结，举出反例，完善条件

1. 你亲眼见到过影子吗？（什么场景下，什么物体的影子，在哪看到的）

预设 1：白天出门在太阳下有影子。

预设 2：夜晚在路灯下有树的影子。

预设 3：晚上在台灯下写字有手的影子。

预设 4：晚上遛弯儿在月光下有影子。

预设 5：水面上有建筑的影子。

预设 6：白天看见楼房有影子。

预设 7：大树在阳光下的影子。

……

设计意图：

在对“见过的影子”的谈话过程中，教师要注意引导学生关注产生影子的具体情景、影子的样子和产生地点，为下面的影子形成条件的探究做出铺垫。

过渡语：既然同学们都亲眼见过真实的影子，我们不妨先来研究一下影子产生都需要什么条件。

2. 小组交流讨论。

给你一分钟时间，参考刚才同学们分享的看到影子的情境，小组内交流交流，这些影子都是怎么形成的。

3. 学生分享。

预设 1：太阳光照在人身上，一部分光被人挡住了，形成了影子。

追问：在哪形成了影子？

预设 2：路灯照在树上，一部分光被树挡住了，在地上形成了影子。

预设 3：台灯照在手上，一部分光被手挡住了，在桌子上形成了影子。

预设 4：月光照在人身上，一部分光被人挡住了，在地上形成了影子。

追问：月亮能发光吗？

预设 5：太阳光照在建筑物上，一部分光被建筑物挡住了，在水面上形成了影子。

预设 6：太阳光照在楼房上，一部分光被楼房挡住了，在地上形成了影子。

预设 7：太阳光照在大树上，一部分光被大树挡住了，在地上形成了影子。

……

4. 教师总结：我们把太阳、台灯、路灯这些能发光的物体叫作光源；把人、楼房、大树这些阻挡光前进的物体叫作阻挡物；把地面、水面这些接收影子的平面叫作屏。

当行进的光被阻挡时，屏上就形成了阻挡物的影子。其中光源、阻挡物、屏为形成影子的三要素。

5. 完善影子形成条件。

教学策略：

与学生深入交流，完善影子形成条件：光源、不透明的阻挡物、屏。比如台灯、路灯和白天的太阳，都会发光，叫作光源；比如在路面上看见，在桌子上看见，都需要一个能呈现影子的屏幕，叫作屏。比如我们自己、大树、楼房，都能挡住光源，叫作阻挡物；此时可以出示玻璃充当阻挡物，手拿着手电筒创造有光条件，用玻璃挡住光，追问学生：这样还有影子吗？借此和学生强调阻挡物需要具有不透光的性质；同时，将手放在光源之外，也无法出现影子，引导学生知晓三者之间还需要遵循严格的位置关系，只有光源、阻挡物、屏呈现在一条直线上时，影子才会出现。

设计意图：

影子在生活中很常见，但是学生很少留心观察。在交流分享时，有些学生会认为有了光源和阻挡物就可以形成影子，教师可以现场演示让学生关注到屏的存在。认识了影子形成的三个条件后，学生也只是粗略地了解需要三者才能呈现出影子，但并不是随便就可以制造出影子，教师可以举出反例让孩子们产生认知冲突，完善对于影子形成条件的认识。对于影子的形成学生在分享时，教师要注意引导学生归纳总结。

过渡语：影子在合适的条件下就能产生出来，我们下面就来进行一个创造影子的闯关游戏。

环节三：通过闯关游戏探索影子变化规律

1. 教师讲解注意事项：

（1）创造的影子要与闯关卡上的影子图重合；

（2）闯关成功后还要完成各关卡后的思考题；

（3）建议动手前先观察比较一下每关中影子的特点。

2. 小组操作。

3. 全班交流汇报。

教学策略：

找四组学生现场揭秘通关秘诀，学生边演示教师边讲解。对于角度和位置的区分，角度是指光源位置不变，光源和阻挡物之间夹角的改变，而位置是指光源照射阻挡物的上方、下方、左侧、右侧等。

第一关：探究影子大小的变化。影子大小的变化和光照距离有关。

第二关：探究影子长短的变化。影子长短的变化和光照角度有关。

第三关：探究影子宽窄的变化。影子宽窄的变化和光照角度有关。

第四关：探究影子形状的变化。影子形状的变化和光照位置有关。

4. 追问：我们只能移动光源吗？移动阻挡物可不可以？

播放皮影戏视频，移动皮影人偶使影子变化。

5. 教师小结：

影子是会发生变化的，而影子的种种变化大多和光照以及阻挡物的具体变化有关。

设计意图：

学生通过比对闯关卡上的图片，在简单思考之后立刻尝试，经过不断的尝试取得成功。在学生尝试的过程中，自主思考如何使影子的大小、形状发生变化，是在学生的自我修正的过程中完成的，这就极大地保证了科学概念的转变成功。

过渡语：聪明的同学们创造出了这么多的影子，真棒！

六、编排皮影戏

1. 教师讲解要求。

现在迎来了闯关的终极关卡，每个小组需要成立一个小剧组，利用本节课所学内容自主编排一部皮影戏。剧组里分别设有导演、表演者、灯光师、旁白四个职位，时间紧迫，请你们抓紧排练，一会我们将有几个上台展示的机会！

2. 学生排练。

七、展示皮影戏

刚才同学们都为大家带来了精彩的展示，我们是不是还意犹未尽！其实我们在家中也可以利用身边物品制作皮影戏，课后你可以续写今天的剧本，将八戒学完本领后的内容演给你的家人！

剧本

地点：天庭

旁白：自从猪八戒拜太上老君为师后一直希望能学到真本领。看！今天他又在练习呢！只见猪八戒念动口诀：

猪八戒：身体变化，听我号令，太上老君急急如律令，变大！

旁白：念完口诀，猪八戒的身体随之变得高大了起来。猪八戒又念道：

猪八戒：变小！

变瘦！

旁白：这些简单变化猪八戒尚可驾驭，但是对于一些难一点的法术还不是很熟悉。今天练习的就是变换成物品。

猪八戒：变成一根木棍！

旁白：眼看猪八戒变成了一个长方形，没有成功。八戒不由得灰心了起来。但是突然想起师父的教诲，于是立马振奋起精神继续练习。

猪八戒：变成一根木棍！

猪八戒：我终于成功啦！我终于学到真本领啦！

八、教学反思

（一）剧本多样化促进学生多元化参与课堂

在剧本创编阶段需要重点考虑三点内容。首先是孩子拿到剧本要感兴趣，兴趣是最好的老师，本课内容最终学习成果的体现就是在剧本中。所以一个有趣的剧本至关重要，在剧本中孩子们可以回忆本节课所学内容，尝试用本节课内容去解决一个真实的问题。其次就是剧本要与本课内容关系密切，本课重点在于让学生了解光源、阻挡物、屏是影子的形成条件，以及光源、阻挡物的变化会导致影子的变化。比如影子大小的变化和光照距离有关，影子长短、宽窄的变化和光照角度有关，影子形状的变化和光照位置有关。最后，剧本最好与民族教育相关，有一定深度。通过猪八戒学艺的故事，开始他想放弃，后来会想起师父的教诲，继续努力，最终学到真本领。希望学生能够从戏剧表演中学习到坚持不懈、努力奋斗的积极态度。

但是本课内容核心在于是一节普通的科学课与戏剧文化的融合，核心还是在于科学知识的学习。所以在剧本呈现方面比较单一，全班学生表演的均为同一剧本，因为时间原因也无法让更多学生上台展示，后续会持续根据学生自编剧本情况，期待在戏剧节上能有所呈现。

（二）课堂形式多样化促进学生多角度协同发展

课堂中让学生小组内交流讨论，探究影子形成条件，促进学生信息整合与归纳能力的提升。在剧本排练中，学生承担不同角色，小组内依据特长分工合作，各司其职，每位同学都能够承担起自己的任务。在今后的教学中，可以继续采取小组合作承担不同任务的教学方式，后续教学鼓励学生在角色分配时挑战自己弱势职位，争取每个角色都进行积极尝试，通过组内练习、组间建议，促进学生多角度协同发展。

（三）跨学科探索促进学科融合，提升学生科学素养

本课内容将科学、劳动、美术学科结合起来，提升学生的综合能力。在学习本课之前，学生自主绘制、制作简易皮影人偶，锻炼学生动手操作的能力。在科学课上，学生通过身边常见的影子现象总结出影子形成的必要条件，在教师引导下能准确厘清三个条件所包含的内容。在闯关活动中共分为两个部分进行，第一部分让学生自主探究，其实也是经历了提出问题、做出假设、设计方案、实验取证、分析数据、得出结论的科学探究程序。学生先看到本关内容，心中所想定是如何能制作出来这样的影子，然后小组内会做出假设，开始不断尝试、修正，最终得出结论。科学探究的过程可以是多变的、灵活的。闯关活动对学生来说相对更有吸引力，学生的学习态度也很积极，课后询问大部分学生能记住本课所学内容以及重点内容，效果较好。

巧用戏剧情境，激活语文课堂

——《慈母情深》教学课例

一、背景分析

真实的学习情境能够激发学生的学习兴趣。在教学中恰当运用戏剧情境能够激活语文课堂。语文要素是：体会作者描写的场景、细节中蕴含的感情。用恰当的语言表达自己的看法和感受。这两个目标，前者是阅读要素，学生已具备“通过人物的动作、语言、神态等描写中体会人物的心情或品质”的能力，“体会作者描写的场景、细节中蕴含的感情”的前提是能辨别什么是场景与场景描写、细节与细节描写。教学中，可利用课文语料，引导学生领会场景的基本内涵，通过活动情境撬动学生的主动学习，戏剧课程是我校特色校本课程，一年一度的“戏剧节”是学生乐于参加的真实活动。为了在戏剧节中真情演绎《慈母情深》，则是恰当地为学生深入阅读文本创设的一个真实情境，也是把被动的学习转变为主动探究的教学过程。

二、指导思想

（一）创设真实问题情境，激发学生学习兴趣

语文即生活，语文学习应为儿童生活着想，要让学生在真实的情境中建构属于自己的学习意义。因此，语文课堂应基于学生的实际需求，在真实的任务情境中开展阅读活动，以此唤醒学生阅读文本的期待，激活学生主动阅读的动力。而在真实情境中发现、分析、解决问题，是培养学生创新思维能力的重要途径。

（二）搭建适宜学习支架，服务学生自主学习

采取合适形式，适时适度地为学生搭建学习支架，是促进学生进阶式学习的重要途径，在教学中，基于问题情境，搭建学习支架，引导学生深入学习，使

学习活动有序进展，使思维发展清晰可见，进而推动学生在“学习支架”的指导下，自主建构语文要素体系，提升学习能力和语文素养。

（三）营造和谐学习氛围，增强学生探究意识

遵循多元开放的原则，营造宽松愉悦的学习氛围，才能实现学生真感受、真交流、真发展的教学目标，从而激发学生积极运用语言的愿望。因此，语文教学从“学”的角度去设计，搭建生生互动的交流平台，满足其情感交流的需要，促使学生在积极、自主的语言实践中体会情感、习得方法。

三、教学目标

1. 在排演戏剧的情境中想象课文描写的场景、细节，能够说出“慈母情深”“深”在何处。

2. 能够说出文中反复出现的词语的表达效果。

四、教学流程

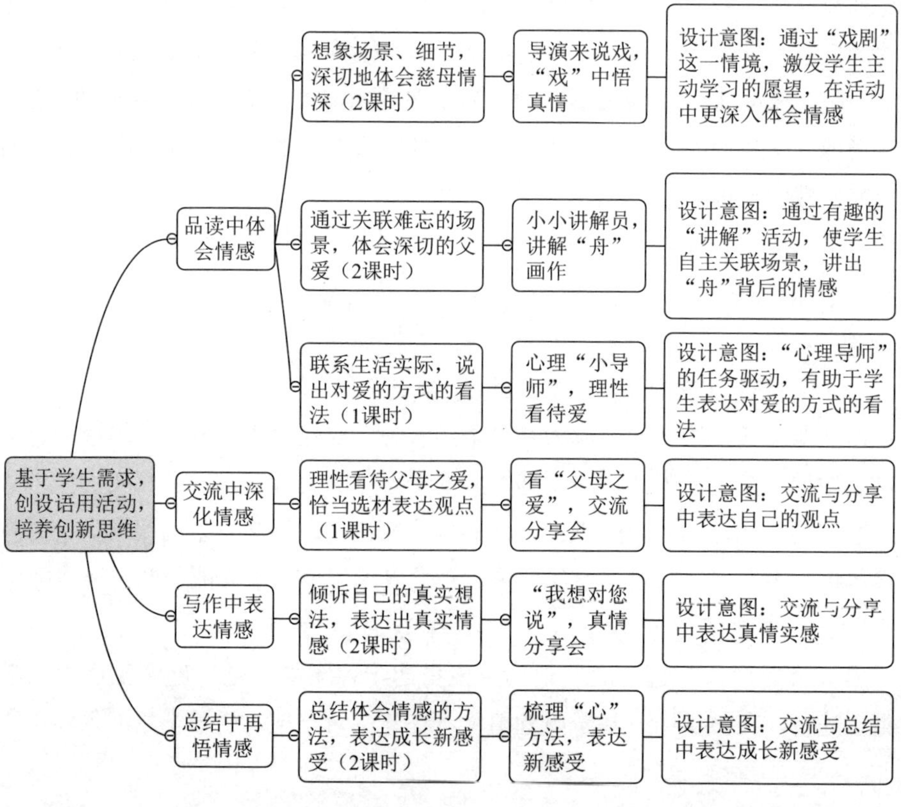

五、教学过程

环节一：情境导入，任务驱动

教师活动：

1. 请同学们听一首唱给母亲的歌《懂你》。

2. 交流：视频中哪个场景或细节给你留下了深刻的印象？为什么？

3. 预设评价：同学们从不同的场景和细节中感受到了母子之爱，好的影视作品的确能够打动人心。

4. 马上就到了同学们最期待的戏剧节了，想不想在今年的戏剧节上带来一次触动人心的戏剧表演？如果戏剧节上，你想表演《慈母情深》，怎样的表演会打动人心呢？要想达到这样的效果，先要读好书。

学生活动：

1. 听《懂你》，关注画面。

2. 交流视频中哪个场景或细节给自己留下了深刻的印象并说出理由。

3. 明确活动任务。

设计意图：戏剧课程是我校特色校本课程，戏剧节是学生喜闻乐见的真实活动，在戏剧节上表演《慈母情深》，恰当地为学生学习课文创设一个拟真实情境，把被动的学习转变为学生自主探究的过程。

环节二：走进场景，合作排演

教师活动：

1. 发布任务：请你默读课文，边读边想，如果想排演《慈母情深》，你会选择哪些场景？突出哪些细节？怎样排演才能让观众感受到“慈母情深”呢？可以画下相关的语句，做简单的批注。

2. 小组交流，可以说一说，还可以演一演。

学生活动：

1. 静心默读、批画：通过哪些场景、细节，怎样来表现慈母情深？

2. 小组交流，合作排演。

设计意图：在“排演戏剧”的任务驱动下，学生进行自主探究，再通过小组合作学习、说一说或者演一演等方式，丰富了学习的形式，使学生乐学。

环节三：活动贯穿，感悟“情深”

教师活动：

依小组汇报顺序教学：

场景一：初到厂房

1. 可以通过厂房的狭小、嘈杂、闷热等方面，体现工厂环境的恶劣。

2. 化身观众，听导演、演员们说戏，相机指导。

3. 真正排演这个场景时，除了大家想到的表现方法，我们还可以通过配话外音的方法。为了突出这个场景，该怎么配话外音呢？

4. 总结：体会作者反复的方法，体现细腻的场景设计，才能更深入地拍好剧，观众才能感受到“慈母情深”呀！真是期待你们最后的表演！

场景二：寻找母亲

汇报交流时，以观众的角度，相机引导学生关注细节，体会“我”的心情。

1. 重复两声“妈——”想表现什么？

2. 作为观众，读“背直起来了，我的母亲。转过身来了，我的母亲。褐色的口罩上方，一双眼神疲惫的眼睛吃惊地望着我，我的母亲的眼睛……”这段文字的时候，觉得哪里不太一样，哪位导演或演员帮我发现？

3. 引导想象：想要排好剧，我们就要透过剧本，想象到画面，走进人物的内心，闭上眼睛，随着慢镜头的推移，你看到了——母亲的背，母亲的脸，母亲的眼睛。

这是怎样的背？怎样的脸？怎样的眼睛？

不对呀，我记忆中母亲的背、母亲的脸、母亲的眼睛不是这样的呀，记忆中是什么样的呢？然而这一刻，母亲曾经那笔直的背、红润的脸、明亮的眼睛不见了。

4. 当想象到了这样的画面，这个话外音该怎么配呢？

5. 激情读：（配乐）就在那一天，我看到的母亲是如此憔悴，就在那一天，记忆中母亲那结实的背、红润的脸、明亮的眼睛找不到了，岁月的流转，时光的飞逝，在如此艰苦的环境下，在强大的劳作中再也找不到了！齐读。

6. 小结：关注人物的细节，想象画面去排剧，观众自然能体会到“慈母情深”！（板书：细节）

场景三：母亲给钱买书

1. 若学生关注不到母亲掏钱、数钱的样子，则引导学生：“皱皱的毛票、龟裂的手指”这个细节需要排演吗？为什么？

2. 分角色表演“我”、母亲和女工对话的场景。

3. “母亲说完，立刻又坐了下去，立刻又弯曲了背，立刻又将头俯在缝纫机板上了，立刻又陷入手脚并用的机械忙碌状态……”

作为观众，采访母亲：母亲你已经这么憔悴了，不能停下来吗？为什么？该怎么配话外音呢？

4. 面对母亲的“塞”，想象一下，“我”手上的动作会怎样？为什么拒绝呢？你明明就是来要钱的呀？

5. 总结：当体会到母亲的辛苦，表达此时的心情，把我们感受到的融入表演，才能更好地诠释“慈母情深”！

学生活动：

场景一：初到厂房

1. 厂房空间低矮，使人感受到压抑，七八十台、七八十个等让人感觉太拥挤了，我们可以通过背景图片来展现出拥挤、狭小的空间。

2. 我们可以通过人物擦汗、湿透了的服装等表现出厂房的闷热，我们现在夏天待在空调房里，不想出去，怕热，而那个年代，没有空调，还那么多人和机器挤在一起，真是犹如“身在蒸笼”，母亲工作的环境太差了。

3. 我们还通过播放特别大的声音来表现厂房的嘈杂，因为那噪声是“震耳欲聋”的。

4. 我们还要表现出“我”当时的心情，看到母亲的艰辛，“我”一定是震惊、心疼的，可以通过表情、动作等来表现。

5. 自主练习配话外音。

场景二：寻找母亲

1. 通过“我”重复两声“妈——”的呼唤的表演，再现环境的拥挤、嘈杂。

2. “背直起来了，我的母亲。转过身来了，我的母亲。褐色的口罩上方，一双眼神疲惫的眼睛吃惊地望着我，我的母亲的眼睛……”表演时突出表现母亲的慢动作，以及表现出“我”看到母亲时的震惊与心疼。

3. 找到母亲这个场景，用演一演的方式来呈现。

4. 自主练习配话外音。

场景三：母亲给钱买书

1. 我们想给母亲的手一个特写，突出“龟裂”的手，以及手上一卷皱皱的毛票，表现出母亲工作的艰辛，“我”愧疚的心情。

2. 我们通过女工的抱怨和责备，表现母亲的不容易，更加表现出我内心的不安。

3. 四个“立刻”，表现出母亲争分夺秒地投入工作，十分操劳，还要表现出“我”看到这一切后的心疼。

4. 我们通过演一演的方式再现母亲“塞”钱的一幕，母亲是毫不犹豫地“塞”，而“我”一定是拒绝的，对母亲的心疼让“我”鼻子一酸。

设计意图：每个场景的排演都是学生自主思考、合作探究的过程，教师在这个过程中敢于放手，教师矮下来，以观众的角度，请导演和演员们帮自己解决困惑，把课堂还给学生，帮助孩子树立学习的自信。

环节四：深化主题，解决问题

教师活动：

1. 母亲“塞”在我手里的哪里是钱呢？分明是什么？

2. 这无私、伟大、纯真的爱汇成四个字，那就是——读题。

3. 当感受到了这些，相信，你们一定会演出一部打动人心的好剧！同学们都喜欢表演课本剧，想要带来好的课本剧，我们都要做什么？

学生活动：

1. 母亲“塞”在我手里的不仅仅是钱，更是爱。

2. 想要带来好的课本剧表演，需要读好课文，改编剧本，细致地排练，最后登台表演。

设计意图：在充分体会的基础上，再感悟“母爱”，感受“慈母情深”，为学生的学习搭建阶梯式的途径和过程。

环节五：自主改编，准备排演

教师活动：小组内尝试改编剧本，再排演，期待戏剧节上，你们的真情呈现！

学生活动：准备改编剧本、排演。

设计意图：再把学生的活动成果放到真实的情境中去，去改编剧本，最后在戏剧节上精彩呈现，既是对学生学习热情的一种保护，又是再次深入体会情感的有效方法。

六、教学反思

（一）注重创设情境，驱动自主探究

在本单元教学中，教师注重将“舐犊情深”这一人文主题放置于一个完整的儿童化、生活化的学习情境中，如创设“排演戏剧”等任务情境，持续驱动学生自主探究，使学生的学习状态由被动转化为主动，不断提升自主寻求和解决问题的能力。在实践中提升综合能力。

（二）巧搭学习支架，搭建学习进阶

为满足学生解决问题的真实需求，为其搭建学习支架，是促进解读文本、了解生活意义的重要途径。如教学《慈母情深》时，引领学生置身于“戏剧排演”这一真实情境中，通过搭建导演说戏、演员演戏、观众评戏、配话外音等学习支架帮助学生打开思路，想象不同场景和细节，联系自身经历，为排演戏剧自然而然地主动感悟慈母情深，触摸文本内涵。

（三）还给学生课堂，培养创新能力

在学习《慈母情深》时，学生基于真实任务驱动，在小组合作、互动交流中积极思考，主动探究每个场景的排演细节。与此同时，教师敢于放手，将学习的时间、空间、工具、评议权、提问权还给学生，他们在平等、自由、愉悦的交流环境中，还原文中场景，丰富人物语言，揣摩人物内心，拓展想象空间，创新表演形式，进而提高实际语用能力，发展创新思维能力。

英语教学与戏剧表演相融，让学生英语有剧，童年有戏

——“Magic Tails”绘本阅读教学课例

一、背景分析

我校是一所戏剧教育课程的示范校。学校非常重视戏剧课程的开发与实践。倡导将“戏剧教育与学科教学相融合，提升学生核心素养”的教育理念。

中国学生发展核心素养的核心是培养“全面发展的人”，主要是文化基础、自主发展、社会参与三个方面，所以当下英语课堂的改革趋势，就是要实现提升学生发展核心素养的目标。实现这个目标的途径主要是在日常教学中发展学生的学习能力、培养学生的语言能力、发展学生的思维品质，以及提高学生的文化意识。而戏剧表演方式有利于激发学生学习英语兴趣，提升其学习英语的自信心、培养其创新精神和合作意识，还有效地促进其思维品质和文化意识发展与提高。

基于此，我校结合本校英语教学特色，将戏剧表演融入平时的英语课堂中。几年来，通过对“英语教学与戏剧表演相融合，提升学生核心素养”这一主题的实践研究，教学上收到了事半功倍的效果。

二、指导思想

《义务教育英语课程标准（2022 年版）》中指出核心素养下的绘本课堂教学以学生主体意义探究为目的，以语篇为载体，在理解和表达的语言实践活动中，融合知识学习和技能发展。通过让学生在预测、理解、分析、验证、创新等思维活动中，构建结构化知识，在分析问题和解决问题的过程中发展思维品质，形成文化理解，塑造正确的人生观和价值观，促进英语学科核心素养的形成和发展。

Goodman 的全语言理论认为，语言学习的过程不应是一个脱离语境、孤立

记忆语音、语法、词汇等知识的过程，而应该是学生在语境中理解、探究、建构语言意义的过程。以戏剧方式开展语言学习不仅为学生习得语言提供了丰富的语境，也为学生提供了整体习得语言的良好机会。学生在丰富的语境中，围绕语言意义，整体感知语音语调，理解语言意义，获得语言知识，体会语言魅力，思考语言所传递的含义，形成整体运用语言进行思维和表达的能力。

基于此，本节课结合绘本内容和学生实际，创设语言学习情境，通过预测、理解、分析、验证、创新等让学生变被动接受为主动阅读。教学过程中关注学生的学习过程和思维方法的指导。同时，通过提取戏剧艺术中的诸如"角色扮演""故事创编"等要素，将戏剧表演融入英语绘本阅读教学之中。以此激发学生学习兴趣，让每一个孩子都乐在参与，每一个孩子都渴望表达，每一个孩子都是主角。从而，更加有效地引导学生来理解和内化语言知识，发展思维品质和提升学习能力。

三、学情分析

1. 已有知识

学生们在一、二年级时，学习了很多关于动物的词汇，如，monkey，tiger, kangaroo, cat,horse,fish,crocodile 等。在四年级上册第三单元学习了向他人借物品的语句"Can I borrow your…？"这些知识的储备都与本课的学习内容相关，因此，学生对于本课的学习难度应该不大。但是在描述动物尾巴功能时，学生可能会有语言储备不足的情况发生，可以让学生通过表演等方式来表达。

2. 认知特点

五年级学生的思维形式开始向抽象思维过渡，可以进行比较复杂的分析，分析问题时开始确立"自己"的位置。在读书方面表现出自主意识增强的特点。他们对英语科普故事绘本学习的兴趣比较浓厚。

3. 生活经验

通过前期与学生进行访谈，了解到学生都知道动物有尾巴。平时通过看书或观察动物尾巴的功能。如，壁虎尾巴的逃生功能，猴子尾巴可以倒挂在树上，马和牛的尾巴可以赶走苍蝇或其他飞虫等。在本课的学习中，学生将通过故事文本和视频等方式，了解到更多动物尾巴的功能，真切地感受到动物尾巴的神奇。

4. 戏剧表演经验

从小学一年级开始学生就在课堂上开始了英语课本剧的表演。另外，每学期的同步学配音大赛和学校举办的“欢乐周戏剧节”活动，都为学生提供了英语戏剧表演的机会。因此，四年级的学生们能够在课上对于所学对话或绘本进行角色分配、创编、表演等。

四、教学目标

1. 能够理解绘本故事内容，基于故事要素（人物，场景，故事发生、发展、结局等）获取故事大意，梳理并概括故事发展过程。

2. 能够运用戏剧的（角色扮演）方式，对故事进行适当创编和表演。

3. 能够感受到动物尾巴的神奇作用。

4. 能够认识到自己的优势或长处，做一个悦纳自我、自信乐观的人。

五、教学重点和难点

教学重点：

通过戏剧活动，激活学生已有知识，并在故事情境中运用句式结构，以及动物不同肢体部位可做出的相应动作词汇。

以戏剧表演形式对故事进行创编和表演。

教学难点：

引导学生通过戏剧活动进入情境，在学习目标语言知识的同时，利用戏剧元素来体验角色特点并对故事进行创编和表演。

六、教学流程

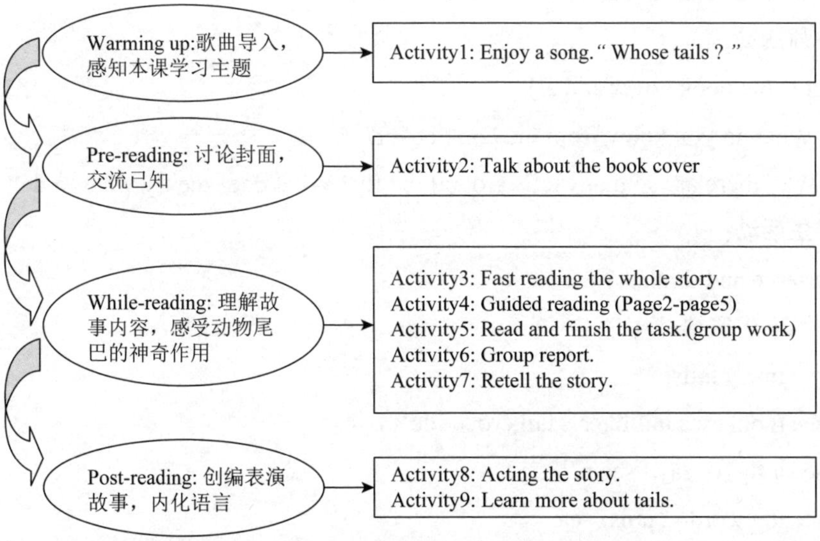

七、教学过程

Step1.Warming up

Activity1：Warming up

教师活动：

Enjoy a song :Whose tails?

Reveal the theme of today's lesson: What is the song about? (Show and teach the word "Tail")

T：What do you know about tail? You can say, Tails are...or Tails can...

学生活动：

1. Try to sing and do the action with the video.

2. Learn the word "tail".

3. Try to say something about tails.

设计意图：通过欣赏歌曲"Whose tails?"活跃课堂气氛，使学生很快进入课堂学习中。同时引入本课主题 Tails。然后通过提问"What do you know about tail?”帮助学生激活已知，同时为下面的学习做铺垫。

Step2. Pre-reading

Activity 2: Talk about the book cover

教师活动：

Show the book cover and ask.

Q:What do you know from the book cover?

T:Why there are so many tails around the fly? What does the fly want to do?

学生活动：

Observe and think.

预测学生答语：

I see many tails.

I see monkey’s tail,tiger’s tail,crocodile’s tail.

I see a fly.(or say,I see a 苍蝇）

I see the word “tails” etc.

设计意图：通过引导学生观察封面，提取封面文字、非文本信息等，引导学生关注绘本内容，激发阅读兴趣，同时结合问题展开想象，激发学生发散思维，培养学生预测和想象的能力。

Step3.While-reading

Activity 3：Read for general information

教师活动：

Elicit Ss to read the whole story quickly and think: “What does the fly want to do?”

学生活动：

1. Read the whole story quickly and think: “What does the fly want to do?”

2. Get to know the general information, “The fly wants to borrow tails.”

设计意图：通过问题引导，让学生运用快速阅读的方法，提取相关信息。了解绘本的主要内容，即，小苍蝇没有尾巴，想去借一条尾巴。

Activity 4：Guided reading

教师活动：

Picture walk page2-page5

T: Why does the fly want to borrow a tail?

T: So he goes to borrow one.

T: Who does the fly borrow from at first?

T:How does the fly ask to the monkey?

Help Ss read the sentence “Could I borrow your tail?” emotionally.

Does the monkey give his tail to the fly?Why?

Act out this part with Ss.

学生活动：

Read and answer.

Learn the sentence, “Could I borrow your tail?”

Act out this part with teacher.

设计意图：通过问题引领，让学生阅读故事，提取相关信息，培养学生提取信息的能力，再通过图片环游的方式验证答案，并通过视频和角色扮演的形式，帮助学生体验到动物尾巴的神奇作用。

Activity 5: Read for detailed information

教师活动：

Have Ss read page 6 to page 9 in groups and finish the task.

Group report

（1）Then elicit Ss to understand the content in Page4 to page9 by following the steps of the monkey part.

（2）Picture tour picture9—picture10,have Ss predict what happened? Then help Ss to understand the function of the ox’s tail.

学生活动：

1. Read in groups and finish the task in the worksheet.

2. understand and act out these two parts.

3. understand the function of the ox’s tail.

设计意图：借助任务驱动，组织学生进行小组合作学习，完成学习任务。然后，让学生在理解的基础上，进行角色扮演，在真实的体验中感受动物尾巴的神奇作用。

Step4.Post-reading

Activity 6: Act and experience the story

教师活动：

Role play:Have Ss work in groups and choose one scenario to act. (Show some tips about how to act.)

Name the story.

学生活动：

Choose one scenario to act it out.

Activity 7:Reflection and extension

教师活动：

1. Elicit Ss reflect :What do you know about the story now?

2. Have Ss to watch a video about animal's tails.

学生活动：

Say something about the function of tails by learning.

设计意图：通过融入“创编故事”“角色扮演”等戏剧表演元素，让学生在真实的情境中，进行真实的表达，内化所学语言，感受故事中人物的心理、行为的变化与特点，从而，加深对故事的理解和感悟。

Step5.Homework

1. Search more information about animal's tails.(books or internet)

2. Make a mini book about “Magic Tails”.

设计意图：通过布置形式多样的课后实践性作业，为学生提供了自由发展的空间，提高学生的学习兴趣，也激活了学生的创新思维。

八、教学反思

（一）巧妙设计线索，引导学生对主题的探究

本课故事文本内容简单，在进行教学设计时，共设置了三条线索。明线是小苍蝇借尾巴的故事，暗线一为请求及回答的目标语言，另一为对尾巴功能的主题探究。让孩子们边学故事边思考，不仅仅向学生们科普了尾巴功能的知识，更激发了学生对知识的探究，让他们爱上科学，爱上这个奇妙的世界。

（二）融入戏剧表演，让学生在体验中理解感悟语言

在课堂上，孩子明显呈现的“生长”的状态，源于体验，源于引导学生主动参与过程中。为了帮助学生更好地理解每种动物尾巴的作用，教师带着学生进

行了多种形式感知体验，如，师生进行小苍蝇和猴子的角色表演对话，生生进行的小苍蝇和老虎，以及老虎和狼的角色表演对话，小组合作创编故事等。让学生在体验、实践、参与与合作中，理解和内化语言，提高口语表达能力和思维能力。

（三）巧设板书，助力学生理解应用

本节课的板书通过整个阅读过程的推进而逐步呈现，条理清晰，使得学生能够通过阅读板书更好更快地理解整个故事内容框架及细节。在读后的教学环节中，学生仍然可以利用板书来辅助复述整个故事内容，起到了多种功能及作用。

第二章

原创剧本

特别的爱给特别的她（他）

地点：教室

人物：班主任（赵文祺）、白杰、魏铭轩、张钰琳、徐光睿、张奥运、班主任（刘梓辰）、子杰、高婧轩、王宗嘉、张雪晗、郝勃然、旁白张凯熙

道具准备：课桌、书包、糖果以及糖果纸叠的爱心。

多媒体准备：班级照片为故事背景以及上课铃声配乐。

（旁白：白杰是班级里一个智力低下的姑娘，在与同学的沟通上存在很大的困难，但又很渴望交到朋友。有这样一段感人的故事，就发生在她身上……）

第一幕　一块糖果温暖了我们的心

（课间，小伙伴儿们三三两两地聚在一起，正愉快地聊着天）

白　杰：魏铭轩，我想跟你……玩儿……（怯懦地小声说道）

魏铭轩：没空，白杰，我忙着呢！（头也不抬不耐烦地回答）

白　杰：哎！没人跟我玩儿！（自言自语）

张钰琳，我想跟你玩！（满脸期待走向张钰琳）

张钰琳：对不起，白杰，我这正忙着呢！（一脸不好意思）

白　杰：哼！为什么总是没有人跟我玩？（伤心地趴在桌子上）

班主任：（发现白杰状态不对，径直走向她，俯下身）白杰，你怎么了？是哪里不舒服吗？

白　杰：没人跟我玩！（一脸委屈、伤心）

班主任：（轻轻抚摸着白杰的肩膀）别伤心，相信老师，你一定会有朋友的！老师就是你的朋友啊！（真诚地望着白杰）

白　杰：老师，我有个秘……密……要告诉您！老师，您看！（从抽屉里拿出一个布袋子，轻轻打开，小声说）从开学我就准备了一袋糖，我想送给他们，可没人跟我玩儿！（一脸伤心）

班主任：（轻轻贴近白杰耳朵）那你想把这些糖果送给你的朋友吗？

白　杰：（狠狠地点点头）想！

班主任：（微笑着）那好！我们就给他们一个惊喜，好不好？

白　杰：（兴奋地拍手）好！

（上课铃声响起，准备上课）

班主任：今天我们来上一节特殊的语文课——《我想和你们做朋友》，你们猜一猜这个“我”指的是谁呢？（台下学生窃窃私语）她就是“白杰”，我们有请白杰上台，她有话想跟大家说。

白　杰：（手里拎着糖果袋跑上台）

（悲伤的配乐响起，烘托气氛）

班主任：你们知道吗？从开学到现在，白杰早早就准备好了一包糖果，想分给她的朋友吃，可一直没有人跟她玩儿，她想把这糖果分给我们每个同学，她想和我们做朋友！那么，白杰，现在就把你珍藏这么久的糖果发给大家吧？好吗？

白　杰：（欢呼雀跃，拿着糖果直奔同学们）好呀！（讲台下的同学们都站了起来）

张钰琳，给你糖，你做我的好朋友。

张钰琳：谢谢你，白杰！以后我们做好朋友，我会多陪你玩的。（两人拥抱在一起，随后白杰跑向下一位同学）

白　杰：徐光睿，给你糖！（兴奋地将糖果递过去）

徐光睿：白杰，真对不起，小的时候我们总是一起玩儿，可是一上了学，我就很少主动跟你玩儿，忽略了你，今后我会注意的，我们还是好朋友！（两人拥抱在一起）

白　杰：太好了，我有朋友啦！（拿着糖果，高高兴兴地跑向下一位同学）魏铭轩，给你糖！

魏铭轩：（接过糖，鞠躬）谢谢白杰！我想说，之前我教你擦黑板，你学得很认真，黑板擦得也很干净，真的很棒！以后我会跟你做好朋友的！

白　杰：给你糖，做我的好朋友吧！

张奥运：白杰，对不起，我不应该那样对你！我们做好朋友！

班主任：此刻，我想大家一定有很多话想对白杰说——

（悠扬欢快的配乐响起，烘托气氛。背景出示，原创诗歌《友谊》）

张钰琳：（手拿着“太阳”折纸，缓缓地走向白杰，将折纸送给她）友谊，像是永不落山的太阳，闪着金光……照耀了我们前行的路。

张奥运：（手拿着纸飞机，缓缓地走向白杰，将折纸送给她）友谊，像永不坠落的纸飞机，一直飞……飞过我们快乐的童年。

徐光睿：（手拿着手绘“河流”画纸，缓缓地走向白杰，将画纸送给她）友谊，像是一望无尽的河流，流向远方……让我们手牵手并肩而行。

魏铭轩：（手拿着手绘“绿洲”画纸，缓缓地走向白杰，将画纸送给她）友谊，像是沙漠之中的绿洲，炎炎烈日……也不能阻止我们成长！

（四位同学，双臂比爱心动作，一同齐诵：友谊如黄金般珍贵，是我们一生的财富）

班主任：（轻轻俯下身）白杰，开心吗？（白杰点点头，笑得很甜）

班主任：你瞧，爱笑的白杰多可爱！让我们一起手挽手，一起做白杰的好朋友吧！（大家手拉手齐喊 ：白杰，我们都是你的好朋友）

白　杰：（激动地喊）我有朋友啦！好开心！

第二幕　一次反思凝聚了我们的心

（旁白：班里还有一株特殊的花——他就是子杰，一个极为情绪化的男孩，凡是遇到不顺心的事，情绪一失控，他就会撕卷子、撕书本，甚至会掀翻桌子。这不，刚刚结束了期中调研，此刻，子杰的表现如何呢）

（屏幕为班级照片背景，课代表高婧轩正在下发期中调研试卷，同学们拿到试卷，课间瞬时安静下来，上课铃声响起）

班主任：（表情严肃、平静）大家都看到了调研试卷了，谁想和大家交流一下呢？

王宗嘉：我的基础知识扣分比较多，今后我得把词语好好写一写，记一记。

班主任：（表情柔和了许多，点点头）基础是要好好打牢的！发现问题，及时改正。

张雪晗：我本次的习作，本该可以将之前写过的单元习作“学以致用”，但在考试时没有认真审题，所以在审题方面还是需要加强的。

班主任：（连连点点头，做出加油的手势）说得好，审题意识不能少，学习知识也要活学活用！一起加油！（轻轻看看子杰，微笑着）子杰，你有什么话要说吗？

子　杰：（不好意思地走上台，眼神有些躲闪）我……我这次作文没有写，阅读……也只写了一点，所以，情绪失控了，在考场上大发脾气……所以这次成绩很低，我知道我给咱们班拖后腿了……（低着头，手里不自信地揪着衣服角儿）

（顿时，响起大家的掌声，那掌声持久而热烈）

班主任：（微微点点头，目光投向台下的学生）那大家有对子杰要说的吗？

王宗嘉：子杰，别怕失败，“失败乃成功之母”，找到问题，我们一起努力！

张雪晗：子杰，你能找到自己的问题所在，我们一起帮你，帮你调节情绪，就一定能有进步的！

子　杰：（头微微抬起，微笑着，眼里有着光）嗯！我一定会努力的！谢谢你！

郝勃然：你学会反思了，找到问题后积极改正，就一定能提高咱们班的平均水平的！

子　杰：（连连点头）嗯！我们一起努力！

高婧轩：虽然这次子杰你考得不理想，最近课上你也能认真听讲，并且你的想法也非常独特，这些也是我们需要向你学习的！

子　杰：（高高抬起头，微笑着）谢谢你的鼓励！我会继续努力的！

班主任：在今后的日子里，就让我们一起帮着子杰，一同进步吧！

（第二天，课间就会看到很多同学和子杰一起看书，和子杰一起做操，给他讲题时的温馨画面，屏幕播放动态照片画面作为故事背景）

（旁白：时间过得真快！转眼间已经到学期末了，马上就要期末考试了！大家都在忙碌着复习呢！子杰也不例外。大家围坐在子杰旁边，一起和他背语文书上的日积月累，子杰还在考同学们呢）

班主任：同学们，收拾好桌面，我们准备期末检测了！

（旁白：整个考场秩序井然，考试氛围浓厚。同学们正认真作答，这次考试，子杰格外认真，正一笔一画地写着。好像每写一笔，都在为班级成绩贡献力量！时间过得真快，铃声响起，考试马上就结束了）

班主任：同学们考试结束了，大家再次检查一下是否写好班级姓名，按照试卷顺序放好，最后一位同学往前收！

（旁白：学生们有序上交试卷。可此时子杰还有很多地方没有完成，急得直出汗）

子　杰：可我还没写完呢啊！（一脸着急，都沁出汗珠儿了）

张雪晗：没事的，子杰，这次考试你已经很认真了！这一次一定有进步的！

（坚定地看着子杰）

郝勃然：子杰，你努力了，也尽力了，一定差不了，相信我！

子　杰：（点点头，信任的眼神儿）那好吧！（轻轻上交了试卷）

（周围的同学异口同声地说道："加油！"振臂加油）

（旁白：期末成绩很快就出来了！只见班主任拿着期末试卷，迈着轻快的脚步走进教室，脸上洋溢着微笑。看来，这次我们班的成绩不错啊！真让人激动）

班主任：把卷子发下去吧！

（旁白：班主任随手把卷子递给班里的同学，开始发卷子啦！可唯独没有发到子杰的卷子，他紧张得不敢抬头看，心扑通扑通地快跳到嗓子眼儿了）

班主任：（待卷子发完，清清嗓子说道）这次期末检测，我们班进步很大！得把掌声送给每个人！（掌声响起来）

（举起手里一张"神秘"的试卷，一脸神秘）在这次考试中，有一位同学进步最大，你们知道他是谁吗？

（同学间互相看看彼此，眼睛不由自主地看向子杰）

班主任：这次考试进步最大的是子杰！他考了 B，掌声祝贺他！有请子杰！这是颁发给你的"进步奖"！

子　杰：（一脸欣喜，快步走向前来，双手接过奖状）激动地说道："谢谢大家！我这次的进步，离不开大家的帮助和鼓励！谢谢！"（深深地鞠上一躬）

王宗嘉：祝贺你，子杰！希望你越来越棒！你是我们班级重要的一分子！

（其他学生异口同声：对！子杰你是班级重要的一分子！教室里响起了热烈而持久的掌声）

第三幕　我们是相亲相爱的一家人

（旁白：班里的白杰和子杰同学，就像特殊的花朵一般，在我们共同的呵护下，慢慢地生长，正在努力开出属于他们那独特的花儿！我们五五班这个大家庭也越来越团结，就像相亲相爱的一家人，彼此帮助，彼此温暖）

播放《我们是相亲相爱的一家人》歌曲，屏幕播放班级合影照片作为背景。

（参演演员牵着白杰、子杰的手依次上台，让两人站在舞台正中央。手挽着手，挥动手臂，唱响歌词。全体参演人员就位后一起高呼：我们是相亲相爱的一家人！鞠躬谢幕）

奔跑吧，我的足球梦

时间：新学期开学第一天

地点：学校三年级二班教室

人物：雯雯、兰兰、欣欣、芳芳、明明、小胖、男生甲、男生乙、女生甲、老师

第一幕

（新学期刚开始，教室里的同学们都在互相聊天，教室里洋溢着快乐的氛围）

旁　白：爱做梦的年纪，有着关于未来各种各样的梦想，或许神奇、或许天真、或许永远都不会照进现实，但关于梦想的未来谁又能这么轻松地下定义呢？

（场景：教室内同学们见老师进来，立即坐好）

老　师：同学们，这是我们班新转来的同学，雯雯。大家欢迎。（掌声）雯雯，向大家介绍一下自己吧。

雯　雯：大家好！（精干的短发，洪亮的声音）我叫雯雯，很高兴认识大家！我最喜欢的运动是踢足球！我的梦想是能够加入国家队，为国争光！

大　家：啊？

男生甲：踢足球？女生？我没听错吧？

男生乙：还国家队，真是小小的人，大大（夸张的语气）的梦想啊。

女生甲：还以为来了个新伙伴，原来是个假小子。

第二幕

（场景：下课后，雯雯拿着足球要出教室。女生们围在一起看杂志）

兰　兰：雯雯，快来看，这是欣欣拿来的杂志，××× 好帅啊！

雯　雯：不了，我要去操场踢球，而且，我不喜欢那些偶像，好像小姑娘一样。

欣　欣：哼！你懂什么，你以为所有人都像你一样，假小子似的。

芳　芳：就是，一个女孩子，天天像男孩子。每次踢球回来都是一身的汗臭，我都不想和你坐在一起了。

（一阵哄笑）

雯　雯：对不起。我以后会注意的。

兰　兰：好了，芳芳你别说了。雯雯，你别去踢球了，大家都很想和你交朋友，但是你一到休息的时候人就不见了，我们想和你交朋友都没有机会啊。

雯　雯：兰兰，谢谢你，也谢谢大家。我知道你们的好意。但是足球是我的梦想，我不会放弃的。

（雯雯离开，其他人面面相觑）

第三幕

旁　白：即使梦想不被人理解，时间却从不因为谁而有任何停留。

（场景：第二天上课前的教室里，几个同学正在聊天）

欣　欣：明明，听说你们昨天在操场上踢球，输给了雯雯？

明　明：（尴尬）谁，谁说的！（看向小胖）是不是你！？

小　胖：不不不，不是我。

欣　欣：你不用管是谁说的，反正现在大家都知道了。真是丢人，竟然输给一个女生。

明　明：你，你，你，你懂什么，我们那是让着她。好男不和女斗，我们还能真的欺负一个女生吗？

小　胖：就是就是，我们是让着她的。

（雯雯带着足球走进教室。看了明明他们一眼，没有说话，走回自己的位子）

明　明：（小声嘟囔）牛什么牛，天天拿个足球，真以为自己能够进入国家队啊。

小　胖：就是就是。

明　明：再说了，就算真的进了国家队又怎么了。就中国足球现在的水平，国家队也没什么大不了的。你没看昨天晚上国家队的比赛，中国队 1∶2 输给了叙利亚。那可是叙利亚啊，一个多年政权动荡、战火不断的国家。他们的足球什么水平应该可想而知了吧。就这样，中国队都踢不过啊。比赛还没结束，我爸爸就看不下去了。还在家里生了半天闷气。

小　胖：就是就是。真是看不下去了。

明　明：就会说就是就是。怎么，你也看了？

小　胖：就是，不，不是，我没看。嘿嘿，我就是觉得你说得有道理。

明　明：我当然说得有道理。这都是我爸爸说的。他还说啊，中国人就踢不好足球，毕竟它不是中国的东西。足球啊，是一百多年前英国人发明的，一直在欧洲那边流传，后来才传到中国。中国人接触足球比欧洲要晚好几十年呢。你看看现在世界上最出名的五大联赛，全是在欧洲。

欣　欣：明明，你知道的真多。

小　胖：就是就是。

明　明：嘿嘿（挠头），这都是我爸爸说的。

雯　雯：不对！足球是中国发明的。

（大家看过来）

明　明：雯雯，我知道你喜欢足球，但你也不能因为这样就在这乱说吧？

雯　雯：我没有乱说，足球最早就是中国人发明的。

（老师进）

老　师：怎么了，同学们？你们在说什么呢？

明　明：老师，我爸爸说足球是从欧洲传到中国的，可雯雯非说足球是中国发明的。您快给我们评评理！

雯　雯：老师，足球就是中国人发明的。

老　师：哦，原来是这么回事。既然雯雯这么说，那就来为大家介绍介绍，中国人是怎么发明足球的。

雯　雯：早在战国时期，中国民间就流行着一种类似足球的娱乐性游戏，叫作蹴鞠。蹴鞠又名蹴球，蹴有用脚蹴、踏、踢的含义，鞠最早是外包皮革、内实米糠的球。汉代又用毛发来填充。到唐代以后，出现了充气球。蹴鞠就是用脚踢球的意思。在唐代，人们还发明了球门，当时的蹴鞠比赛大多在宫廷宴会时进行。

（古代场景：一些古人在开宴会。随着旁白解释，开始表演蹴鞠）

旁　白：比赛的时候，要在球场中央竖立两根高三丈的球杆，上部的球门直径约一尺，叫风流眼。衣服颜色不同的左右军，分站两边，每队 12 或 16 人。比赛时鸣笛击鼓为号，左军队员先开球，互相颠球数次，然后传给副队长，副队长颠球数次，等球端稳后，再传给队长，由队长将球踢向风流眼，穿过风流眼就算胜利。右军得到球之后也是这样操作。时间到时按过球的多少决定胜负，胜利者有奖励，失败的一方队长要吃鞭子，脸上涂白粉。一直到明清时代，蹴鞠仍然是民间非常流行的娱乐活动。

（场景切换回教室）

雯　雯：后来蹴鞠经来中国的阿拉伯商队传入欧洲，经过长时间的发展，成为现代足球。所以，足球是中国人发明的。

大　家：哦～原来是这样！

雯　雯：而且，中国足球也有着光荣的历史。特别是中国女足，女子足球在中国并不普及的情况下，在 1996 年奥运会、1999 年世界杯上，获得了亚军。中国男足也曾在 2002 年进入世界杯决赛圈。虽然近几年中国队的成绩不佳，但是我相信，只要所有热爱足球的人，有着足球梦的伙伴，不放弃自己的梦想，努力奋斗，中国足球一定会获得好的成绩，站在世界足球舞台上的！

老　师：雯雯说得太好了！同学们，让我们一起为雯雯的梦想加油鼓劲！明明，雯雯已经很好地向我们介绍了她的梦想，现在，你也说说你的梦想吧？

明　明：老师，其实我以前也想当一个足球运动员，但是因为一直踢得不好，怕大家笑话我，所以我都不好意思说。在看到雯雯一直为了自己的足球梦努力时，我很羡慕她又很嫉妒她，所以才说了一些难听的话。现在我知道了，一个人的梦想是否成功，不在于别人怎么看，在于你自己是否努力过，拼搏过。（看向雯雯）雯雯，对不起。

雯　雯：没关系。明明，那你以后愿意和我一起，为了我们的足球梦想而努力吗？

明　明：嗯！我愿意！

老　师：太好了，同学们！老师告诉大家一个好消息，为了充分调动青少年踢足球的积极性，区教委要组织所有学校开展一次足球比赛，很快学校就会组织报名，挑选优秀的足球少年组成我们的足球队。

雯雯、明明、小胖：太好了，那我们抓紧时间练习，争取进入校足球队，为学校争光！

音乐起演员退场，舞蹈队上台表演舞蹈。舞蹈结束话剧结束！

让理想插上翅膀

时间：放学后、科学课

地点：张明家、教室

人物：张明、妈妈、王飞、科学张老师、班长、同学甲乙丙丁

第一幕

（幕启。张明坐在自己的书桌前认真地写作业）

张　明：（写作业状）作业写完了！这下可以研究我的飞机了。

（举起自己的飞机模型）大家看看，这歼-20多帅呀！代号威龙，不仅隐身能力强，战斗力更是没的说，最主要的是它是由我们国家自主研究，（放下飞机模型）我也要设计出这样厉害的飞机。（坐下折纸飞机）

妈　妈：（边打电话边上场）嗯，好，好，我也嘱咐嘱咐他，嗯，谢谢聂老师。（挂电话）这班主任刚打电话，说孩子最近学习状态不好。我得跟孩子谈谈。（开大门，放下包，换拖鞋）明明！

张　明：（拿起折好的飞机）嘿，看看，我设计的这个飞机怎么样！（试飞纸飞机，正巧从妈妈头上飞过）

妈　妈：张明，老师说你最近学习状态不好，原来是整天折这些破飞机，（捡起纸飞机撕碎）我让你折！我让你折。

张　明：（伤心）妈妈！

（落幕）

第二幕

（科学课上）

张老师：这节课我们主要讲了水火箭的制作原理。课后，大家可以自己开动脑筋，勇于实践，自己动手做一做。对了，最近市里要举行“纸飞机大赛”，有兴趣的同学可以找我报名。好，下课。

班　长：起立！

所有同学：（起立）谢谢老师，老师再见！

（科学张老师收拾好自己的教具，下场）

同学甲：王飞，你科学学得这么好，还不赶紧报名“纸飞机大赛”。

同学乙：是呀，王飞。

王　飞：哎！考虑考虑吧！

李　薇：科学知识学得好，不见得纸飞机折得好。

王　飞：（生气后得意）哎，今天就让你见识见识，什么叫“折飞机高手”。

（王飞和同学甲乙丙开始折飞机）

（张明折飞机，在飞机上画图案）

同学丁：（拿起张明的飞机）张明，你平时不是很喜欢折飞机吗？这次“纸飞机大赛”，你还不去报个名？

张　明：我先想想。

王　飞：他那个就是瞎捣鼓。（拿起纸飞机准备试飞）看看我的纸飞机吧！（放飞飞机）

同学甲：飞这么远呢！

同学乙：真厉害！

（几位同学围在王飞身边，投去羡慕的目光）

王　飞：（得意扬扬）一般一般，世界第三。

李　薇：张明，你试试。

张　明：（拿起飞机）嗯。

（飞机飞得很远）

李　薇：哇！（看向张明）你这飞机也太厉害了吧！

（同学丙乙围过来）

同学丙：李薇，你折的飞机？

李　薇：不是，是张明。（将张明推到舞台中间）

（其他同学都围了过来夸张明）

王　飞：（挑衅）呦！这么厉害的飞机，我看看！还骁龙号！（拿过飞机故意弄坏）我试试你这飞机。

（飞机由于坏了飞不远）

张　明：（愤怒）你……（悲伤）我的飞机！（缓缓蹲下捡起飞机，突然站

起来冲向王飞打他，而后两人扭打起来，其他人劝架）

李　薇： 别打了你们！

同学甲： 老师来啦！

（班主任和张明妈妈上场，大家散开，回座位）

班主任： 怎么回事？

王　飞： 老师，张明他打我。

（张明低下头）

妈　妈：（愤怒）张明，要不是今天我来交资料碰到，我还不知道你居然欺负同学。

张　明： 我……（委屈地哭）

李　薇： 阿姨，聂老师，王飞他恶人先告状，明明是他先破坏张明折的飞机。

王　飞：（反驳）我……我就试试……（低声）不小心的。

妈　妈： 飞机飞机，又是飞机！你……

班主任： 张明妈妈，您先别生气，咱们听听孩子怎么说。

张　明：（羞愧）聂老师，是我打了王飞。（走到王飞面前）对不起，王飞，我不该打你。可是我真的特别喜欢飞机，（情绪慢慢激昂起来）我希望自己能设计出比歼 -20 性能更强的战斗机，名字我都想好了，就叫骁龙号。我希望它能隐身于太平洋的云层里，时刻保卫我们的祖国。

王　飞：（惭愧）张明，你真了不起。嗯，刚才是我不对。（鞠躬）我更应该向你学习，志存高远。

妈　妈： 明明，原来你这么有理想。妈妈不该只拿成绩和你说话。

班主任： 张明，老师为你点赞。同学们，我们真的应该像张明这样，心中有目标。正如梁启超先生说的那样：少年强则国强。也希望大家能心怀家国，从小立志，超越自我，实现理想。哎！同学们，不如这节课我们就写一写自己的理想。

（音乐中学生在纸上写上自己的理想，折成纸飞机的样子，写完后依次说出自己的理想，最后一起放飞纸飞机）

马头琴的故事

时间：很久以前

地点：蒙古族一个村庄

人物：白马、苏和（白马的主人）、娜云（小女孩）、孟根（苏和的爷爷）、巴图大叔、乌兰大婶、哈朗、乌力吉

（爷爷在整理蒙古包，苏和在蒙古包里）

娜　云： 孟根爷爷。

爷　爷： 哟，是娜云呀。

苏　和：（抱着马鞍从蒙古包里出来）娜云妹妹，你怎么就知道玩呀？

娜　云： 就你懂事行了吧。（转身生气）

爷　爷：（责备的语气）唉，苏和，别逗娜云了，你还是哥哥呢。还不哄哄娜云去。

苏　和： 哦。（把马鞍放下，转到娜云面前）（爷爷把绳子扔到蒙古包后，到后面去）娜云妹妹。

娜　云： 哼。（转到另一边）

苏　和：（又转到她面前）好妹妹，别生气。我给你学大绵羊。（鼓起脸，学羊的样子，学羊叫）

娜　云：（哈哈大笑）苏和哥哥，你真像一只大肥羊。

苏　和： 我才不是大肥羊呢，我要做草原上最好的骑手。骑着我的小白马，跑遍整个大草原。（从怀中拿出一个红缨）你看，这是我给小白马做的，好看吧。

娜　云： 哇，真好看，小白马佩戴上它，一定是草原上最漂亮的骏马。

爷　爷：（从蒙古包后转过来，要进去，说）我要煮奶茶，你们进来喝点吧。

苏　和： 嗯，一会我们再喝。（爷爷走进蒙古包）

娜　云：（看红缨）对了，苏和哥哥，小白马去哪了？不会跟着马群跑远

了吧？

苏　和：（自信地说）不——会，我的小白马可懂事了，它不会离我太远的，只要我一叫它，它就会跑回来的。

娜　云：骗人。

苏　和：我说的是真的。你别忘了，小白马从小就没有妈妈，是我把它养大的，它可听我的话了。

娜　云：那你把它叫回来让我看看？

苏　和：叫就叫，你等着。（跑上高台，大声叫）小白马——小白马——（指向前方）你看，我的小白马跑回来了。（马蹄声）

娜　云：哇！是你的小白马，它跑得真快呀！（马蹄声由远到近）

（一声马的嘶鸣，小白马上）

白　马：双臂后下伸不动，快步跑上台，一声嘶鸣后站在中央。双步开立，双臂向下斜伸，头略昂，精神有力。

娜　云：小白马真威武。（伸手要摸白缨）

白　马：甩头闪开。

娜　云：苏和哥哥，小白马被你惯坏了，连我它都不认识了。

苏　和：怎么会呢？

娜　云：不信你看。（又要摸）

白　马：又闪开，并冲着娜云喷响鼻。

苏　和：哦，我说说它。（走过来摸白缨）

白　马：顺从地用头蹭苏和。

苏　和：小白马，她是娜云妹妹呀，你就让她摸摸你吧。（娜云看白马）

白　马：转头看娜云，低鸣着把头昂起。

娜　云：（生气地转身跺脚）就知道你们俩都看不起我，哼。

苏　和：（对马说）这就是你的不对了，娜云可是好人，你小的时候，她还给你割过青草呢。

白　马：看看苏和，又看看娜云，仍把头昂起来。

苏　和：你要是不理娜云，我也不理你了。（转身抱夹子生气）（几秒后……）

白　马：看看两人，用头碰碰苏和，苏和不理它。又用手拉拉娜云，娜云甩开她，低声鸣叫。两人转身看它，它看看两人，把头伸向娜云。

苏　和：（抚摸马的胳膊）这才乖嘛。（娜云抚摸白缨）

娜　云：苏和哥哥，把红缨给我，我给小白马戴上。

苏　和：好。（把红缨给娜云，娜云把红缨戴在马脖子上）

（巴图手持套马杆，乌兰大婶腰上系着小布袋上台）

巴　图：又在打扮你的小马呀。

娜　云：阿妈。（跑到乌兰怀里）

巴　图：（围着马看，对大婶说）乌兰你看这马，眼睛炯炯有神，骨架又匀称又结实，可真是一匹难得的好马。

乌　兰：可不是嘛。（端详马）苏和，你大叔可有眼力了，他要说这是匹好马那一定错不了。

苏　和：那是。我早就知道我的小白马了不起。

巴　图：不过马好不好可不是靠打扮，得看它跑得快不快。你还是让它多跑跑才好。

苏　和：嗯，好。（转身对小白马说）听到了吗，我要让你成为草原上跑得最快的骏马。（拍拍马）去跑吧，要跑得像风一样快。

白　马：鸣叫，在马蹄声中跑下台。（马蹄声由大变小，大家的目光逐渐移动，苏和向小马挥手）

孟　根：（从毡房里出来）你们来了，我刚煮好奶茶，来喝一碗吧。

乌　兰：哦。（从腰上解下布袋）孟根大叔，这是我们放牧时采的草药，听说能治腿疼，您试试看，要是管用我们回来再多采点。

孟　根：（接过布袋）唉，总是惦记着我，给你们添麻烦了。

巴　图：您别这么说。咱们牧民祖祖辈辈生活在这里，这片大草原有蓝天、水草，可也有狂风、暴雪，还有狼群。咱们不互相照应还行。

孟　根：嗯，你说的是啊。只有咱们团结一心，才能战胜困难。来，（掀起帘子）喝碗奶茶。

巴　图：那我们就不客气啦。（进蒙古包）

孟　根：你俩也来喝奶茶呀。

娜　云：好。（也走进去）（苏和刚要进去，有人叫他）

（乌力吉、哈朗上场）

乌力吉：苏和——苏和，我们俩有事问你。

苏　和：乌力吉、哈朗，你们要问我什么啊？

哈　朗：是你的小白马吗？

苏　和：什么呀？什么是不是我的小白马？

乌力吉：是这么回事。刚才我看见有一匹白马，跑得特别、特别快，我说是你的小白马，他说不是，我说肯定是，他说肯定不是，我说一定是，他说一定不是，我说……

哈　朗：（拦住乌力吉）我们就打了赌。你说说，那匹马到底是不是你的？

苏　和：就这事啊。草原上的白马像天上的星星那么多，我怎么知道你们看到的是不是我的白马。

哈　朗：那你想想，你的那匹白马有什么特别的地方？

苏　和：（想）唉，我想起来了。我问你们，那匹白马的脖子上有什么？

乌力吉：有脑袋。

哈　朗：这还用说，笨蛋。我看到那匹白马的脖子上挂着一个红缨。

乌力吉：对对，是有一个红缨，我也看到了。

苏　和：要这样的话，你们看到的就是我的小白马。

乌力吉：我赢喽，我赢喽。（看着哈朗）你输喽，你输喽。

哈　朗：这不可能。苏和，你可别骗我。你的那匹小白马我见过，它怎么能跑得那么快呢？不可能，不可能，绝对不可能。

苏　和：这怎么不可能？你是见过小白马，可是你没看到我是怎么精心照料它训练它的，再说，我的小白马已经长大了。

乌力吉：就是啊。

苏　和：连巴图大叔都说我的小白马是匹好马呢。

乌力吉：就是，巴图大叔的话你还不信吗？

哈　朗：这……要不这样。让我骑骑你的小白马我就信。

苏　和：不行。你不了解小白马，我怕你出危险。

哈　朗：怎么样，怎么样，心虚了吧。我就知道你的小白马跑不了这么快。

苏　和：你……（从生气转为缓和）爱信不信，反正不让你骑。

乌力吉：哈朗，你别耍赖，咱俩打赌你可是输啦。

哈　朗：我怎么输了。唉，你怎么证明我输了。

乌力吉：这还用证明？

哈　朗：当然了，只要让我骑一回小白马，我就承认我输了。否则我就没输。（得意地坐在马鞍旁）

乌力吉：真赖皮。（转向苏和）要不你就让他骑一回，就骑一回。（苏和转身不理）骑一回他就认输了，又骑不坏。（苏和还不理他）苏和，咱们可是好朋友，好兄弟，就让他骑一回吧，这样就能证明你的小白马跑得有多快了。

苏　和：（看看两人）那好吧，说好了，就骑一回啊。

哈　朗：（坐起来）让我骑了？好嘞。（抱起马鞍要走）

苏　和：慢着。

哈　朗：怎么？反悔了？

苏　和：哎呀，不是，我提醒你，别跑太远啊。

乌力吉：对对对，别跑远了。

哈　朗：知道了，你们放心吧。

苏　和：一定要注意安全呀。（画外音：驾。马蹄声远去）（两人先眺望后坐下）

乌力吉：咱俩就在这傻等着呀？要不咱俩进去喝奶茶吧。

苏　和：不，我就在这等。哈朗不回来，我总放心不下。

乌力吉：我看你是放心不下你的小白马吧。走吧，进去喝奶茶去吧。

苏　和：你去吧，我再等等。

乌力吉：那我也和你一起等吧。苏和，要不等哈朗回来你也让我骑骑小白马吧！

苏　和：不行，你这么胖，我怕小白马受不了。

乌力吉：你就让我骑骑吧！

苏　和：等明年小白马长大了再说吧，现在绝对不行。

乌力吉：还得等到明年呀，现在……（突然传来狼的叫声，两人站起来）

苏　和：不好，山那边儿有狼群。（狼叫）

乌力吉：是狼群。乡亲们，不好啦！狼群来啦！（几人都从蒙古包里出来）

巴　图：狼群在哪，狼群在哪？

乌力吉：就在山的那边，不信你听。（狼叫）

巴　图：（侧耳听）是狼群，不过离咱们这还很远。

乌力吉：狼群会到咱们这吗？（害怕）

巴　图：别怕。狼群不到万不得已是不会攻击村庄的。

乌力吉：那我就放心了。

巴　图：不过你们还是先进蒙古包避一避。（大婶、娜云、乌力吉先后进去）

苏　和：（刚要进）哎呀，糟了。

爷　爷：怎么了苏和。

苏　和：哈朗骑着我的小白马还没回来呢，他就是往那个方向跑的。（特别着急）

巴　图：你别着急，我去看看。（回身拿上套马杆，快速走下）

苏　和：我也去。（被爷爷拦住）

乌　兰：你别去，你还小，你巴图大叔能对付。

苏　和：真急死人了。爷爷，您说哈朗和小白马会出事吗？

爷　爷：应该不会吧，等等就有消息了。咱们到村口看看。（到台一侧）

（清晰的马蹄声从远到近）

爷　爷：你听，准是巴图他们回来了。（巴图搀扶着哈朗上）

苏　和：这，这，这是怎么啦？

哈　朗：（虚弱）我碰到了狼群，多亏你的小白马跑得快，我才逃了出来。

苏　和：你没受伤吧？（哈朗摇摇头）

巴　图：放心吧，他没受伤，就是给吓坏了。（交给大婶和乌力吉）扶他进去歇会就没事了。（扶他进去，并说吓死我了）

苏　和：（向后看，没有发现马）大叔，我的小白马呢？

巴　图：苏和，你不要着急。小白马驮着哈朗冲出狼群时受了伤，它硬撑着把哈朗驮了回来。到村口时实在撑不住了……小白马是好样的。

苏　和：啊！我的小白马！（呜呜地哭）

爷　爷：孩子别哭了，有这样的马，你应该高兴啊。明年爷爷一定给你找一匹更好的马。

苏　和：不！我就要我的小白马，我就要我的小白马！都怪哈朗，非要骑小白马，要不是他，小白马也不会死，我恨他！

巴　图：唉。

爷　爷：不许你这样说，咱们蒙古人最重情谊，没有什么比兄弟情分更重要的了。

巴　图：是啊，小白马也不愿意看到你和伙伴们闹生分的。咱们也回去吧。

苏　和：我想自己待会。（爷爷、巴图摇摇头回去）

苏　和：小白马，（坐在高台上哭，捶自己头）你还没有真正驰骋草原，怎么就、怎么就这样死了呢？（抱着头轻声哭）

白　马：（拿着马头琴轻轻走上，烟雾）苏和，苏和。

苏　和：谁？谁在和我说话。

白　马：我是小白马呀。

苏　和：小白马。（激动）你还活着，你在哪，你在哪呀？

白　马：不，苏和，不要找。我来就是要告诉你，别责怪哈朗，他是你的好伙伴，好兄弟。无论什么时候你们都要团结一心啊。

苏　和：嗯，我知道了。小白马，我永远也不会忘记你的。

白　马：我也舍不得离开你，离开这美丽的大草原啊！（托起琴）我把这把马头琴留给你，每当你拉响它时，你就会听到琴声在倾诉我对你的思念，对草原的眷恋。苏和，不要悲伤，要坚强，要团结……（慢速后退下）

苏　和：不悲伤，要坚强，要团结。（轻声）小白马、小白马。（转身看琴，捧起琴，高声）小白马。（脸贴琴）

（大家都来看，自然分在左右）

巴　图：怎么了孩子？

哈　朗：苏和，对不起。都怨我。

乌力吉：也怨我。

苏　和：你们别这样说，小白马虽然不在了，可是它留下了这个。（捧出马头琴）

乌　兰：这是什么呀？

苏　和：这是马头琴，它会让我们时刻心想朋友，心念草原。会让我们草原人民团结在一起。

（坐下，大家围拢，定格造型。音乐长调响）

火童

时间：很久以前

地点：哈尼族村落

人物：天神、明扎、老祭司、树神、水神、小羚羊、俄平、俄英

第一幕

（哈尼族村背景图天神怒气冲冲地上场。音乐雷声。葫芦、弩、袋子摆在台上成为祭祀台）

天　神：哈尼族的村民们，你们破坏生态环境，不懂得珍惜大自然赋予你们的美好，我要惩罚你们，收回你们的火种，让你们永远生活在黑暗、寒冷和恐惧中。

俄　平：姐姐，我冷。

俄　英：孩子，多穿点，把衣服裹紧些。（给小孩裹衣服）

俄　平：姐姐，我饿了。

俄　英：孩子，给。

俄　平：这是生的，这个又凉又硬。

俄　英：我可怜的孩子，姐姐也无能为力啊。

明　扎：大婶，怎么给孩子吃这个，这个生的怎么能吃呢？

俄　英：明扎，我们没有火，东西怎么能弄熟啊，火没有了，我们也只能生活在黑暗中，四周都是冷冰冰的。昨天山达家的儿子达修被狼袭击了，现在还生死未卜呢。哎！

明　扎：不能再这样下去了，我去找老祭司，他一定有办法的。

俄　英：我们和你一起去。

明　扎：老祭司，天神为什么收走我们的火？

（老祭司上台，祭司的样子）

老祭司：我夜夜祷告，询问上天，可是天神根本不理会我。我猜想是我们做错了什么，才会遭受惩罚。

明　扎：我去找天神，要回我们的火。

老祭司：孩子，这条路太难了，也许你会一去不复返，你可要想好了。

明　扎：我不怕，为了咱们全族的人，有再大的危险我也要去。

老祭司：好孩子，带上这些，一把金竹弩和三支金剑，这是我们族中的宝物，路上也许会有用处；这一葫芦家乡的泉水，清澈甘甜，能给人无穷的活力；一袋子家乡的泥土，是最纯洁的泥土，会让你时时想起家乡。天神就居住在遥远的天门山上，孩子，走吧，路上小心。

姐　妹：明扎，我们等你回来……（众人下）

第二幕

（场景：火热的太阳炙烤着大地）

明　扎：我热得走不动了。（水神扶着老树桩上）

老树桩：慢点，慢点，我走不动了。

明　扎：谁……谁在说话？

水　神：是我们，他是老树桩，我是溪水女神。

明　扎：你们这是怎么了？

老树桩：哎，别提了（坐下来）。这里原来是一大片森林，树木林立，郁郁葱葱，到处充满了生机。二十几年前，酋长带人砍光了所有树木……

水　神：还把乱七八糟的脏东西扔到河里，污染了这里所有的水源，让我们都无家可归了。

老树桩：我呀，有好多年没喝到干净的水了，眼看就是彻底枯死啦。

水　神：我也很久没有听到叮叮咚咚的水流声了。（对明扎说）你闻闻，你闻闻，我都快臭死了。

明　扎：对不起，这都怪我们，只想着自己的生活，没有好好保护你们。我今天代表我的族人发誓，（单腿跪地，手捂胸口）今后一定要善待山林鸟兽，珍惜每一滴水、每一缕阳光，永远和大自然和睦相处。

老树桩：说这些还有什么用。我们怕是等不到那一天了。（两人瘫坐在地）

明　扎：树桩爷爷，水神姐姐，你们怎么啦？（拉两人）振作起来，一切都会好的。

水　神：（有气无力）没有纯洁的泥土净化我的身体，我会永远这么臭，振作不了啦。

老树桩：没有甘甜的泉水，我只有死路一条。水……水……

明　扎：别着急，树桩爷爷您看，我这有甘甜的泉水，您快喝。

老树桩：快给我快给我。（咕咚咕咚喝，舒口气伸展腰肢）很久没有喝到这么好喝的水了。我好像马上就要发新芽了！

水　神：还有我呢？别忘了我呀！

明　扎：我这还有从家乡带来的泥土，它能帮你净化身体。

水　神：那还不快点，别磨蹭了。（明扎把泥土缓缓地洒在水神身上）

（水流声）

水　神：太舒服了，太舒服了，（闻闻自己）我一点也不臭了，又能叮叮咚咚地唱歌了。老树桩，还想喝水吗？现在你想喝多少有多少。

老树桩：别闹了，别闹了。咱们还没谢过小恩人呢。

老树桩、水神：谢谢你，你真是个好孩子。

明　扎：别客气。咱们本来就应该这样相处。

老树桩：唉，对了，你怎么会来这里呀？

水　神：是不是又要砍树啦？

明　扎：不是，不是，你们别误会。我叫明扎。天神收走我们的火种，让我们生活在寒冷和黑暗之中，我是来找他要回火种的。

老树桩：这可是件非常难办的事啊。我们来帮帮你。站好别动啊。（树桩、水神围着他转）

老树桩：给你树的忍耐力，让你克服一切痛苦磨难！

水　神：给你水流的力量，让你战胜一切强敌！

老树桩：勇敢坚强。

水　神：百折不挠。（两人下）

明　扎：（缓睁眼）我感觉有一股股热热的暖流，从我的脚下的大地一直贯穿全身，我觉得我充满了力量，谢谢树桩爷爷、水神姐姐，你们……（发现二人不见了，来回找）

明　扎：（大声呼唤）树桩爷爷，水神姐姐……

第三幕

（天门山背景图小羚羊一蹦一跳地出场）

明　扎：喂！小羚羊，你怎么会在这里？

小羚羊：明扎哥哥，是老树桩和水神派我来帮你的。

明　扎：太好了。小羚羊，快带我到天门山顶吧，我要取回火种，让温暖和光明回到人间。

小羚羊：可是你看，（指向石门）天神关闭了石门，你怎么打开它呀？

明　扎：我有金竹弩和金箭，这点困难不算什么。

（明扎拿出金箭射向石门，射箭声和轰隆声响起）

小羚羊：明扎，小心，这是天神的毒蜂。任何想通过石门的人都会被蜇死的。毒蜂来了！（蜜蜂的嗡嗡声响起）

明　扎：小心！（用身体护住小羚羊，用一只手挥打毒蜂）

小羚羊：明扎哥哥，你受伤了，痛吗？

明　扎：我有树的忍耐力，这点痛苦还打不垮我。

小羚羊：可是这样忍着也不是办法呀。明扎哥哥，看到那个蜂巢了吗？

明　扎：在哪？

小羚羊：就在那，只要把它射掉，毒蜂就会消失。

明　扎：好！（站起，把小羚羊挡在身后，射向蜂巢）（蜜蜂嗡嗡声变小消失）

小羚羊：明扎哥哥，你真棒！（两头石犀牛出场）

小羚羊：快看，天神的石犀牛，它会把人踩扁、撞烂。

明　扎：我能跑过去。（被夹在中间，两次挣扎）

小羚羊：小哥哥……

明　扎：我有水流的力量，我能够穿透石头。（两头石犀牛被推开，明扎一屁股坐在地上）

小羚羊：小哥哥，你的勇气、忍耐和力量都超过凡人，我真佩服你，你一定能带回火种。

天　神：哈哈，妄想。（天神上）这是我的火种，你们人类想拿回它是要付出代价的。

明　扎：天神！我请求你把火种还给我们，没有火种，我们没法生存啊！

天　神：可是你们用火烧毁森林，让山川变得满目疮痍。你们应该受到惩罚！

明　扎：天神，我们曾经是犯了错，不过现在我们决心改正错误。

小羚羊：是啊，明扎代表全族人发了誓，要和大自然和睦相处。你就让他把火种带回去吧。

天　神：火种就在这，如果你能拿走，就拿吧。（明扎伸手拿火种，踉踉跄跄后退，火种熄灭）

明　扎：这，这是怎么回事？火种怎么会熄灭呢？

天　神：看到了吧，离开这里，火种就会熄灭。你还是回家去吧。

小羚羊：怎么办呢？明扎哥哥。

明　扎：（心里话）带不回火种，我的族人就永远得不到光明和温暖。可是火种离开这就会熄灭，怎么办？怎么办？（来回踱步，摸到了金箭）回家——（走到小羚羊跟前，把金箭双手给他）小羚羊，我求你一件事，一会儿无论发生了什么，你记住，用这支金箭把我送回家。

小羚羊：明扎，你想干什么呀？

明　扎：（到天神面前）天神，既然我带不走火种，那你就把我变成火种吧。

小羚羊：这怎么可能？

天　神：我是可以把你变成火种，但是变成火种，你再也回不到人的模样了。你可想清楚了。

小羚羊：明扎，不……不……不能。

明　扎：别说了，我要用自己的生命换来人们的光明和温暖。

天　神：好，我答应你的请求，让你变成火种。

（明扎坐在地上，火种变亮，明扎站起定格，悲伤音乐）

小羚羊：明扎哥哥！（托起火种）我送你回家！（站在明扎后）

（老祭司带着俄英、俄平、族人上台）

俄　平：有火种了！有火种了！

老祭司：明扎真是好样的。（看小羚羊）明扎呢？快让他过来，咱们全体族人都要感谢他。

众　人：是啊，是啊。

小羚羊：明扎……他已经和大家在一起了，这颗火种就是明扎。

众　人：啊！明扎！（哭）

老祭司：不要哭！明扎把自己变成了火种，他是想让咱们所有的人都能快乐地生活下去。我们要永远感谢他，用我们的歌舞感谢他。来，咱们就在明扎面前唱起来，跳起来吧！（音乐、舞蹈）

小狐狸

时间：很久以前

地点：鄂温克族村

角色：小狐狸、老爷爷、老奶奶、老狼、树神、鸟神、鹿神

道具：窝棚、皮被、狐狸皮、驯鹿头饰、狼、树神、鸟神服装、鄂温克族服装、猎枪、拐杖、皮鼓、铜铃、烟袋、缝补用的工具

场景：雪地背景、夜晚背景、鄂温克族村、草地背景、荆棘丛背景

音乐：驯鹿叫声、狼的惨叫声、鄂温克族背景音乐伤心情绪、舞蹈音乐

第一场

（雪地背景窝棚道具）

老爷爷：老伴，我记住了去林子里剥桦树皮，给你做个洗衣服用的水桶，我会快去快回的，这雪天啊，我会注意脚下的。你呀，就别再唠叨了，再唠叨天就黑了。我走了。我这老伴什么都好，就是爱唠叨，这一辈子无儿无女的，话全都对我一个人说。（边走边说）这棵大树不错，就是它了，嘿呀。还有一棵，我去那边看看。

咦，前面是什么？（走上前）哎，可怜的小东西，这大冷的天，别冻死了，快跟我回家吧！（抱起小狐狸）老伴啊，快看我带回来什么？

老奶奶：天啊，这是一只小狐狸，真是太可爱了，怕要冻坏了吧，快赶紧给裹上。老头子，快把热汤端来。（老爷爷端汤，老奶奶喂汤）醒了醒了。

小狐狸：老爷爷、老奶奶。

老奶奶：好懂事的孩子，我已经好多年没有听人这么叫过我了。天太冷了，我要赶紧给你做身小皮衣和皮袄，让你暖暖乎乎的。（拿出衣服给小狐狸穿戴上）

小狐狸：谢谢奶奶，您真好。

老奶奶：好神奇的小狐狸，真像个小男孩。

老爷爷：正好，来了小狐狸多个帮手。

老奶奶：好啊，赶紧教小狐狸干活去。

（舞蹈音乐：老爷爷、老奶奶教小狐狸本领）

老爷爷：（抽着烟袋）今年冬天真的太冷了，雪也比往年下得大，驯鹿都吃不饱了，开春可能不会生小鹿了。还好我们有小狐狸。自从我们家来了这只小狐狸，你看，你的笑容都多了。

老奶奶：（缝补衣服）是啊，小狐狸那么可爱，还帮我们干活，又是挤奶又是叉干草的。这一定是神对我们的恩赐。哎，小狐狸哪都好，就差一个小男孩儿的模样啊！

小狐狸：爷爷奶奶会不会嫌弃我啊。（偷偷地哭）不行，我一定要想办法让自己变成小男孩。爷爷，您看咱们家的驯鹿都已经饿瘦了，我想带它们到尼桑萨满的森林，尼桑萨满是无所不能的神，他创造了山川、河流、森林、大地以及万物生灵，我想那里一定有肥沃的草让咱家驯鹿吃个饱饱的。

老爷爷：小狐狸，你知道吗，尼桑萨满的森林蛮荒又凶险，我怕你遇到危险，还是不要去了。

小狐狸：不，爷爷，我不怕危险，我不能让我们的驯鹿饿死呀，我一定能平安地去平安地回来，您就让我去吧。

老奶奶：小狐狸这么坚持，你就让它去吧，出去闯荡闯荡也好，也许它真的能让我们的驯鹿长得更壮实呢。

老爷爷：好吧，小狐狸，但是你一定要注意安全啊，给你，（递给枪）遇到凶恶的野狼，不要手软。

老奶奶：孩子，带上干粮，路上吃，别饿着自己啊，早去早回。

第二场

小狐狸：（东找西找）无所不能的尼桑萨满到底在哪儿啊？

老　狼：（迎面一瘸一拐地走来，摸着肚子）我已经饿了很久啦，饿啊……驯鹿，（贪婪的表情）我能饱饱地吃上一顿了。不好，有猎枪。我得想个办法吃掉驯鹿。

小狐狸：善良的狼先生，您知道伟大的尼桑萨满在哪吗？

老　狼：尼桑萨满无处不在，凡眼却看不见，你幸亏遇到了我，只有我能指引你见到伟大的萨满。

小狐狸：狼先生，真是太感谢您了。

老　狼：跟我走吧。看！到了，尼桑萨满就在里面。

小狐狸：这洞口也太小了吧，我进去没有问题，可是我的驯鹿进不去啊，这可怎么办？

老　狼：这有什么可为难的，我帮着你看着驯鹿，你就放心地去找尼桑萨满吧。

小狐狸：（钻啊钻）咦，前面那是什么？您就是伟大的尼桑萨满吧？

鸟　神：我不是尼桑萨满，我是古老森林里的鸟神。小狐狸，你找尼桑萨满干什么？

小狐狸：爷爷奶奶对我太好了，我想做他们的孙子。我只有变成小男孩，才能成为他们真正的孙子，陪伴他们一生。

鸟　神：你知道吗，老爷爷老奶奶并不需要你改变什么，快回去吧，小狐狸，我能让谷仓装满粮食，也许这个更重要。

小狐狸：（失望）好吧，谢谢你鸟神，我走了。我的驯鹿呢？这有脚印，还好爷爷教过我利用脚印辨别方向。他们一定是去那边了。

小狐狸：（追上）你为什么带走我家的驯鹿？

老　狼：小狐狸，你来得真巧，我刚听说尼桑萨满在山林那边出现了，要不要去看看？

小狐狸：真的吗？快带我去。

老　狼：赶紧走吧。

第三场

小狐狸：这里到处都是烧焦了的味道，这火也太大了，我可以冒险进去，我的驯鹿进不去。

老　狼：小狐狸，你就放心地交给我吧。

（小狐狸左跳右跳躲避火舌）

小狐狸：这太奇怪了，火怎么燃烧不到这棵大树身上，它一定是尼桑萨满。您就是尼桑萨满吧，我想变成真正的男孩，可以帮帮我吗？

老　树：（哈哈大笑）我不是伟大的尼桑萨满，我是这座古老森林的树神。小狐狸，你为什么有这种想法？

小狐狸：爷爷奶奶都老了，我想变成他们的孩子，照顾他们一辈子。

树　神：真是个孝顺的小狐狸，你现在的样子一样可以做到。快回去吧，小狐狸，我的法力可以让你的家园草木繁茂，却没办法把你变成人类。

小狐狸：（失望）谢谢您树神，我还是想变成男孩。咦，老狼和驯鹿怎么又不见了，快追上它们。

老　狼：（急匆匆的样子）小狐狸，快一点，我刚刚得知尼桑萨满在山崖那边出现了。

小狐狸：真的吗？你不会在骗我吧？

老狼：哪能啊，我怎么可能骗你啊，你要是不赶紧的，说不定尼桑萨满又去别的地方了。

第四场

（到处都是荆棘丛）

小狐狸：这里到处都是荆棘，我要怎么才能过去啊？

老　狼：你难道不想见尼桑萨满了吗？这就退缩了？

小狐狸：（坚定）不，我一定能过去。可是我的驯鹿怎么办呢？

老　狼：你快点去吧，我帮你照顾驯鹿。

小狐狸：这荆棘太尖太密了，我得把衣服脱了才能进去。

老　狼：小狐狸，这荆棘这么密，你的猎枪也碍事，不如你交给我保管吧。

小狐狸：好吧。（伏低身体钻，左右手分的动作）您就是伟大的尼桑萨满吧？我可以变成真正的小男孩吗？

鹿　神：我不是尼桑萨满，我是这座古老森林的鹿神。小狐狸，你为什么要变成人类？

小狐狸：老爷爷老奶奶是我的亲人，我想永远当他们的孩子。

鹿　神：你现在已经做到了。快回去吧，我可以让母鹿多产，让仔鹿满圈。

小狐狸：（彻底失望）我变不成小男孩了，鸟神的食物、树神的牧草、鹿神的小鹿对我又有什么意义呢？（垂头丧气地走）我的猎枪怎么坏了，我的衣服也烂了。这可恶的老狼，它欺骗我。

（气呼呼）可恶的老狼，你为什么要骗我还带走我的驯鹿？

老　狼：（恶狠狠）畜生本来就该让野兽吃掉的，就算你打扮成人的模样，也永远是一只狐狸。

（老狼撕咬小狐狸。树神、鸟神、鹿神出现）

树　神：老狼，你作恶多端，你会得到应有的报应的。将它带走，永远留到我的树林里做工。

老　狼：（嘶喊）不。（惨叫声音乐）

鹿　神：我这有药，小狐狸你赶紧服下，你会很快好起来的，以后不要轻易相信恶人的话。

鸟　神：小狐狸，我送你回到老爷爷老奶奶身边去。

第五场

鸟　神：老爷爷老奶奶，我把小狐狸给您送回来了，不过他昏迷不醒。

老两口：（敲打皮鼓，摇动铜铃）小狐狸来啊来，红尾巴像火云烧；小狐狸走啊走，红尾巴像彩霞绕。舍不得爷爷奶奶，长长的路走好；舍不得爷爷奶奶，小狐狸快回头。（背景民族音乐伤心）

小狐狸：爷爷！奶奶！

老爷爷：小狐狸，你还活着，这太好了。

老奶奶：好孩子，可吓死奶奶了。

小狐狸：（哇的一声哭了）爷爷、奶奶我把咱家的驯鹿弄丢了。

老爷爷：（哈哈大笑）傻小子，没有驯鹿日子还能过，没有小狐狸可不行啊。

老奶奶：是呀是呀，你是我们最重要的孩子。

小狐狸：（抱住老奶奶）爷爷、奶奶。

老爷爷：我的好孩子，我已经听鸟神把你的经历告诉我们了，树神、鸟神、鹿神都爱你。

老奶奶：我们也爱你。（驯鹿的叫声）

小狐狸：是咱们家驯鹿的叫声，我们出去看看。爷爷、奶奶你们快看，咱们家的驯鹿回来了，还有很多的小鹿。

老爷爷：快看，咱们家的粮仓也装满了谷物，这些粮食足够我们一家三口吃一整年了。

老奶奶：看，今春的草格外肥美，咱家的驯鹿一定会吃得饱长得壮的。

小狐狸：神兑现了他们的诺言。谢谢他们的恩赐。

老两口：（搂着小狐狸）你才是神给我们的最大恩赐啊！

我陪妈妈站班岗

时间：大年初一上午 10 点

地点：北京某小区门口登记检查点

人物：博阳（小学二年级学生）、妈妈（博阳妈妈）、社区登记检测执勤员、李阿姨、退休教师、社区志愿者

第一幕

（博阳家小区楼下，多个入口已经封闭，只留一个供居民进出，博阳妈妈和李阿姨在小区门口检查点给进出的居民登记，测体温）

李阿姨：这疫情真是说来就来，真是谁也没想到，这大年初一，本来是家家户户团圆的日子，让这突如其来的疫情全给打乱了。

妈　妈：是啊李阿姨，不过这种情况谁也不愿意看到，多亏国家重视得早，您看疫情暴发以来，国家迅速采取措施，如果再晚一点，真的不敢想会发生什么啊。

李阿姨：你说得没错博阳妈妈，我记得每年你们这个时候都回老家过年，今年还没来得及休假，也是辛苦你们了，博阳在家和奶奶还好吗？

妈　妈：嗯，博阳这孩子您也知道，平时都黏我，但是疫情就是命令，小家的事儿再大也是小事儿，而国家的事儿再小也是大事儿，我们义不容辞。

（天寒地冻，呵气成冰，北风呼呼地吹着，妈妈和李阿姨在检查点边聊边给来往的居民登记，测体温）

第二幕

（大年初一下午 6 点，博阳家内。博阳在家学完网课，已经等妈妈等了一天了，奶奶总说妈妈一会就回来了，可是天都黑了，妈妈还没有回来）

博　阳：奶奶，今天都过年了，妈妈怎么还没下班呀？

奶　奶：博阳别着急，妈妈今天有特殊工作，你看这几天电视上和网上不都在说咱们全国有疫情嘛。

博　阳：奶奶我也看到了，可是这和妈妈有什么关系呀？

奶　奶：妈妈在社区工作，这次疫情非常严峻，需要妈妈这样的社区工作者都参与进来。

博　阳：哦，原来是这样啊，下午我听东东说，他妈妈工作的医院里也是昨天夜里接到通知都回去上班了。

奶　奶：没错，奶奶和你说啊，在这个时候妈妈需要的是咱们的支持，只有我们支持她，她才能全身心地投入到工作当中去，那样工作才不会出错误，现在全国有千千万万个像妈妈一样的工作者、医生、护士、警察、老师，还有各行各业的叔叔阿姨们，都奋斗在自己的岗位上呢，你想想，他们家里都有像你一样的小朋友，也有像奶奶一样的老人，看上去是他们自己在一线战斗着，其实背后都是千千万万个家庭在支撑着他们。

博　阳：嗯，奶奶你说得对，我们一定得好好支持爸爸妈妈的工作。

（奶奶坐在博阳身边，看着墙上已经去世的爷爷穿着军装的照片，眼神慈祥）

奶　奶：好孩子，这就像当年你爷爷在打日本人的时候一样，他们在前线抛头颅洒热血，奶奶和其他留守的妇女老人们，就在后方织布缝衣，种粮种菜，支援他们，这是咱们中国人历来的传统，博阳你记住，不管遇到什么困难，只要咱们全国上下团结一心，众志成城，就没有扳不倒的大山，就没有打不败的敌人。

博　阳：奶奶，我长大了也要像爷爷一样，勇敢地消灭敌人，像妈妈一样奋斗在自己的工作岗位上，他们就是我的榜样。

奶　奶：嗯，我们博阳真是长大了，懂事了，要不我们煮点饺子给妈妈拿去吧，她还没吃晚饭呢。

博　阳：好的奶奶，我去给妈妈准备水果。

（奶奶去厨房煮饺子，装饭盒，博阳把几个苹果装进袋子里，穿好棉衣戴好口罩和帽子，等奶奶一起下楼给妈妈送饺子）

第三幕

（大年初一晚上7:30，小区检查点，博阳和奶奶一起把饺子和水果交到妈妈和李阿姨手里）

博　阳：妈妈，您和李阿姨先去吃饭吧，我和奶奶帮你执勤。

妈　妈：博阳真乖，你能行吗？妈妈的工作可没你看得那么简单哦。

博　阳：放心吧妈妈，刚才奶奶和我讲爷爷打仗的故事，我才知道原来爷爷那么棒！而且奶奶和我说了，您现在其实也是在战斗，所以我要向你和爷爷学习，做一个勇敢的小学生。

李阿姨：博阳太棒了，已经是个小小男子汉了，能帮妈妈分担了。

妈　妈：嗯，不过也要注意安全呀，博阳，口罩要戴好，现在是非常时期，我们先要保护好自己。

博　阳：妈妈您就放心吧。

（说着，博阳又把自己的口罩好好整理了一下，拉着奶奶兴高采烈地拿起体温枪，妈妈和李阿姨进到屋里吃饭，奶奶带着博阳为进出的居民一边登记一边测体温）

妈　妈：辛苦奶奶，辛苦博阳啦，妈妈吃完饭啦，工作完成的怎么样呀？

博　阳：还可以吧，就是刚才有个伯伯，不愿意量体温，也不愿意登记，说他也在咱们小区住，也没去外地，就别费事了。

妈　妈：哦？那你是怎么做的呢？

博　阳：我听妈妈的话，和伯伯说，现在是特殊时期，不管是谁，有什么特殊情况，都要配合抗疫检查，这是每个中国人都应该做的，伯伯看我一丝不苟地对待工作，就说那就配合你这个小娃娃吧。

奶　奶：嗯，博阳刚才做得非常好，正像你说的，只有每个人都认真对待，那么我们才能尽快战胜疫情，取得最终的胜利！

妈　妈：博阳真棒，不愧是妈妈的好帮手。

（妈妈轻轻地抚摸了博阳的头，天空开始下起小雪，虽然天气依然干冷，但博阳觉得浑身暖乎的，今天第一次陪妈妈站班岗，感觉自己是个小小男子汉了）

有义无疫

时间：疫情防控期间

地点：小智家、医院、小区邻居家

人物：小智、妈妈、爸爸、社工阿姨、志愿者

张医生1、孙医生2、杨医生3、周医生4、吴医生5、护士1、护士2、张居民、小孙居民、孙居民、李居民、周居民、吴居民、小吴居民

第一场

（人物：小智、妈妈、爸爸）

〔门帘，门帘前自述（小智背书包）〕

小　智：我叫小智，今年我读四年级了。从小到大，我最佩服的人就是我的爸爸，我的爸爸是一名可以挽救病人生命的外科医生，我希望自己长大以后也成为一个像他那样对社会有贡献的人。

我很爱我的爸爸，但是说实话，由于爸爸工作的关系，我很少有机会能见到他。尤其是今年冬天，突然暴发的疫情让爸爸每天都在医院加班，我几乎已经有一个月没有见到他了，我很担心他。

对了，前天我听妈妈说这周爸爸休假回家，所以我想，今天晚上我终于能见到爸爸了，而且说不定还能跟爸爸、妈妈一家人在一起吃一顿美美的晚餐。

（医生：门帘拉开）

（妈妈：妈妈准备晚餐场景）

小　智：妈妈，我回来啦。

妈　妈：小智回来啦，快去洗手，书包放下，休息休息，晚饭一会儿就做好了。

小　智：今天我们不等爸爸一起吃晚饭吗？

妈　妈：爸爸还没回来呢，一会儿小智先吃，等爸爸回来，妈妈再给爸爸重

新做一些。

小　智：（失望地）那好吧。妈妈是不是又骗小智，爸爸今天肯定又要加班，不会回来了。

妈　妈：你这个小鬼。今天没有骗你，爸爸这个周确实会休假，说不定爸爸现在已经到电梯口了呢，放心吧，爸爸今天肯定会回来。

（爸爸拉行李箱上场）

爸　爸：听说有位叫小智的小朋友想我了？

小　智：爸爸，您回来啦。

妈　妈：这次怎么拉着行李箱回来了。（一怔）没什么，先吃饭吧。

（妈妈离场）

小　智：爸爸给我吧，我来帮您放行李。

（爸爸把文件放在桌子上，脱下外套，走到餐桌旁坐下）

爸　爸：儿子长大了。

（小智发现桌子上的文件，拿起，阅读）

小　智：请愿书。尊敬的院领导，针对现阶段武汉发生的疫情，我作为一名医务工作者和一名共产党员，现郑重向医院提出请求，自愿支援武汉，不计报酬，无论生死，只为保卫人民群众生命健康贡献自己的一份力量。

（妈妈在小智读请愿书时出场）

小　智：爸爸？

爸　爸：本来想吃完饭再跟你们说这件事的。

妈　妈：什么时候走？

小　智：不行，爸爸你不能去，我不允许你去。

爸　爸：小智，听话，爸爸必须去，因为这不仅仅是爸爸的工作。小智你忘了吗，爸爸是共产党员。当我们发现我们的伙伴遇到困难的时候，我们不是应该主动挺身而出去帮助、去保护他们吗？这是爸爸的责任，爸爸也希望给小智树立一个好榜样。

小　智：可是疫情那么危险，您去随时可能会被传染。妈妈和我待在家也不会放心呀！

（爸爸从餐厅走到客厅坐下）

小　智：求您了，爸爸您能不能不去？妈，您倒是说句话啊。妈。

妈　妈：小智，妈妈觉得爸爸做得对。（对爸爸）你就放心去吧，小智我会照顾好的。

小　智：妈妈，难道你就不担心爸爸吗？

妈　妈：小智，我担心爸爸，但我更理解爸爸。你现在还小，等你长大一些就会懂了。这是爸爸身为一名中国共产党员应该有的担当。

爸　爸：小智，武汉之行爸爸是必须去的。我走之后，你能做一个小小男子汉，帮我保护妈妈吗？

小　智：妈。

妈　妈：小智，听话。（劝诫地）

小　智：爸。

爸　爸：听话。

小　智：你们都觉得我是小孩子，不听我的话，我再也不理你们了！

（小智跑开，爸爸妈妈离场。小智自述）

小　智：接下来的两天，虽然我依旧舍不得爸爸走，但我再也没有阻拦爸爸。在机场，我和妈妈看着爸爸坐上了去武汉的飞机。之后的每一天，我都在新闻报道里了解有关疫情的最新消息。每天我都期盼着爸爸能够早日平安回家。

第二场

（5 名医生，爸爸）

爸　爸：27 号床病人准备手术。

张医生 1：13 号床病人血压正常。

孙医生 2：6 号床病人生命体征出现异常。

杨医生 3：9 号床病人出现昏迷现象。

周医生 4：11 号床病人准备急救呼吸气囊。

吴医生 5：aed 除颤准备，医护无关人员撤离病房。

（爸爸推医疗推车穿梭于医生门帘前）

（护士 1，护士 2 出场）

护士 1：呼叫医生，呼叫医生。27 号床病人生命体征波动。

护士 2：需要即刻施行抢救手术。

爸　爸：除颤电击准备。100 焦准备，100 焦一次，100 焦两次。200 焦准备，200 焦一次。

（5 位医生将门帘围成圆形，跟随爸爸指令推动门帘。200 焦定住不动）

（音效：心跳声）

爸　爸：病人心跳恢复正常，抢救成功。

〔众人推动门帘围圆圈转动 1 周后，医生（3 号医生除外）及爸爸全部离场。小智出场〕

小　智：2020 年 2 月 23 日，我和妈妈收到了爸爸支援武汉一个月后发来的第一条视频。看到爸爸忙碌着抢救病人的身影，我虽然依旧很担心爸爸，但我也明白了爸爸正在做的真的是一件特别伟大的事，我似乎开始懂得了爸爸所说的，作为一名党员神圣的责任。

第三场

社工阿姨：小智在家吗？

小　智：李阿姨好。

社工阿姨：来，这是社区为你们家准备的口罩。现在疫情严重，必须重视起来，配合工作。没有必要的事情尽量不出门，出门也要全程佩戴口罩，防控疫情不能松懈。

小　智：阿姨辛苦您了。昨天妈妈去药店才发现口罩全都卖光了，还好今天您来了。

杨医生 3：（推动门板转出）小白妈妈，小白现在依旧高烧不退，也不吃东西，正在哭闹着非要您来病房陪他。您要是有时间先过来一趟吧。

〔杨医生说话时，舞台上三人均面向观众站。杨医生说完，转回合上门帘）

小　智：李阿姨，小白哥哥他……

社工阿姨：对了小智，还有要给你们家的酒精，每次出门回家都要记得酒精消毒啊。

小　智：李阿姨，现在您不赶紧去看看小白哥哥吗？

社工阿姨：小智，阿姨去不成，接下来还有 5 家物资要送，阿姨的工作还没有完成呢。

小　智：可是小白哥哥现在很需要您啊。

社工阿姨：小智，我明白。可现在正是最危急的时候，小智家现在不是也很需要阿姨来送这些防疫物资吗？

小　智：那您就不担心小白哥哥吗？

社工阿姨：小白是我的儿子，我当然比任何人都担心他的安全，我很想时刻陪伴在他身边。可是现在疫情形势这么严重，阿姨又是党员，我有责任也有义务主动承担起抗击疫情、保护大家的工作。放心吧，阿姨等发完这些物资，就去照顾小白哥哥。

小　智：李阿姨，听您这样说，我突然想到了我爸爸，爸爸跟您一样也是党员。我终于明白爸爸为什么要主动申请去武汉支援了。我很后悔，之前我竟然为爸爸去武汉的事情跟他闹别扭，真是不应该。

社工阿姨：小智长大了，懂事了。放心吧，阿姨觉得爸爸不但不会责怪小智，还一定会为小智感到骄傲的。

小　智：李阿姨，我也能申请加入社区志愿者吗？这样我就能帮社区快点分发物资，阿姨每天也可以有更多的时间陪伴小白哥哥。

社工阿姨：真是个好孩子啊！

第四场

〔人物：小智，志愿者。（张居民、孙居民2、李居民、周居民、吴居民）推动门帘〕

（志愿者带着小智依次敲门，各居民随敲门顺序，推动门板转出、转回）

志愿者：张姨中午好啊，这是我们社区新来的志愿者小智。

小　智：这是你们家的新鲜蔬菜。

张居民：谢谢这位小同志。

小孙居民：你们是？

志愿者：小朋友，你的妈妈在家吗？

小孙居民：妈。

孙居民：小王来啦，辛苦你们了。

小　智：不辛苦的，记得出门戴口罩呀。

志愿者：这是新来的志愿者小智。

李居民：小智好啊，真是个好孩子。

小　智：这是您家物资。

李居民：谢谢，谢谢。

小　智：阿姨好，我是小智。

周居民：小智来啦。

志愿者：这是您家的。

周居民：辛苦啦。

志愿者：您好，我们是社区的志愿者，来给您家送物资。

吴居民：快进来坐。

小　智：不了，吴阿姨。疫情防控期间要注意防护呀。

小吴居民：妈妈，我再长大些，也要像两位哥哥这样，做社区志愿者。

志愿者：不打扰您了，有什么需要随时跟我们说。

吴居民：好，好。你们也要注意安全啊。

（居民推动门帘还原第一场场景。居民、志愿者离场）

（音效：嘟嘟嘟的电话声）

第五场

（人物：小智、爸爸。位于舞台两侧。）

（小智、爸爸打电话。二人均正面面向观众）

小　智：爸爸，我很想你，您有时间吗？

爸　爸：小智怎么突然来电话了，妈妈呢？家里是出什么事情了吗？

小　智：没有，爸爸，家里一切都好。爸爸，对不起。

爸　爸：小智为什么要跟爸爸道歉？

小　智：爸爸，我当初不应该阻止您去武汉，更不该跟您闹别扭。

爸　爸：我的小智长大了，爸爸很开心。

小　智：您去武汉之后，我每天都关注着疫情的消息，我也看到了许多在岗位上坚守着抗击疫情的叔叔阿姨。我也很想贡献自己的一份力量，于是我也加入了社区的志愿者，每天帮助邻居们配送物资，我感受到自己在做一件特别有价值的事情。对了！还有一件事我要告诉您：我终于成为一名光荣的少先队员啦！

爸　爸：小智太棒了，你是爸爸的骄傲！

小　智：爸爸也是小智的骄傲！

全　体：

没有一个冬天不会过去

没有一个春天不会到来

我们坚信

尘霾终将散去

到那时草木蔓发

春山可望

每个人都摘下口罩

我们繁花与共

我们笑脸相拥

我们一定会一起战胜这场没有硝烟的战争

抗疫主管

时间：2019 年疫情防控期间

地点：孙主任家里客厅

人物：孙主任（某小学疫情工作的具体负责人）、妻子（幼儿园班主任）、大女儿（初中）、二女儿（学龄前）、姥爷、姥姥

道具：手机、电脑、香烟、桌子、椅子

（灯光很暗）

开　场：新闻播音：2019 年 12 月 31 日，武汉发现了不明原因肺炎疫情，政府正在采取积极的措施应对，号召人民居家抗疫，声音渐小——

妻　子：还跟妈说今年一定在东北老家多住些天，昨天学校要求咱们立刻从东北回到密云开始疫情防控工作，今天就回到了密云，一千多公里，跟做梦似的，真想多睡会儿。

孙主任：特别疲惫的声音，赶紧看看你们班里联系的怎么样了？

妻　子：有几个情况特殊，正在联系呢，妻转身去了里屋。

孙主任：在与妻子对话的同时往学校群里发布对老师们的要求：与家长沟通注意方式，大家组织好语言，如有解决不了的问题，及时向我反馈，大家减少外出，如外出要做好防护，注意消毒。

（微信群里的信息来电声音嘟嘟一直在响）

孙主任：打开教委工作群通知要求：不瞒报，不漏报，数据准确，每天上午 10 点前数据上报区教委、市教委，疾控中心每天对上报前五名和后五名的学校进行通报。

（灯光聚焦在孙头上）

孙主任：王老师您的表格应该这样填，李老师，您再核对一下，某某，身份证，差一位数。某某家长您好，我负责联系您，您现在湖北，一定要响应国家号召注意自身防护，声音渐小。

（电话10分钟后）

孙主任：某某家长您好，您现在湖北，学校领导对孩子非常关心，声音渐小。

（旁白：疫情初期，孙主动要求负责联系身在湖北的两名学生家庭）

大女儿：爸，快中午了，还没吃饭呢！

孙主任：近似大吼的声音，头也不抬，没看我忙着呢吗！找你妈去。

大女儿：我妈也跟他们班家长一直在打电话，都好几个小时了。

孙主任：依然很着急地说，你想想办法！

大女儿：我们老师让我们完成作业呢，一边说，一边转身回自己屋了。

孙主任：伸了伸酸胀的胳膊，感觉头又疼了起来，是老毛病了，点上一支烟缓解一下，一看表都快下午1点了，一家人，还没吃早饭呢。

（灯光变暗）

孙主任：昨天咱们刚回来，什么菜也没有，煮点面条加点盐将就一下吧！

（做饭的声音夹杂手机信息的声音还有他回复的声音）

（两个女儿都嘟囔，这饭太难吃了）

孙主任：头无力地仰着坐在沙发上，不作声，一会儿喊妻子，把止痛药拿来，头疼得厉害。

妻　子：把药放在桌子上。

孙主任：拿起白色圆形大片儿的药一下子吃了两片半。

妻　子：有些诧异地说："你干吗吃那么多？"

孙主任：少了不管用，我一会儿出去买点菜。

妻　子：你别出去了，先休息会儿吧！

孙主任：你还是联系你班里出京的学生吧，我快去快回，还有别的事儿呢。

（客厅灯光正常，敲门声）

孙主任：快拿消毒水喷一下。

妻　子：买这么多东西。

孙主任：一次多买点，尽量少出门。

妻　子：赶紧去洗洗手，消消毒，妻子拿东西离开。

（客厅灯光正常，无人，手机来电声音）

妻　子：赶过来，看看手机，"找你的电话"。

孙主任：满脸是水来接电话，说完又马上去洗手间。

（刚几秒钟又有电话响）

妻　子：看了一下，又是你的电话。

孙主任：脸上有白色的液体，赶紧接电话，您好——，又是几个电话——

妻　子：走到孙面前，我们班有个孩子上报时说在密云，但与别的家长谈话时感觉这孩子好像出京了，怎么办？

孙主任：先上报你们单位再与家长联系，讲政策，拉家常，一定要弄清楚。

妻　子：你洗完脸这么长时间了怎么看着还有好多白点儿？

孙主任：是我用肥皂洗手，连带着，洗了脸没擦干就涂了点你的面霜，脸太干了。

（第二天早晨 5 点半闹钟响）

孙主任：正在洗脸，妻子走过来拿东西。

妻　子：顺口问了一句，昨天你用的哪个霜？

孙主任：伸手一指，就这个。

妻　子：一下子就笑了起来，要不说昨天你脸上好多白点儿长时间不干呢，你把洗面奶当面霜了。

孙主任：哎！惊讶的表情。这两天事太多心里总是想着工作没好好看。

（敲门声）

大女儿：去开门，姥姥、姥爷来啦！

姥　姥：看见女儿的脸色非常不好，关心地问，这些天回来了，放假了是不是也没好好休息呀。注意身体呀，忙什么呢都。

妻　子：现在疫情非常严重，学校要求我们每天两次统计学生数据，报送体温，了解学生的家庭情况、锻炼情况、学习情况。

姥　爷：坐在沙发上，阴沉着脸。现在的学校就是瞎折腾，一个小老师，哪有那么大的权力，放假了还问人家在哪？你管着人家了吗？要是有老师问我在哪！我就不接你电话，烦不烦呀！

姥　姥：这事儿差不多就行了，学校不就要求说个数吗？你报上不就得了嘛，非等什么呀。就算有一个两个不准确的能有什么问题呀！

姥　爷：对着正在看疫情报道的孙主任说，过来咱俩来盘象棋。

孙主任：行。

（刚摆好棋子，孙的电话响了）

（电话那头，孙主任，我班有个孩子被猫抓了，去过医院打针，这种情况怎么办）

孙主任：做好记录，告诉家长远离他人，做好自身防护，尽量不要再外出，回家后要做好消毒。

（姥爷还在等着下棋，刚走一步，电话又响了，声音特别急切，孙主任，我们班有个孩子发烧 38.1 度，怎么办呀）

孙主任：王老师，别着急，与家长沟通的时候要注意说话方式，问清发病原因，有没有疑似和确诊病例接触史，一定注意每个细节，有新的情况马上联系，我 24 小时在线。

（姥爷还想着象棋的事儿，可孙主任的电话一个接一个，姥爷不耐烦地站起来，叫姥姥一起回后边楼自己家了）

（电视台主持人宣布，今天零时湖北武汉解除封锁，车辆有序出城，声音渐小）

孙主任：对妻子说，我联系的两个湖北家庭今天就要回到密云了，要居家隔离十四天，一会儿忙完，我去超市给他们两家买些吃的用的，这些天每天和他们联系都有感情了，像一家人。

妻　子：外出做好防护，早点回来。

孙主任：笑着说，好。咱们做的是工作，但工作也要有温度。

小女儿：趴在窗户那正在向外看，突然大喊了起来，你们看有一个白色的车在咱们楼下，还有三个穿白色衣服的人，看不见脸。

（一家人都围拢到窗前，果然是一辆“120”急救车，在急救车前的不远处还有一辆小轿车，三个穿医用防护服的人都朝着三单元楼门方向注视着）

大女儿：是刘奶奶。

（刘奶奶缓慢地走向车门，上车，两辆车一前一后开走了）

孙主任：刘奶奶整天一个人住，白天推着轮椅在小区里走一小会儿坐一小会儿，她能有什么事呀。

（敲门声）

大女儿：姥爷、姥姥来了。

姥　姥：刚一进门，迫不及待地说：楼下几个老邻居都说，刘奶奶的儿子一家昨天来看她，她的儿媳与确诊病例一起吃过饭，流调结果是密接人员，为了防止扩散去集中隔离观察了。

姥　爷：真没想到，事情这么严重呀，咱们身边就有被隔离的，这要是咱们家人可咋办呀，小孙，开始我对你们的工作还不理解，现在一看呀，还真得重视起来，要不然真出大事。

姥　姥：新闻上说这个病发展特别快、致死率较高，我以为是吓唬咱们呢，今天可有点太意外了，咱们家里人也千万要注意呀。

全家人齐说，让我们行动起来，全民抗疫，共克时艰。

绣红旗

时间：1949 年重庆解放前夕

地点：渣滓洞女牢

人物：江姐、李青竹、孙明霞、成瑶、无名、抱着“监狱之花”的革命者

（李青竹坐在草垫上整理江的衣服，孙蹲在身后，帮李系头发，革抱着“监狱之花”来回走动，不时地看看孩子，遥望狱外）

革：江姐怎么还不回来？成瑶她们去了这么久，也没有消息，都把人急死了。

孙：江姐一定受了很多苦。（突然惊醒）青竹姐，他们会不会对江姐下毒手啊？

李：（革回头看李，向李走两步）这帮刽子手，什么事都做得出来。你看我这腿，就是让他们打断的。

革：就是，“监狱之花”的爸爸妈妈也是叫那帮反动派杀害的。直到牺牲，我们都不知道他们叫什么名字。唉！可怜的孩子。

成：（成、无搀着江姐上场，边走边说）坚持住啊！江姐。（走进牢房）

李：怎么又把人折磨成这样，快点扶江姐躺下。（孙迎上前，扶江躺下，无、成为江姐擦脸，整理衣服）

孙：把水拿过来。（无拿过一碗水，孙喂江姐喝水，江姐咳嗽几声，孙放下碗）

成：江姐醒过来了，江姐醒过来了！

江：扶我起来。（李把衣服给孙，孙把衣服披在江身上）

孙：江姐，可把我们急坏了，都担心你遭了他们的毒手。

江：我这不回来了嘛，大家不用担心，参加了革命，谁还怕死呢。明霞，你怕吗？

孙：（摇摇头）怕死就不参加革命了。（江姐点点头）

李：再喝点水吧？

江：不喝了，还是给“监狱之花”留着吧。把她抱过来，让我看看。（革递过孩子，江姐抱过来，亲亲她，逗逗孩子）看，“监狱之花”越来越可爱了，她的眼睛多亮啊。（婴儿哭声）她准是饿了，快，给我们的“监狱之花”找点吃的。

革：哪有什么吃的呀。（大家沉默）先把孩子给我吧，你的伤很重……（抱着“监狱之花”在后面哄孩子）

成：这些禽兽不如的东西，连孩子也不放过，“监狱之花”还没吃过一顿饱饭呢。（拉过江姐的手）江姐，还疼吗？

江：（微笑着看着成瑶，摇摇头）看到你们和“监狱之花”我就不疼了。

成：（激动）敌人太狠毒了，他们打断了青竹姐的腿，把竹签子钉进你的手指，用尽办法折磨我们，简直不是人。

江：成瑶，你还是这样爱冲动。敌人越凶残，就说明他们离失败不远了。不过现在斗争更残酷了，我们要坚持下去，不要做无谓的牺牲。

众人：嗯，知道了。

江：我们在渣滓洞关了这么多年，对外面的革命形势了解得太少了。真想立刻就回到同志们身边。

无：（炮声）听，（大家倾听）听到了吗？

孙：听到了，是炮声，就在重庆城外不远。

江：那应该是我们的大炮。

众人：（小声欢呼）是我们的大炮，是我们的大炮。

成：（惊喜）我们的队伍就要来了，我们的队伍就要来了！江姐，（蹲到江跟前）你看重庆什么时候能解放？

江：快了，等红岩村的梅花都开放的时候，重庆就该解放了。

成：新中国成立，你想做什么？

江：还没想过。不过我会听从组织的安排，让我做什么，我就做什么。

李：不想你的孩子吗？

江：怎么能不想呢，和我分开的时候，（看一眼“监狱之花”）她也就“监狱之花”这么大。（低头伤心，抬头）不过有同志们在照顾她，我没什么牵挂的。说说，你们都想做什么？

成：我想到部队去，把反动派彻底消灭干净，保卫胜利的果实。

孙：我想回到学校继续上学，多学点知识，以后为国家多做点贡献。

成：对了，我要亲手枪毙甫志高这个叛徒，要不是他的出卖，江姐也不会被捕。还有徐鹏飞这个刽子手，也不能放过他。

革：对，所有的反动派都要交给人民审判，一个都不能放过。

无：（看着革命者）那你想做什么？

革：我想到学校当老师，（看着“监狱之花”）把我们的革命后代培养成人。（看着无名）你呢？

无：我想先回老家看看。自从参加革命后，我就一直没回过家，也不知道爹娘都怎么样了？

（李青竹一直低头想心事）

江：青竹，你呢？

李：我已经残废了，让我干什么都行，只要别给组织添麻烦就好。（低下头沉默）

江：（拉过李的手）革命胜利了，人民是不会忘记我们，（看看大家）和那些牺牲了却没有留下姓名的革命同志的。

成：（拿出一些纸条）江姐，这些是同志们给你写的信，我念一封给你听。

江：嗯，你念吧。

成：这是楼四室献给江姐的：（清清嗓子）你，暴风雨中的海燕，迎接着黎明前的黑暗。飞翔吧！战斗吧！永远朝着东方，永远朝着党！

成：这还有……

江：先别念了，请你转告同志们，毒刑拷打是太小的考验！竹签子是竹做的，共产党员的意志是钢铁！

无：说得太好了。

孙：江姐，今天下午，监狱里的地下党组织，传递给我一个纸条，我还没来得及看呢。（大家围过来，纷纷说：什么消息）

无：（警惕地走到门口查看）安全。

孙：（小心地从衣襟里拿出纸条，轻声读）1949 年 10 月 1 日，毛主席在北京向全世界宣告，中华人民共和国成立了。

众人：我们的国家成立了，我们的国家成立了！中国共产党万岁！毛主席万岁！中华人民共和国万岁！

李：（挥动双手让大家安静）明霞，你快点接着念。

孙：中华人民共和国的首都是……

成：一定是北京！

无：（刮成的鼻子）就你聪明。

成：（哂笑）

孙：中华人民共和国的国旗，是五星红旗。

李：五星红旗！那一定很美。

孙：我们要是有一面五星红旗该多好啊！

江：是啊。我们应该有一面五星红旗。（大家思索）

革：唉，我们有一面红旗呀，是“监狱之花”的妈妈留下来的，我把它藏在床铺下面了。

成：好，咱们就自己动手，做一面五星红旗。大家快点准备东西。（坐好队形，成找出红旗交给江姐，孙明霞郑重地把纸条收好，李找针线）

李：我这有针线。（围拢在江姐身边，把针线分给大家）江姐，你的手……

革：要不我来绣吧。

江：没关系，我能绣。（对革说）你把“监狱之花”哄好，千万别让她哭闹啊。

革：嗯。（给孩子喂水）（绣红旗的过程中慢步走动，边哄孩子边看）

李：（准备绣，停住手，看大家）咱们谁也没见过五星红旗是什么样的，这五颗星星绣在哪啊？（看着江姐）

江：一颗金星绣在中央，光芒四射，象征着党。四颗小星星摆在四方，象征祖国大地一片光明，一齐解放！

孙：对，就这么绣。

（做绣红旗的动作，音乐《绣红旗》）（音乐停，展示红旗）

成：她可真美。（大家把红旗放在怀里抚摸）

江：同志们，我们要让红旗插遍祖国每一寸土地，让全中国的老百姓都能过上好日子。

奇妙的太空旅行

人物：宇浩、宇航员叔叔、同学 10 名

第一场

（开场歌舞）

地　点：教室

（教室里一共有 11 把椅子，共 10 人在场，同学们有人坐着，有人站着聊天，有人在追逐打闹。一片嬉闹声……班长从外面拿着一摞稿纸走进班里）

班　长：（背对观众，环顾同学）同学们，老师说这周末的作业是写作文，题目是（面对观众）《我的梦想》，下周一交。（说完给每个人发稿纸）

同学 1：（讨论）我的梦想？唉，你们的梦想都是什么啊？

同学 5：我的梦想，是当一名画家。

同学 2：我是当个老师，不给学生留作业！

同学 3：这个好，我第一个报名当学生。

同学 6：我也报名！

同学 4：（张开双臂，环绕一圈）我的梦想是环游世界。

（同学们叽叽喳喳地讨论起来）

同学 2：宇浩，你的梦想是什么？

宇　浩：我的梦想？（神秘地笑了一下，从书包里拿出了一个火箭模型）你猜？

同学 2：火箭！哪来的？

（同学们看到了也凑过来围观）

宇　浩：昨天我爸爸妈妈带我去航天博物馆参观，给我买的。帅吧！

同学 2：这太酷了！那我知道了，你的梦想就是……

（宇浩很期待，他觉得一定能猜出来。同学 2 神秘的，停顿了片刻）

同学 2：卖玩具模型。

（同学们哈哈地笑了起来）

宇　浩：什么啊！我的梦想是当一名宇航员。

同学 3：宇航员？你别逗了，你还当宇航员呢？

同学 6：对啊，你连体育课都不喜欢上，你还上火箭？宇航员的训练都是极限的。

同学 7：唉，这样这样，宇浩，你就改个名字吧，别叫宇浩了，你叫咸鱼吧。

（同学们又都哈哈地笑了起来）

宇　浩：你们别笑了，（站上椅子）你们别笑了！我是认真的。我从小的梦想就是能够做一名宇航员，（超人状肢体动作）上宇宙，为国家效力！

你们知道吗？昨天我到博物馆参观，我可了解了太多知识了。

班　长：那你讲讲，都了解什么了？

宇　浩：（自信地）你们都知道载人飞船神舟十四号、神舟十五号吧？

同学们：（零散的）知道。不太知道。

宇　浩：那我给你们讲讲！

神舟十四号，是咱们国家第九次发射载人火箭，是在 2022 年 6 月发射的。三位航天员分别是：陈冬、蔡旭哲和刘洋。我跟你们说，刘洋可是咱们国家第一位女航天员。

同学 1：我知道刘洋，我爸爸跟我说，航天员的身体要求特别难，对女性更是这样，所以她是克服了重重困难，才做到的。（众同学按造型围上前）

宇　浩：没错！航天员遇到的困难和挑战是超乎我们想象的。

我看到介绍里面说，刘洋阿姨参加舱外服水下试验，要穿 120 多公斤的服装，工作三四个小时呢；之后的出舱活动训练，一次连续工作七八个小时。然后刘洋阿姨还私下给自己加任务，锻炼体能，从早到晚都在练习（同学们做惊讶与赞叹表情）。

同学 10：（竖大拇指夸奖）别说，你懂得还不少呢。

同学 9：那神舟十五号呢？

宇　浩：（向后方走去）神舟十五号，是咱们国家第十次发射载人火箭，在 2022 年 11 月 29 日。同时，你们知道吗？这是中国空间站建成前的最后一飞，是空间站建造阶段的最后一棒。

（站上椅子）其中的航天员邓清明叔叔是我的偶像，他 25 年都是备份航天员，但是始终在坚持，从来不停歇训练，不降低对自己的要求，最终飞上了宇宙。

所以，我的梦想，也是有一天，能够穿上太空服，坐在火箭里，透过窗户，（全体同学做遨游宇宙的肢体动作）看到浩瀚的宇宙，看到地球是什么样子，看到身边大大小小的星球，到处都是星星。（陶醉的）（闭眼）然后，我就抵达了月球，我慢慢地走下火箭，站在了月球上。

（在宇浩陶醉的说话的时候，同学们都在憋笑，有同学示意快上课了，同学们悄悄地往外走）

同学 2：嘿！你别做梦了。你还是快上体育课去吧。（跑出）

（音效：上课铃声）

（宇浩一下从陶醉中回到现实。同学们笑着，熙熙攘攘地走出教室）

宇　浩：（看着火箭模型，又看向教室的大门）谁说不可能，我就让你们看看，我长大后，当上的宇航员的样子！

等我到了月球上，唉！（边讲台词边做对应动作）我不仅要走路，我还要跑步。唉，我慢跑，我还快跑，我小跳，我跨栏。我我我，哦对，我还要照相，我自拍，让你们看到我的样子。让你们不相信我！让你们笑我！

（慢慢坐到椅子上）我才不想上体育课呢……（停顿了一会）都不相信我，难道我真的不能做一名宇航员吗？

（慢慢地，宇浩累了，拿着模型，斜躺在椅子上，睡着了）

第二场

地　点：飞船

（一声响声，让宇浩惊醒。宇浩看到周围，很惊讶，自己好像是在飞船里。他揉了揉眼睛，觉得非常不可思议。他看了看周围）

宇航员：（没上场，火箭后方喊）小朋友，我们快到了。（走出）

宇　浩：这是哪啊？（揉揉眼睛）

宇航员：睡迷糊了？我们马上到月球了。

宇　浩：什么？到月球？

宇航员：对啊，你们是第一批的月球旅行团的小朋友啊。怎么，睡忘了？

宇　浩：我？我上月球了？

宇航员：你看看啊。小朋友准备准备，马上下飞船了。（宇航员走到后面）

宇　浩：还有别人？

（歌舞表演）

宇航员：好了，小朋友们，可以回到飞船上了！你们可以自行参观，要注意安全啊，不要乱碰乱动。（走到后方）

（小朋友们走进，充满好奇地到处看。有一个同学用手摸四周）

宇　浩：（看到）不要乱摸！

（忽然，火箭开始震动，小朋友们都害怕地叫了起来）

（音效：紧急情况）

同学 9：这是怎么了？

同学 10：谁碰到什么了？

班　长：怎么办啊？

宇　浩：大家冷静，大家不要害怕，先坐好。要知道，火箭不是我们能够启动的。

（同学们听了宇浩的话，都坐好了。这时宇航员叔叔走了出来）

宇航员：小朋友，说得很对！刚刚只是火箭日常的保护措施。在遇到事情之后，这样的心理素质是宇航员该有的。（对宇浩竖大拇指）

宇　浩：（挠挠头，不好意思地笑了笑）真的吗？谢谢叔叔。

宇航员：好了小朋友们，我们要准备返程了。

同学 7：啊？我还没待够呢。

同学 8：真想住在这儿啊。

（同学们都很舍不得，附和着）

宇航员：好吧，那叔叔再给大家讲个故事吧。（坐在舞台中间的椅子上）

同学们：好啊好啊！（向前围坐过来）

宇航员：小朋友们，你知道宇航员陈冬吗？

宇　浩：我知道，我的梦想就是成为他那样的宇航员。

宇航员：不错，这是个很好的梦想。2008 年陈冬看到神舟七号飞向太空的那个画面，让他也有了做宇航员的梦想。两年后，他加入了中国航天大队。

可是要实现梦想哪里那么容易，他最开始进行转椅子的训练，每次都出冷汗，然后他就回家坐在旋转电脑椅上，让家人推着转。后来还有超重耐力的极限训练。这些都是做航天员需要付出的冰山一角。

所以，有梦想，就要为梦想而奋斗，要做好付出的准备，脚踏实地，一步一个脚印，坚持去做。做宇航员，要有强大的体力，还要有专业的理论知识，极强的心理素质。想要当宇航员付出的可不少。

宇　浩：叔叔，我知道了，我一定会努力。（转头走）叔叔，你相信我吗？

宇航员：我相信你！小朋友，你叫什么名字。

宇　浩：我叫宇浩，宇航员的宇，浩瀚宇宙的浩。

宇航员：宇浩，加油！

宇　浩：谢谢叔叔！

宇航员：好了，小朋友们，准备返航吧。（下场）

（宇浩追上去，其他同学恢复座位位置）

第三场

地　点：教室

（同学们下了体育课从教室外聊着天走进来，看到宇浩在睡觉，一个同学示意其他人：安静，一起叫醒他）

同学们：（比手势 123）宇浩！

宇　浩：（惊醒）啊？这是哪里？

班　长：（走进来）宇浩，你又没上体育课。老师说，再不上就请家长了。

（宇浩还在刚刚的梦境里发呆，没有回应）

班　长：陈宇浩！

宇　浩：啊？哦，我知道了。（继续发呆，一动不动地看着手里的火箭）（小声地）叔叔说，强大的体力。

（周围的同学们嘀咕着）

同学 4：他怎么了？

同学 5：说什么呢？

同学 6：没听清。

（忽然，宇浩猛然站起来，然后走向门口）

班　长：唉，你干什么去？

宇　浩：（停住，回头）班长，我去跟体育老师请假。（面向观众）我还要告诉老师，我以后一定好好锻炼身体，加强体力，认真上好每一节体育课。

（结尾歌舞）

——剧终——

Clever rabbits

时间：清晨

地点：森林

人物：兔妈妈 Lisa、兔宝宝 (Yoyo，Didi，Lily)、大灰狼 A、大灰狼 B

第一幕（兔兔家）

（跳兔子舞）（音乐起）

Mum: Hello, I am Lisa. I have three lovely kids. Look, they are coming.（兔宝宝开心地跳上台）

Yoyo, Didi, Lily: Mummy, mummy.

Mum: Kids,I need to buy beautiful clothes for you.

Yoyo: Beautiful clothes?

Yoyo, Didi, Lily: Hooray!

Mum: Kids,you must stay at home. A wolf nearby, don't go out, it's dangerous. I will come back soon.

Yoyo, Didi, Lily: OK.

Yoyo, Didi, Lily: Yeah! （开心）（妈妈退场）

Yoyo: What do we do ?

Lily: Let's dance together. （一起跳舞，音乐起——《小兔子乖乖》）

Didi: No,I am tired. （摆手，坐在地上）

Lily: Wow, look, it's beautiful outside.

(Didi,Yoyo 跑过来) Wow! （激动鼓掌）

Didi: Let's go out and play!（欲打开门出去）

Yoyo: Hey, mum told us not to go out. (拉住 Didi) It's dangerous.

Lily: Yes, we can't go out.

Didi: You are so timid. Nothing.（骄傲地拍下 Yoyo 的手，跑了出去）

第二幕（花园里）

（欢快音乐起——《小兔子乖乖》）

Didi: Lily, Yoyo, here so many beautiful flowers, come here.（Yoyo 和 Lily 怀疑地出了门）

Lily: Wow, great.（摘下几朵小花，闻了闻，转圈圈）

（Didi 与 Yoyo 拍手，抓蝴蝶）

（狼叫声，危险音乐起）

（三只兔子慌忙跑回家，狼兄弟出场）

Wolf A: My brother, we get it.

Wolf B: Here?

Wolf A: Yes, the old rabbit is not home. The baby rabbits are at home, we can...ahha, they must be very yummy.（流口水动作）

Wolf B: Really? Nice! Go!（兴奋地点头，走到门外窃喜）

（切换场景——兔兔家。两只兔子搀扶在一起，神情慌乱）

Lily: Yoyo, I am scared.（抱着 Yoyo）

Yoyo: Me too.

Didi: Don’t worry. I protect you.（伸手遮挡 Lily, Yoyo）

第三幕（门外）

Wolf A:（爬行，来回观察）They are here.

Wolf B: So good, let’s go.（一起推门，头撞门，疼）Ache!

Wolf A: We need to think an idea.

Wolf B: Right.（两只狼坐在地上）

Wolf A: I got it.

Wolf B: What?

Wolf A:（在 Wolf B 耳边低语）

Wolf B: Great! You’re so clever. Let’s go.（离开准备道具）

（切换场景——兔兔家）

Didi: Listen, it's quiet.

Yoyo: Are they away?

Didi: I go to have a look.（起身去门看） Nothing.（回位，Yoyo, Lily 深吸一口气）

Lily: We are safe.

（装扮好的大灰狼等待上场）

Wolf A:（悄悄来到门口，招手，示意上台）

Wolf B:（咳嗽一声，静悄悄来到门口，装扮成妈妈的样子，敲门）Baby, mum is back.（窃喜）

Lily: Mum is back.（开心，去开门）

Yoyo: Wait, wait, let's have a look.

Lily: White, long ears. Yes, it's mum.（欲开门 , Wolf B:Baby,baby.I am mum）

Didi: Wait, wait, be careful. Yi? Look at the mouth, it's strange. The tail, it's long. It's not mum. It's wolf.

（三只兔子回到原位）

Didi: Don't cheat me. You are the wolf. I can't open the door.

Wolf B: I'm really mum, please open the door. I have sweet for you .

Yoyo: You, you're liar. Go away.

Wolf A: That's too bad , they have known.

Wolf B: No, my yummy！（扔掉兔子头套） We have to go. （狼下场）

第四幕

Mum: （兔妈妈上场）The clothes are very beautiful, they must like it very much.（敲门）Kids, mum is coming.

Yoyo: Don't go , the wolf come again. （门外妈妈 : Open the door for me, please. Didi, Yoyo, Lily）

Didi: I have to see, （仔细打量） It's mum, mum. （开门）

Lily: Really? （跑到门口） Yes! （跳起来）

（妈妈进门，三只兔子拥抱妈妈）

Yoyo, Didi, Lily: Mum is coming. Mum is coming.

Mum: What's wrong with you, dear?

Yoyo: The wolf came here. But we don't let it in.

Mum: You are so cleaver, brave, you must learn to protect yourself. It's very important.

Yoyo, Didi, Lily: We see.

Mum: Honey, let's look at your clothes, go!（带领孩子退场）

Magic sand 神奇的沙子

Time: Long time ago（时间：很久以前）

Place: Pali prairie（地点：帕里大草原）

Characters: Zhuoma, Dawa, Yangjin, Basang, Batto, the grandma, the old man（人物：小卓玛、达瓦、央金、巴桑、巴图、老妇人、长者）

Scene 1

（Some folk music is playing. One day, Zhuoma and her friends are playing games on the beautiful grassland. 欢快的草原音乐响起。一天，小卓玛和小伙伴们达瓦、央金、巴桑在美丽的帕里草原上玩老鹰捉小鸡的游戏）

Zhuoma: Come here, come here. I'm here.（卓玛扮作小鸡：来呀来呀，来抓我们呀）

Dawa: I'm coming. I'll catch you.（达瓦扮作老鹰：老鹰来了哦，看你们往哪跑）

Yangjin and Basang: Ah, run, run, quickly, quickly...（央金和巴桑：啊……快跑呀！欢快的笑声）

（Batto is coming. 巴图出场）

Batto: Salt, salt, five yuan, five yuan. Come and buy some salt.（巴图：卖盐了，卖盐了，五元一包，快来买呀）

（Everyone is talking about the price of salt. 大家议论纷纷）

Everyone says: Alas, the price is higher again.（大家：唉，怎么又涨价了）

The old grandma: Batto, it's not easy for us to earn money. Could you sell cheaper?（老妇人：巴图呀，我们挣钱也不容易呀，你能不能便宜点呀）

Basang: Yeah, yeah, cheaper please.（巴桑：是呀是呀）

Batto: I'm sorry！ Five yuan is really the cheapest.（巴图：不行，这就是最便宜的了）

The old man: Batto is just a seller, he knows we need salt everyday. We must buy his salt.（长者：巴图真是个生意人呀！我们每天都要吃盐，再贵也要买呀）

The grandma: Alas, we have to buy. He'll go away. That's because we can't make salt.（老妇人：哎，买吧，一会他又该走了，谁让咱们自己不会提炼盐呢）

Everyone says: Give me one bag of salt. Give me one bag!（大家纷纷说：给我来一包，给我来一包）

Batto: The price of my salt is fair. It's difficult to get salt. You know it. Then he holds the money and goes away.（巴图得意地说：我的价钱已经很公道了，盐可不是那么容易就能得到的。巴图一边数钱一边远去）

Scene 2

（Batto drove the van to the prairie. 巴图开着货车来到草原）

Batto: Salt, salt, come and buy.（巴图：盐来了，快来买盐啊！不买就没了啊）

（The price ticket says ten yuan a small pack. 牌子上写着 10 块钱一小包了，大家都抱怨）

The grandma: Well, it's more expensive.（老妇人：唉，又涨价了）

The old man: Yeah, we couldn't pay the price.（长者：是呀，这日子可怎么过呀）

Basang: This Batto is really a profiteer.（巴桑：这个巴图可真是太坏了）

The old man: If we can make salt, we won't buy his salt again. I heard there's salt in the sand of the Himalaya mountains. But we couldn't eat it.（长者：唉，要是咱们能够自己生产盐就好了，我听说，喜马拉雅那有座山，那的沙子里就有盐，可是咱们也吃不了呀）

Batto: Quickly, I tell you it's not easy to make salt. Come on. I'll go to another village.（巴图边张罗大家边说：你们不知道，盐是越来越难弄了，我总不能赔钱卖吧，来吧，快买吧，我还要到下一个村子呢）

Scene 3

（Dawa，Yangjin and Basang get to the mountain Himalayas, searching the sand with salt. 达瓦、央金和巴桑他们来到了喜马拉雅山寻找含有盐的沙子）

Zhuoma: Come here, everyone. I heard there is salt in sand in the mountain Himalayas. If we can get salt from it, we won't buy salt from Batto.（卓玛：伙伴们，快来呀，我听说喜马拉雅山那的沙子里有盐。要是我们能够提炼出盐就好了，大家就不用再买巴图的高价盐了）

Dawa, Yangjin and Basang: That's a good idea. Maybe we can get salt from the sand.（达瓦、央金、巴桑：是呀，是呀，咱们要是会提炼就好了）

Zhuoma: Ok. Let's go and have a try！（卓玛：咱们去找找，拿回来试试好不好）

Dawa, Yangjin and Basang: Ok. Let's go!（达瓦、央金、巴桑：好呀好呀）

（出发，来到山脚下。They are at the bottom of the mountain now）

Zhuoma: Come and see. There is sand. Is salt in it? (She tastes the sand with her finger.Happily says) Yes, it is. It's the salt sand. We find it.（卓玛：这里有沙子，不知道是不是咱们要找的。她用手指蘸着，舔了舔，惊喜地大叫：啊，是咸的，真的是咸的，这就是我们要找的沙子）

Zhuoma and friends:（Everyone comes here and tastes the sand. They cheer together！）Oh, we find it. We find it.（伙伴们都围拢过来，尝了尝沙子，欢呼起来"找到了。找到了"）

（Now they are at home. They sit around the table and stare at the sand. 小伙伴们回到家，围着桌子，盯着沙子发呆）

Zhuoma: What should we do to get the salt?（卓玛：自言自语："怎么才能把盐提炼出来呢"）

Dawa: Salt, salt. My teacher told me that salt dissolves in water. If we put the sand into water，isn't the salt and the sand separated？（达瓦：盐，盐，老师不是说盐可以溶于水吗？如果把沙子放到水里，盐和沙子不就分开了吗）

Yangjin: Oh, if we add some water in the sand, then we can get salty water.（央金：哦，把沙子放在水里，之后我们就能够得到盐水了）

Basang: Good idea. We can get the salty water. The next step is getting the salt. But how to get?（巴桑：好主意，得到盐水了，下一步就是怎么把盐提炼出来）

Zhuoma: We must remove the water. I get it. We heat the salty water. The water will evaporate. In that way we can get the salt.（卓玛：如何才能去掉水呢？有了，水会蒸发，我们再把水加热，让它蒸发，最后不就剩下盐了吗）

Dawa, Yangjin, and Basang: Good idea. You are so clever! Zhuoma, let's do it.（达瓦、央金、巴桑：是呀是呀，好办法！让我们赶紧干吧）

Scene 4

（卓玛和小伙伴们在沙丘里，准备从沙子里提炼出盐）

Zhuoma: Let's put the sand into a glass cup.（卓玛：让我们把沙子放入玻璃杯）

Yangjin: Put some water into the sand.（央金：再加入一些水）

Zhuoma: Basang, you mix it，please！（卓玛：巴桑，请你搅拌均匀）

Basang: Ok.（巴桑：没问题）

Zhuoma: Look, the sand is sinking. The water must be salty. Yangjin, bring me a small pot, please.（卓玛：看，现在沙子沉下来了，上面的水应该是盐水了。央金，你去帮我拿个小锅来好吗）

Yangjin：Ok, the pot is coming.（央金：小锅拿来了）

Zhuoma: Then, let's put the water into the pot carefully and heat it.（卓玛：我们把溶解的盐水小心地倒在小锅里，放在火上烧）

Dawa: Look, the water is boiling.（达瓦兴奋地说：水要开了）

Basang: I really smell the salt.（巴桑激动地说：好像闻到咸味了）

Zhuoma: Look! Look! There is salt! Salt!（卓玛：快看呀，出现食盐了）

Everyone: Hooray, we succeed. We got the salt. We got the salt.（三个人齐声欢呼：我们成功了！我们找到食盐喽）

Zhuoma: We will never buy salt from Batto.（卓玛：以后再也不用买巴图的盐了）

Yangjin: We won't be worried about salt.（央金：大家再也不用为了吃盐发愁了）

Zhuoma: That's a good news. Let's go and tell others.（卓玛：我们赶紧把这个好消息告诉大家吧）

（They left happily to tell everyone the good news. 三个人高兴地离开，去告诉大家这个好消息）

（剧终）

Jiangjie

时间：新中国成立前

地点：监狱

人物：江姐、特务（男 A、男 B）、女红军（女 A、女 B、女 C）、小萝卜头

第一幕

（监狱审讯室背景图，可怕的刑具，阴森的音乐）

（清晨，特务带江姐去审讯。男 A 和男 B，凶神恶煞似的来了。语气要凶狠，动作要不可一世）

男 A：Jiangzhuyun, hahaha, it's time to play a game.

heiheihei.（不怀好意地说）

男 B：Go!Go!Go! Quickly,quickly!（结巴）

Jiangjie 江姐：Lead the way!

（不屑地看着他们，梳了梳头发，理了理衣服，戴着手铐，语气坚定）

男 A："you say,who is your partner？"（say say say 两人狂叫）

男 B："If you say,we can let you free,and you will have money, a lot of money"（拿出纸币，显摆）You can eat big chicken（流口水），you can have beautiful dresses...（无限向往状……陶醉中）

江 姐：Two fools . I wish all the people will eat meat, all the people will have beautiful clothes, all the people will live in the comfortable house! Do you understand?

男 B：I don't know.（尴尬）

男 A：You are foolish! There is nothing for us! say, who is your partner?

江姐笑了，my partner, hahaha,they are all the Chinese people! Can you chase them?（不屑地看看，挑衅的意味，能吗）

男 B：You don't give up! OK!OK!（恼羞成怒）

男 A：You don’t say! Look! Look! What’s this ?（晃晃竹签子）

男 B：Yes, yes, What’s this ?

江姐：Oh !You are so childish ! It’s a baby toy !

（男 A 男 B 用刑，江姐咬紧牙关，浑身颤抖，一个字也不说。两人加大用刑力度，大声嚷“say, say, say !!!!”）

江姐：Bamboo signature is made of bamboo, but our communist’s will is made of iron!（重中之重，语气坚定，不要快，有气势，坚定，声音要大）

（男 A、男 B 两人作害怕状）

男 A：Oh, no no no ! You are not a woman. You are a goddess.

第二幕

（三四个人团坐在一起，愁眉不展，女性都嘴唇发白，身体不健康，头发蓬乱）

女 A：I have been here for ten years， oh~~~（无奈地叹气）

女 B：I cough day and night, I will die.（边咳边说）

女 C：My little daughter is ten years old, （一抹喜色）I don’t know what does she look like, （立刻低沉）I miss her very much. I miss her !I miss her !（有点小喊，低头抹眼泪）

女 B：Shall we win? I don’t know.

女 C：shall we be free in the future?（茫然望远方，说得要慢）

女 A：I’m afraid not!

（江姐出场）Comrades,I believe! We will be successful. Look at this newspaper.

（一起读）Our army is going to Chongqing !

女 A：Our army.

女 B：is going to

女 A、女 B、女 C：Chongqing!

女 A、女 B、女 C：Oh, yes . We will be free. We will win! （拥抱在一起）

第三幕

（放风时间，小萝卜头独自在监狱里走，自言自语）

小萝卜头：What the bird looks like?

What the sky looks like?

Where is my mother? Where is my father? Where am I ?

Am I living?（孤独，无助，无奈，没有信心）

江　姐：Oh, my poor boy! The bird is cute, the blue sky is beautiful. Your father and mother are in a nice place! We are your mothers!

小萝卜头：（哭了）Oh, mom,I want to run, I want to sing, I want to eat meats, I want to, I want to …

江姐：You can! I believe you ! If you study hard. Look, this word is China, you say "China", follow me "China"（读几遍，声音越来越洪亮）

第四幕

（大家聚在一起）

女 A：Our army is going to Chongqing !

女 B：We will be free!

女 C：I can see my lovely daughter at once.

小萝卜头：Oh, ye!…（欢呼）

女 A：But what should we do?

女 B：We can't fight outside.

江姐：We must help our comrades!

女 C：I have a good idea! Let's make a red flag!

女 A 女 B：Ok, make a red flag.

江姐：Make a Chinese national flag.

（一起动手，围着，把被面扯下来，把五星贴上，最后摆个造型，举起红旗。江姐，小萝卜头在中间）

女 A、女 B、女 C、江姐、小萝卜头：The people republic of China.

安全小卫士

时间：下午

地点：学校，家里

人物：小琳、小涵、小琳妈妈、老师、保安、坏人、宣传员、同学（群演）

第一幕

（舞台灯光跟随演员小琳以及小琳的妈妈来到舞台中）

（妈妈看到公告栏的照片，低下头看了一眼小琳）

妈　妈：这就是别人家的孩子呀，照片贴在上面她的父母肯定很骄傲……对了小琳，你得抓紧学习语文，还有英语也要提前学起来！

（瞪大了眼睛注视着公告栏里的照片，双手互相摩挲着暗暗地下定决心）

小　琳：妈妈，我想……

（小琳的妈妈低头看了一眼手机上的时间后，慌忙地拉着小琳向前走）

妈　妈：时间不早了我们得加快脚步了！

（小琳欲言又止默默地低下头，妈妈走在前面小琳走在后面）

（话外音小琳：我一定要成为安全小卫士，成为让爸爸妈妈骄傲的小孩）

第二幕

（安全小卫士选拔宣传员正在向同学们介绍活动，舞台中央设置一个装饰简单的筹备室）

（几个同学在准备安全小卫士的选拔活动）

宣传员：大家好！我是安全小卫士选拔活动的宣传员。这个活动是为了让同学们更好地了解安全知识，保护自己和他人的安全。你们有兴趣参加吗？

（朋友甲和朋友乙看到小琳走进教室）

朋友甲：小琳，你也来报名了？

小　琳：是的，我想参加这个活动。

朋友乙：嗯，听说选拔过程很严格呢，你要准备好啊。

小　琳：我会尽力的，不仅为了自己，还为了能让我的照片在公告栏上出现。

第三幕

（同学们正在进行安全知识测试、演讲和实际操作等环节）

老师：下面是我们的一号候选人小琳上台发言。

（小琳走上台，面对同学们微笑着）

小　琳：大家好！我是小琳。我想成为安全小卫士，因为——我相信只有学会保护自己和他人的安全，我们才能快乐地成长。希望——通过这个活动，我能学到更多的安全知识，并为学校的安全事务贡献一份力量。

（小琳站在舞台上，手中的稿件有些颤抖）

小　琳：（心里想着）我一定要克服紧张，展示出最好的自己！

小　琳：我也希望我可以成为安全小卫士。

（同学们鼓掌欢呼，小琳低着头走下了舞台，表情非常严肃，她走到了一个角落里蹲在地上她将头埋在胳膊上，开始抽泣，过去了几分钟后小琳看了一眼手表后，摸了摸眼角的泪水走向了教室）

小　琳：遭了！

（小琳来到舞台侧面拿起了书包，焦急地走到舞台中间后，侧眼看了蹲在角落里的小女孩小涵）

（舞台上模拟校门口的景象，有小涵和一个陌生男人，小琳独自走出校门，看见小涵伤心地蹲在角落里）

小　琳（低头走到路边）：（心里想）我怯场的经历让我害怕面对别人了。

（小琳回头看见陌生人走向小涵，产生疑虑）

小　琳：（回头看见陌生男人，感觉不对劲）这个陌生人的举动好可疑，我得帮助小涵。

（小琳转身跑到校门口的角落，决定假装有事情找小涵）

小　琳：（对小涵谎称）小涵，我有事情需要你帮忙！快来帮我一下！

（陌生人阻拦小涵，小琳和小涵站在一起）

陌生人：再不走你妈妈就要生气了！

小　琳：小涵没事，我们去保安室打电话和你妈妈确认一下吧！

（陌生男人试图拉走小涵）

小　琳：（大声）你再这样，我要报警了！

（保安和周围的人注意到情况，走过来帮忙）

陌生人：（被保安制止后，离开现场）

（保安和周围的人注意到情况，陌生人感到害怕，离开）

小　涵：（恍然大悟，拉着小琳的手）谢谢你，小琳！

第四幕

（小琳匆匆忙忙打开家门来到舞台中间，面带歉意地走进客厅）

小　琳：（轻声）妈妈，我回来了。

妈　妈：（严厉的口吻）小琳，你怎么这么晚才回来？你去了哪里？

小　琳：对不起妈妈我今天其实……

妈　妈：别找理由了！

小　琳：妈妈我今天是真的遇到了事情，我的同学……

（妈妈的电话响起，妈妈回了小琳一句话后接起了电话）

妈　妈：别解释了，下次别这样了。

（妈妈接起了电话离开了舞台，小琳欲言又止几分钟后，她默默地低声说）

小　琳：妈妈，请听我解释一下。今天在学校发生了一起陌生人接近的事件，我遇到了一个危险的情况。不过因为我参加了安全小卫士的选拔活动，在关键时刻我决定站出来保护我的同学小涵，阻止了那个陌生人拉走她。虽然我回家晚了，但是我认为我做了正确的事情。

妈　妈：（语气渐缓）你去做作业吧！妈妈还有事情要忙。

（黑幕舞台道具准备好后灯光亮起，舞台中央设置一个模拟的礼堂，上面有颁奖台和投影屏幕）

主持人：（激动地）现在揭晓本次安全小卫士选拔活动的最高分！

投影屏幕：（显示小琳的姓名和最高分数）

小　琳：（难以置信地）这……这是真的吗？

观众席掌声雷鸣般响起，小琳颤抖着走上舞台。

主持人：（将奖杯递给小琳）恭喜你，小琳！你完全配得上这个奖项。

小　琳：（激动地）谢谢大家！首先，我要感谢所有的老师和同学，是你们一直支持和鼓励我。还有，我要特别感谢我的妈妈。

妈　妈：（羞愧地低下头）

小　琳：（继续）妈妈，我知道你对我要求很严格，但我也有属于自己的想法和梦想。我希望你能理解并支持我，让我以自己的方式追求幸福和成长。

（观众席掌声更加热烈）

（妈妈：感动地抹去眼角的泪水）

妈　妈：小琳对不起，妈妈一直以来忽略了你的感受，妈妈以后一定不会再这样了。

（小琳与妈妈对视，两个人的眼睛里不约而同地涌现出点滴泪花，小琳妈妈主动靠近小琳）

小　琳：妈妈。

妈　妈：小琳。

（小琳走下舞台与妈妈拥抱）

（所有演员上场大家一起手拉着手）

演员全：每一个小朋友和大朋友都可以成为自己的安全小卫士。

（舞台上的灯光逐渐暗下来，一束光打在小琳和妈妈身上，妈妈牵起小琳的手离开，舞台灯光追随着两个人）

（画外音妈妈：小琳你一直都是妈妈的骄傲，你也是妈妈心里的小卫士）

幕落。

邋遢大王改造记

时间：白天（晚上）

地点：小森林（小浣熊的家）

人物：小浣熊、小蜜蜂、小松鼠、小白兔、小猪、啄木鸟、长颈鹿

第一幕

（森林里住着许多小动物，他们和睦相处，团结友爱，除了……赫赫有名的邋遢大王……邋遢大王小浣熊因为不爱干净而遭到森林里其他小动物的嫌弃，他每天独来独往，自己住在树洞里，他渴望和其他小动物一起玩耍，可是，大家都避开他……）

小白兔（一蹦一跳地走到小松鼠面前）：嗨！你在干什么呀！

小松鼠（停下手里的动作）：我在准备过冬的粮食呢！

小松鼠这个树下放几个松果，另一个草丛放几个松果。

小白兔（突然捏着鼻子）：什么味道啊！

小松鼠：快看！是邋遢大王！我们快走！

小浣熊（大喊）：你们跑什么啊？

小浣熊看到小白兔和小松鼠都跑走了，沮丧地低下了头，靠在一棵树旁。

小浣熊：（自言自语）为什么他们一看见我就跑啊！

啄木鸟：因为你不讲卫生！

说完，啄木鸟也飞走了。

（小浣熊失落地靠在树旁，静静地待着，这时他听到小猪和长颈鹿的说话声，他没有出来打招呼，而是选择偷偷藏起来）

小　猪：你听说了吗？明天有一位新成员要加入咱们的小森林！

长颈鹿：听说了听说了，是小蜜蜂！太好了，我们有香甜的蜂蜜可以吃了。

小　猪：我们商量着给小蜜蜂举办一个欢迎仪式，你有什么好的建议吗？

长颈鹿：那真是太好了！我可以在树上挂一些彩灯，这样小蜜蜂来了会感觉到咱们的热情！

小猪（点点头）这是个好主意！咱们再准备一些鲜花和美食。

这时小浣熊从树后面走了过来。

小浣熊：我也想加入你们，可以吗？

小猪和长颈鹿（同时摇了摇头）：不可以！

小浣熊：为什么？

小　猪（捏着鼻子）：因为……因为你不爱洗澡！

长颈鹿（附和道）：对，因为你不讲卫生！

（小浣熊再次失落地回到他的洞穴，他想要去改变。可这么长时间的习惯，让他无法迈出这一步，心里的失落和难过累积，小浣熊带着情绪渐渐入睡）

第二幕

（一大早，森林里的小动物们准备好了礼物，带着各自的美食，长颈鹿装饰了树木，大家欢迎着小蜜蜂的到来。小伙伴们充满了期待和好奇，在一片欢声笑语中，小蜜蜂来到了小森林）

集　体：欢迎欢迎！欢迎小蜜蜂来到我们的大家庭！

小蜜蜂：谢谢大家给我准备的欢迎仪式！

小猪把美食递给小蜜蜂：这是我们自己做的美食。

长颈鹿：对，还有树上的彩灯，也是我们为你准备的。

小蜜蜂：哇，谢谢大家，哦对了，这是我带的蜂蜜，作为见面礼。

大家都上前拿属于自己的那罐蜂蜜，殊不知，小浣熊悄悄躲在树后面，观察着这一切。

小蜜蜂：还多了一罐蜂蜜，还有没拿的吗？

小白兔：没有了没有了，都拿到了，谢谢小蜜蜂，这蜂蜜真甜。

小白兔迫不及待地打开盖子，尝了一口蜂蜜。

小松鼠：是啊是啊，太好吃了！我要存起来，冬天吃！

小蜜蜂（笑了笑）：你们喜欢就好，没什么事的话，大家都回去休息吧，我逛一逛这里。

小动物们陆陆续续地离开，小蜜蜂悄悄走到小浣熊所在的树后面。

小蜜蜂：你怎么在这里啊？

小浣熊（被吓了一跳）：我……大家都不喜欢我，不让我靠近。

小蜜蜂：为什么呢？

小浣熊：他们说我不讲卫生……

小蜜蜂（拿出蜂蜜）：这是给你的蜂蜜！

小浣熊（受宠若惊）：谢谢……谢谢你，你是第一个愿意和我说话的……

小蜜蜂（笑了笑）：这样吧，作为谢礼，你带我逛逛森林？

小浣熊（点点头）：好！

小浣熊带着小蜜蜂转了转，来到了一片池塘。

小蜜蜂拿出一条毛巾递给小浣熊，小浣熊有些迟疑。

小浣熊：这是……

小蜜蜂：第一步，想要大家喜欢你，就要让自己变得干净！

小浣熊点点头，接过毛巾，把自己洗干净。

小蜜蜂（满意地看着小浣熊）：第二步，改正一些习惯。

小浣熊：什么习惯？

小蜜蜂：每天都要洗澡，餐前便后要洗手！

小浣熊：我可以做到！

小蜜蜂：第三步，把家里收拾干净，可以邀请大家伙做客。

小浣熊（挠了挠头）：可能……有点难，我家太乱了。

小蜜蜂：我帮你！

第三幕

（小蜜蜂跟着小浣熊来到家中，小蜜蜂看到小浣熊的树洞虽然杂乱但还是可以收拾干净，于是心里萌生了一个想法，既可以改正小浣熊不好的习惯，又可以让小浣熊合群，改变森林里其他小动物对他的看法和印象）

小浣熊（有些不好意思，给小蜜蜂搬了一个凳子）：不好意思……我家有点乱，你先坐。

小蜜蜂观察着周围，想看看怎么帮小浣熊改造树洞。

小蜜蜂：我知道了！我们把桌子、柜子、床收拾好，擦干净，基本就解决了问题！

小蜜蜂和小浣熊齐心协力，把家收拾得整整齐齐。

小蜜蜂：这太完美了！

小浣熊（有些惊讶）：这还是我的家吗！小蜜蜂，太谢谢你了，要是没有你，我的家还是那么乱……

小蜜蜂：不用客气，这样，明天我叫上森林里的其他小伙伴，一起来你家做客怎么样？

小浣熊（有些犹豫）：可是……他们都不喜欢我……

小蜜蜂（摇了摇头）：他们只是不喜欢邋遢的你，你已经做出了改变，他们会喜欢上你的！

小浣熊：真的吗？那太好了！

“小蜜蜂看着整洁的树洞，很欣慰，收拾以后的树洞看上去十分温馨。他以小浣熊的名义邀请了森林里的其他小伙伴们去小浣熊的树洞做客，大家都感觉不可思议。因为好奇，大家都想去看看小浣熊究竟做了什么改变”

第四幕

小白兔：邋遢大王邀请我们去做客？小蜜蜂你是认真的吗？

小蜜蜂：没错，小浣熊已经不邋遢了，你们去了就知道了。

啄木鸟：我还挺期待的。

小松鼠：我们准备一些礼物给小浣熊吧。

长颈鹿（点点头）：对，我们去准备一些有香味的鲜花吧，可以装点一下树洞，让树洞看起来没有那么光秃秃。

小　猪：好主意！咱们去池塘边采一些鲜花吧！

“小伙伴们在路上采了几朵美丽的鲜花，包成了花束，做成精美的礼物，他们带着猜疑与好奇，来到小浣熊的树洞”

第五幕

“森林里的小动物们来到树洞门口，小浣熊早已在门口等待，准备好了蜂蜜茶和小点心，迎接他们的到来。众人看到小浣熊不再邋遢，感到很惊讶”

小松鼠：小浣熊你变干净了！

小浣熊：这多亏了小蜜蜂，大家进来吧。

众人走进小浣熊的家，很是惊讶，家里整整齐齐，干净有序。

小　猪：哇！小浣熊，你的家好整齐！

小白兔：哇好温馨，我也想在树洞住一晚！

小浣熊（点点头）：当然可以，树洞里有好几个房间，大家都可以来做客！

啄木鸟：是啊是啊，这还是我印象里的样子吗！改变真的太大了！

小浣熊：大家请坐，我去给你们倒蜂蜜花茶！

集　体：太好喽！

（森林里的小动物们在小浣熊的树洞里开心地玩耍，大家的友情更近了一步，渐渐地，小浣熊不再邋遢，大家对小浣熊有了改观，不再喊他“邋遢大王”，小伙伴们都把小浣熊当成朋友，愿意和他一起玩耍，而不是像以前那样用有色眼镜看他，小浣熊也改正了自己不讲卫生的习惯，变得干净，活泼开朗。森林里因为小蜜蜂的到来变得更加和谐，他们时常到小浣熊的树洞里聚会，喝着蜂蜜茶，吃着鲜花饼，惬意又自在，森林里的小伙伴们朝夕相处，和睦愉快）

真正的垃圾王国

时间：白天

地点：教室

人物：圆圆、洋洋、班主任、士兵、妙妙、妈妈

第一幕

背景：教室、悠扬的背景音乐

（音乐起，班主任上场）

（上课铃声响起，孩子们笔直地坐在座位上，盯着黑板一言不发，班主任发布垃圾分类活动的通知）

班主任：同学们安静一下，老师有事情要通知。

（教室逐渐变得安静下来只有洋洋一个人在自顾自地玩乐）

洋　洋：哈哈哈，你相信光吗？——我是奥特曼国王！

圆　圆：洋洋，安静！班主任有话要说！

（班主任看了洋洋一眼后继续讲话）

班主任：各位同学，为了我们大家能有更好的上课环境，老师决定要选出卫生宣传员，来带领大家进行垃圾的处理和分类工作。

洋　洋：哎，真麻烦和我有什么关系，这事又轮不到我，还耽误我放学的时间！

圆　圆：教室卫生我们每个人都有责任要维护呀，你怎么能嫌麻烦呢？

洋　洋：垃圾臭死了，我才不要搞什么垃圾。

圆　圆：是垃圾分类不是搞垃圾。

班主任：如果不做好垃圾分类，那我们的环境只会越来越臭，同学们还可能会因此生病。

洋　洋：我才不信呢！

（洋洋噘起嘴转动了一下眼睛）

班主任：希望各位同学都可以积极争取。

（其他同学都开始赞同地点头，只有洋洋低着头摆弄桌子上的有些破旧的文具盒）

第二幕

背景：教室、平缓的音乐

（灯光照亮舞台，大家认真工作。几个同学在扫地，几个同学在擦黑板，洋洋拿着一个纸飞机到处乱飞）

班主任（愁眉苦脸）：洋洋，你这样会影响大家垃圾分类的工作的，你现在赶快停止你的行为，快来和大家一起进行垃圾分类。

洋　洋（振振有词）：哼！我又不是故意的，我只觉得好玩，垃圾分类不需要这么多人吧，而且我觉得垃圾也不需要分得这么仔细。

班主任（耐心劝诫）：垃圾如果不分类，可能会形成垃圾山，太严重的话还会污染环境，难道你想生活在全都是垃圾的地方吗？

洋　洋（嘴硬）：这不关我的事，世界上那么多垃圾，难道都要我收拾吗？

班主任：保护环境是我们每个人的义务，我不是要每个人都做得很好，只是想让每一位同学都为垃圾分类做一点力所能及的事情。但你现在这样不仅同学们没有办法打扫卫生进行垃圾分类，还造成了不好的影响。

圆　圆：老师说得对，洋洋你别再捣乱了，你呀每天除了捣乱就是吹牛，都没干过正事！

洋　洋：我，我其实——

班主任：圆圆，你别这么说，洋洋，老师和同学们只是想你改正自己的错误，没有别的意思。

（洋洋环视了一下四周，周围同学的目光让他的脸颊变得有些发烫，他偷瞄了一眼老师后，向着扫把的方向走了两步，他的目光停留在了桌子旁边扔在地上的有些破旧的笔盒上）

洋　洋：真可笑，垃圾这么臭你们难道不嫌弃吗！反正我肯定不会参与的！

（洋洋捡起了地上的笔盒拍了拍上面的灰）

圆　圆：不嫌弃，洋洋，你迟早有一天会后悔的！

班主任：洋洋啊，爱护教室的卫生是我们每个人的责任和义务。

洋　洋：我不想听了！我先回家了，我才不要留在这里！

（洋洋逐渐走到舞台边缘）

（旁白：反正在大家眼里我都是垃圾了，干什么都无所谓了）

第三幕

背景：垃圾王国、悲伤的音乐

（灯光逐渐变暗，投射到洋洋脸上，放学回家后，洋洋还因为老师批评他的事闷闷不乐）

（洋洋拿出文具盒抚摸了一下）

洋　洋：什么垃圾分类，还不嫌弃呢，真是浪费时间！

（不远处一个穿戴着垃圾做成衣服的士兵走了过来）

士　兵：你好，小个子，欢迎你来到垃圾王国。

（洋洋捏起了自己的鼻子）

洋　洋：你身上好臭，快离我远一点！

士　兵（机械性地重复一句话）：好臭好臭好臭好臭……

（洋洋左右一看发现自己的周围布满了垃圾）

洋　洋：怎么这里到处都是垃圾？

（十五岁的女孩妙妙出场，为洋洋介绍垃圾王国）

妙　妙（微微一笑）：洋洋，欢迎你来到垃圾王国，现在我当你的导游。

洋　洋：我才不需要什么导游，我现在只想回家！

妙　妙：因为你犯了错，患上垃圾症候群，才被分配到垃圾王国。

洋　洋：你开什么玩笑！垃圾症候群是什么？垃圾王国又是什么？

妙　妙：垃圾症候群就是没有环保意识的坏小孩才会得的一种病，至于垃圾王国嘛，我会慢慢介绍的。

洋　洋：你可以带我离开吗？

（妙妙直视洋洋一脸严肃地说）

妙　妙（叹了口气）：这不是我能决定的，你看这里到处都是垃圾，这是它们主宰的世界。

（洋洋着急地皱起了眉头）

洋　洋（委屈巴巴）：就没有别的办法了吗？

妙　妙：也不是没有办法，只要你在垃圾王国接受一日游的考验，考验成功就可以回家。

洋　洋：好，怎么考验？

妙　妙：我先带你到处走走，参观一下。

洋　洋：哦对了，你们垃圾王国的人住在哪里？

妙　妙（偷笑）：当然是住在垃圾成堆的房间里。

（洋洋震惊地瞪大了眼睛）

洋　洋：那——那——他们吃什么？穿什么？

妙　妙：哈哈，吃垃圾，穿垃圾堆捡来的衣服。还有出行也是在附近，没有马路没有交通工具。

洋　洋：我不明白，怎么你们会沦落到如此地步，而且你们都还是年轻人呀。

妙　妙：因为、因为这里的所有人都和从前的你一样，他们认为这些都是别人的事情，他们只习惯别人为他们服务，他们没有环保意识，更不懂垃圾分类。慢慢的我们的美丽家园就变成了垃圾王国了！

（旁白：妙妙的话让洋洋感到有些羞愧，就在他垂下头的那一刻，肚子不争气地咕咕直叫）

洋　洋：姐姐，我好像饿了。

妙　妙：我给你找吃的，但是这里只有垃圾。

洋　洋：那怎么办？我好饿。

妙　妙：这里是垃圾王国，只能吃垃圾。等你回家后，就会明白，如果不做好垃圾分类，你的世界也会变成这样，到时候就只能吃垃圾了。

（他们继续往前走，在烈日炎炎下，穿过垃圾铺满的街道，洋洋看见一抹熟悉的身影）

洋　洋：姐姐，我看见我同学了，她叫圆圆。

妙　妙：那你去打招呼吧。

（洋洋一路小跑来到圆圆身边，发现她正在垃圾堆里找吃的）

洋　洋：圆圆，你怎么可以吃垃圾呢？

圆　圆：因为没有人垃圾分类，垃圾无法正确清理，现在已经堆成山了，所以垃圾王国里只有垃圾。

洋　洋：可是这样对你的身体不好，你别吃了圆圆。

圆　圆：垃圾王国的生存环境很不好，这里唯一能吃的就是垃圾美食。

洋　洋：圆圆我错了！你跟我回去吧，我们一起做垃圾分类，我们一起保护环境！

圆　圆：我必须守在这里，等垃圾都消失才能回家，我要让这里变回原来的模样。

（话外音：洋洋听见妈妈的声音）

妈　妈：起床了洋洋。

第四幕

背景：家、学校、励志轻快的音乐

（黑幕洋洋躺着一动不动，脸上布满了汗珠）

妈　妈：你这孩子，怎么回事呀，妈妈叫你好几遍了都叫不醒你！

（洋洋突然惊醒，发现自己躺在卧室床上）

洋　洋：妈妈，我现在在哪里？我明明在垃圾王国呀！这里怎么？妈妈难道你也来垃圾王国了吗？

妈　妈：你这孩子，睡迷糊了吧，快起来吃早餐了。

（洋洋看着整洁明亮的家逐渐展开眉头，她低头看见了地上的一个纸团，她突然想起垃圾王国，他双颊微微泛红，意识到这是一场梦）

洋　洋：妈妈，家里有垃圾吗，想帮你倒垃圾，还有对了我还想打扫房间。

（洋洋起来捡起了地上的纸团）

妈　妈（困惑）：这孩子，怎么突然懂事了。

（开始准备打扫卫生）

（第二天来到学校后，洋洋主动去办公室找老师）

洋　洋：老师，我想成为垃圾分类宣传员。

班主任：洋洋，你想清楚了吗？垃圾宣传员的工作可是很辛苦的，而且还需要你每天坚持。

洋　洋：我不怕辛苦，只要能保护环境，做好垃圾分类，再苦再累也没关系。

班主任：本周五就有一次垃圾分类的活动，你就带领同学们去完成吧。

（旁白：时光如流沙般飞快逝去，周五清晨洋洋早早地来到学校）

（人物内心独白：假如我们每个人都没有环保意识，不做好垃圾分类，那这个美好的世界将会变成真正的垃圾王国）

（圆圆手里拿着一个文具盒走入舞台，看见洋洋后将文具盒拿到了背后）

圆　圆：洋洋，你今天怎么来这么早？

（洋洋一只手拿着粉笔，一只手拿着黑板擦）

洋　洋：我在做手抄报，宣传垃圾分类。

圆　圆：你为什么会突然做这些，是遇到什么事了吗？

洋　洋（笑了一下）：在垃圾王国，是你们教我……

圆　圆（打断他的话）：什么垃圾王国？还有我们是！

洋　洋（愣了一下后缓过来）：没什么，我们一起去垃圾分类吧！我其实还有很多疑问！

（圆圆将文具盒递给了洋洋）

圆　圆（看了一眼洋洋后说）：好！你有什么不懂的都可以问我，对了这个给你。

洋　洋：这是。

圆　圆：那天你的文具盒我不是故意丢在地上的，我不知道那个文具盒是你的。

洋　洋：这个文具盒是曾经我获得的奖品所以我才会这么珍惜。

（圆圆和洋洋继续打算卫生）

（旁白：周五是充实的一天，在洋洋和其他同学的努力下，这次活动成功地完成了）

班主任（面对所有同学）：这次的垃圾分类任务，有几位同学都表现得非常突出。洋洋、圆圆你们有什么话想说吗？

（圆圆站起来）

圆　圆：老师，我明白了不应该带着偏见看别人，还有垃圾分类是非常重要的。

（圆圆坐下，洋洋站了起来，坚定地说）

洋　洋：保护环境，人人有责。我很庆幸能回到现实，和大家一起进行垃圾分类的工作，我也为自己之前的行为向大家道歉。

班主任：洋洋你说得挺好的，就是这个现实世界老师有点不理解。

洋　洋：老师我的意思，其实是如果我们每个人都乱扔垃圾，不做好垃圾分类，这世界将会变成真正的垃圾王国！

班主任：真正的垃圾王国，不单是破坏环境以及不进行垃圾分类的行为，还是不整洁的内心，老师希望大家都可以意识到环境保护的重要性，也希望我们生活的教室永远都不要成为真正的垃圾王国！

家园护卫队

时间：很久以前

地点：大海里

人物：海星兄妹—— 巴布、八宝；螃蟹 ——阿瓜；水母 ——珍妮；章鱼——瓦利叔叔；小丑鱼记者——杰克；国王—— 安杰国王；沙丁鱼群——美美、丽丽、可可、开开、心心

（道具：6 扇门板、1 个话筒、手电筒）

杰克：在静谧的大海深处，有一个神秘的海底王国，这里居住了各种各样的海洋生物。嘘，让我们一起看看它们都是谁？

巴布：（起床状态，打哈欠动作）哈，你好，我是巴布。

八宝：我是八宝。

巴布、八宝：我们是一对小海星（展示造型）。

【唱段 1】

走在路上

感恩生活每天沐浴温暖阳光（perfect）

皮鞋擦亮

整理行装做好准备扬帆起航（let’s go 巴宝）

我的梦想

纵然前路艰险绝不放弃希望

乘风破浪

相信成功也会常伴在我身旁

又是新的一天拥有新的挑战

哦　我们随时准备好面对困难

我做好了准备

做好了准备

朋友你好，愿你幸运常伴

你们好，愿你幸福平安

你们好我们一起迎接美好的一天

阿瓜：（锻炼身体）嗨，早安巴布、八宝，你们在干吗呢？

巴布：早安阿瓜，我正在唱 开场歌曲。

八宝：阿瓜你在干吗呀？

阿瓜：我也要唱，我要唱了。

【唱段 2】

我是阿瓜

因为我最喜欢吃的就是南瓜

我爱我家

无论清晨傍晚还是春秋冬夏

（三人合）

又是新的一天拥有新的挑战

哦　我们随时准备好面对困难

我做好了准备

做好了准备

朋友你好，愿你幸运常伴

你们好，愿你幸福平安

你们好，我们一起迎接美好的一天

巴布、八宝、阿瓜：早上好，瓦利叔叔。

瓦利：哦，又来了。（巴布、八宝、阿瓜定格）

（- 美美、丽丽、可可、开开、心心 - 舞蹈）

【唱段 3】

又是如此吵闹的一天
天才注定孤独
有谁真的懂我
哦　伟大的诗人
优秀的我
哦　瓦利的才华横溢

巴布、八宝：开心起来瓦利，我们随时都在。

美美、丽丽、可可、开开、心心：美美，丽丽，可可，开开，沙丁鱼群来了。

珍妮：（奔跑状）听——我——说——听着，我们附近的海底山脉即将进入活跃期，一旦火山喷发，我们的家园就要毁灭。就要毁灭了！

众人：（不相信，荒诞）她总是这样，天天疯疯癫癫的……（语气词，不相信珍妮的话）

八宝：你是在跟大家开玩笑，对吗珍妮？我们祖祖辈辈都生活在这里，这里很安全的，不要担心啦。

（珍妮失落）

（巴布、八宝牵起珍妮的手，安慰珍妮）

（号角声）

安杰国王：安静，接下来我要宣布一个非常非常非常糟糕的消息。有关专家说我们的王国恐怕要迎来一场巨大的浩劫，附近的海底山脉很有可能会在两天后喷发，到那时后果不堪设想。

（众人惊慌，混乱走动）

杰克：最新消息，最新消息，已证实火山将在 24 小时后爆发，波及范围极大，我们只剩下最后的 24 小时了。那么下面我要采访一下大家打算如何度过这仅剩的 24 小时呢？

瓦利叔叔：生存还是毁灭，这是一个值得思考的问题。我一定要创作出一篇举世闻名的作品，几百年后，我相信我一定会被称为这个时代最伟大的诗人。

鱼：我终于可以放假啦，我要好好休息，什么都不打算做。

阿瓜：啊（不停喊叫，跑来跑去）

杰克：阿瓜你要做些什么？

（阿瓜安静）

阿瓜：我也不知道啊（继续喊叫，跑走）

杰克：我来问一下巴布兄妹。

巴布、八宝：伙伴们，我们要团结起来，拯救我们的家园啊。我们要去阻止这场灾难。

（音效：切）

瓦利：别想了孩子，你们这简直是痴人说梦。

鱼：巴布，这绝对是不可能的事情，想要阻止火山喷发？

鱼：还不如跟我们一起来跳舞，快乐地度过这一天。

鱼：放心吧，到时候一定会有人想出办法来救我们的。

（众人离场）

巴布、八宝：不，我们不能就这样等待，我们要团结起来，一起帮我们的家园渡过难关！

（阿瓜搬充气沙发上场）

巴布、八宝：阿瓜，超级家园护卫队需要你的加入。

阿瓜：（悲伤地）啊，八宝、巴布你们终于来了。家里的面包、牛奶全都吃光了，我本来打算去超市买，结果超市里人山人海，我好不容易挤进去，却发现所有好吃的、能吃的东西早就卖空了。我该怎么办？

八宝：阿瓜不要悲伤，给你，你最喜欢的南瓜糖果。

阿瓜：南瓜糖果。对了，你们刚刚说超级护卫队，那是什么东西？

巴布：阿瓜，听着，我们不能就这样眼看着家园被毁灭，我们必须做点什么保护它！这是我们的义务！

阿瓜：我也想……可是巴布，我有些害怕。以我们的力量怎么可能阻止火山爆发呢？

巴布：只有我们当然不可能，但是我们可以去找珍妮，她很早就预言到了火山喷发，我相信她一定会有拯救家园的办法的！

阿瓜：对！巴布你真聪明！走，咱们一起去找珍妮想办法！

（瓦利家，巴布按门铃）（门铃音效）

瓦利：哦，在逃亡的列车上，没有理想的人举着双耳。

八宝：瓦利叔叔，我们决定去阻止火山爆发，超级护卫队正式向你发出邀请！

瓦利：哦？你们想要如何阻止？

阿瓜：这个我们还没想好。

瓦利：哦我亲爱的小宝贝们，你们连办法都没想到！不如跟我一起做个孤独的诗人，我一定会创作出这世界上最美妙的诗句。（转身走）

瓦利：（转身回）我觉得我还是要提醒你们一下，迄今为止还没有人活着登上过布朗火山。祝你们好运！

八宝：没

巴布：有

阿瓜：人

三人：活着？

巴布：我们不能退缩！对了，我们去找珍妮吧。

八宝：可是刚刚我们嘲笑了她，她再也不会理我们了。

阿瓜：是我们误会她了。不过珍妮一直都是一个很善良的人，之前我不小心碰碎了她的新发明，她不但没有生气还说如果我需要，她要发明一个南瓜糖果的制造机给我呢。我相信她一定会加入我们的。

（珍妮家）

巴布：珍妮你在家吗？

珍妮：我不在。

阿瓜：可是我听到你的声音了，我们有一个伟大的计划。

珍妮：我不听，我不听，你们走。这里没有一个人相信我，我要准备离开了。

八宝：珍妮，对不起我们错怪你了。火山真的要爆发了，眼看灾难就要来临，我们想，你一定会有阻止这场灾难的办法。

珍妮：你们别找我，你们去找瓦利，他是这个时代最伟大的诗人，他一定会有办法。

阿瓜：可是他除了作诗，什么也不会。

巴布：珍妮，我知道你一定有办法的对吗？你有那么多神奇的发明，你一定也不希望我们的海底王国就此毁灭，对吗？加入我们吧珍妮，我们需要你！

珍妮：我，我……

【唱段 4】

黑夜即将漫长，该用什么点亮。
未来开始迷茫，我们去向何方。
我不想要去远航，也不想去流浪。
我要找到好办法，去守护我们的家。
到底用什么方法，才能抵抗困难。
他们笑我想太简单，但我不能放弃每一种希望。

（珍妮开门）

珍妮：我愿意加入你们！

（众人击掌）：Yes！

珍妮：我研制了一个岩浆冷却装置，但我也不确定这个办法是否可行。我们可以把贝壳珍珠粉，像这样加入冷却液中，再滴入几滴鳄鱼的眼泪，然后再想办法把它投掷到火山口喷发的位置……

（换景音乐）

安杰国王：大家赶快收拾行李，我们唯一的逃生渡轮将在 10 分钟后出发。我们来清点人数，下面请念到名字的人带好自己的行李到广场集合。可可、瓦利、开开、八宝、巴布？八宝、巴布？

瓦利：天呐，它们该不会真的去阻止火山爆发了吧！

杰克：最新消息，八宝、巴布成立了保护家园超级护卫队，它们打算将珍妮研发的岩浆冷却装置放入火山喷发口，实在是太危险了，它们随时可能丧命！我们现在看到的是超级护卫队正在努力攀登的背影。现在距离火山喷发只剩下最后的 1 小时，可以说局势非常紧张，因为火山随时可能提前进入喷发期。但护卫队的每个人都没有放弃，它们仍在坚持。实地记者，杰克报道。

（众人沉默）（抒情音效）

瓦利：我突然意识到自己是多么渺小，它们才是这个时代最伟大的诗人，因为它们正谱写着整个世界。伙伴们我们应该，哦不，是我们必须做点什么！

美美：我不想走了，我要去帮助巴布他们。

丽丽：我也是，无论结局如何。

开开：我要与巴布、珍妮它们共进退。

可可：超级护卫队！人人为我，我为人人！

众人：人人为我！我为人人！

杰克：最新消息，巴布一行人似乎遇到了些困难，他们始终没有放置冷却装置，似乎是因为黑雾太多，他找不到火山口的位置。

众人：巴布，我们来啦。

（众人台下跑过，上场）

（众人手电筒照明）

瓦利：快看，珍妮找到了火山口的位置，她把冷却装置放进去了。

（心跳声 5 下）

（静场，暗场）

（灯光 + 音乐同步）

（巴布、八宝、珍妮、阿瓜，疲惫登场）

（拥抱珍妮、众人拥抱）

丽丽：珍妮对不起，我们不该……

珍妮：没关系的，我们是一家人啊。

众人：我们成功啦！

【唱段 5】

又是新的一天拥有新的挑战
哦　我们随时准备好面对困难
我做好了准备
做好了准备
朋友你好，愿你幸运常伴
你们好，愿你幸福平安
你们好，我们一起迎接美好的一天

众人：（家园护卫队）

打水仗

人物：

琦琦：小学二年级学生

妈妈：30 多岁，管理教育琦琦节约用水

奶奶：溺爱琦琦，支持琦琦浪费玩水

田老师：琦琦班主任，通过实例教育学生节约用水

琦琦同学小峰：与琦琦一起浪费水

琦琦同学明明：发现琦琦和同学浪费水的情况，试图教育未果，报告给田老师

剧本梗概：

二年级小学生琦琦，喜欢玩水，打水仗，在家里玩水妈妈教育琦琦要节约用水，因为奶奶的溺爱与袒护，没有成效。在学校中，琦琦浪费水，在老师的教育下，知道了水资源的珍贵，要节约用水。

场景一：琦琦家

晚上琦琦在浴室洗澡，一边洗澡一边打水仗（洗刷刷）。妈妈在沙发上看书，走到浴室门外。

妈妈：琦琦，你已经洗了很长时间了，还没洗完吗？

琦琦：哎呀妈妈，我还没洗完呢，你别着急，别催我呀！（手捧着水往上抛洒水花）

妈妈：你是没洗完澡，还是没玩够水哪！每次洗澡都那么长时间，玩水玩不够，弄得哪里都是水，快点洗，赶紧出来，妈妈有话跟你说。

琦琦：不嘛不嘛，我还要打水仗呢！

妈妈：听话，再不出来，我就停水啦。

琦琦：妈妈真烦人，妈妈真烦人，都不让人打水仗。

奶奶：（从房间出来）琦琦，奶奶的乖孙孙，喜欢玩水，你就再玩会，不生气啊，没事，有奶奶呢。琦琦妈，孩子上学都累了一天了，这到了晚上玩会水你都不让，不就浪费点水吗，这有啥的。

妈妈：哎呀妈——，不是您想的那回事，我们国家的水资源很缺乏，大家都像琦琦那样浪费，那以后还有水用吗？您就说上个月吧，咱们家只有四口人，就足足用了20吨水，您说是不是浪费。

奶奶：是呀，那还真不少。（转身到浴室前）琦琦，你快出来吧，别玩了噢，你这样打水仗，真是用了不少的水呢，快点关上水龙头出来，要不妈妈批评你，我可不拦着了。

妈妈：琦琦，你这样是不对的，水是很珍贵的资源，你这样的行为是浪费，很多干旱地区的小朋友喝水都很困难，可是我们家上个月就足足用了20吨水。

奶奶：琦琦可听话噢，你妈妈说得对，你打水仗，咱们家就用水多，你看20吨水，咱们要交100元的水费呢，那可是很多的钱哪，咱们把钱都交水费了，再想吃巧克力，奶奶可没钱给买了哟。

琦琦：啊，奶奶，那我可不打水仗了，我要吃巧克力。（拿着毛巾边擦头发边从浴室走出来）

妈妈：妈，那不是钱的事，人人都要珍惜水资源……

奶奶：行啦行啦，我的乖孙孙哟，不打水仗了，奶奶给买巧克力，走，咱们睡觉去喽。（拉着琦琦走进卧室）

妈妈：妈——，琦琦……哎（生气地甩甩手，坐下）

场景二：学校卫生间

下课了，琦琦去卫生间，看到小峰在洗手间玩水。

小峰：琦琦，接招。（捧着水朝琦琦洒去）

琦琦：高兴地迎上去，停下来。（皱起眉头）想：妈妈说不能浪费水，奶奶说用水要交很多钱。

小峰：快来呀琦琦，真好玩！（继续向琦琦洒水）再不过来一会儿就上课了。

琦琦：对呀，这是学校的水，学校的水龙头有很多水，不用花钱。高兴地跑过去和小峰打水仗。（加段玩水的音乐和动作）

明明：（路过卫生间，看到小峰和琦琦打水仗）小峰，琦琦，快停下，不能打水仗，老师说过要节约用水。琦琦，快停下，小峰，快停下。

（琦琦、小峰毫不理会，继续打水仗）

明明：你们两个真不听话，我告诉老师去。

场景三：教室里

老师：（表情严肃地站在讲台上）孩子们，今天这节课，我想请大家看一些图片。（大屏幕播放干旱地区缺水画面），这些图片是世界上严重缺水地区，你们看，土地因为没有水，不能耕种，那里的孩子们的小脸干巴巴的，已经好几天都没洗脸了。那里生活的人们，干净的水要先用来洗菜，洗过菜的水才能用来洗脸，而且一盆水要洗好几次脸后，再用来洗脚。他们已经很久没有洗过澡了。我们的地球妈妈只有 0.35 亿立方千米的淡水资源，而这些淡水资源又大部分是固体冰川，不能用，所以，孩子们，咱们能用的水很少很少。我们要节约身边的水资源。

小峰、琦琦，今天你们两个在卫生间打水仗，你们知道吗？很多干旱地区的小朋友从来就没玩过打水仗。曾经有一个那里的小朋友问我："老师，您说的是真的吗，北京的小朋友真的能天天洗澡吗？是真的吗？"

孩子们，都是一样的小朋友，我们是不是应该从自己做起，节约用水，不浪费一滴水，为干旱地区的小朋友送去我们节约的水。

琦琦：老师，我知道了，我再也不玩打水仗了，节约每一滴水，送给需要的小朋友。

小峰：老师，我也知道错了。

明明：老师，我知道，我们除了不打水仗，还要及时关掉水龙头，不让水白白流掉。

琦琦：老师，我有好办法，以后在家里，我要告诉奶奶，把洗菜的水用来浇花，就能省下很多水。

老师：好孩子们，我们大家一起想办法，想出好办法，节约更多的水。

全体：我们一定能做到，节约水资源，不浪费每一滴水。

第三章

戏剧案例

戏剧教育对学生的全方位育人功能
——以一位学生的转变为例

“戏剧教育”（Drama in Education）概念起源于欧美，也被称为应用戏剧（Applied Drama），指以戏剧或剧场的技巧为方法来从事教育、教学。它不以表演为目的，是借用戏剧途径推进人的社会学习，对人的认知发展、情绪、个性、社会性的发展发挥积极的促进作用[①]。同时，随着素质教育的不断深入，小学艺术教育中的“戏剧教育”“教育剧场”等理念越来越被人们所熟悉，戏剧的重要地位和作用也引起学者们的重视。2015 年 9 月 28 日，国务院办公厅发布《关于全面加强和改进学校美育工作的意见》，要求小学在三年内逐步开齐开足美育课程，美育课程中包含戏剧，于是，我校便将戏剧列为单独的课程内容。在戏剧教育的实施过程中，我逐渐发现戏剧的全方位育人功能，本文以一位学生的转变为例。

在我们班上众多男孩中，小凡是一个靠着“声音”出名的孩子。他是一个活泼开朗、乐观热心的孩子，但最大毛病就是总喜欢在课堂上接话茬或是自言自语地说上一句无关的话。比如，当别的同学回答完问题，如果老师说：“你再考虑一下”，他就会接一句：“也不好好想一想，瞎说！”同时做了一个不屑的表情；引得同学们哄堂大笑，安静的课堂气氛一下子被破坏了。如果老师请他来回答这个问题，他又回答不上来……还有，在写作业的时候，偶尔大声读题，影响了其他同学。开始的时候，我会立即制止他，但是发现效果一般，小凡只是在那一会儿或那一节课能安静下来，但是在其他课堂上还是最“聒噪”的一个。因为习惯不好导致他的整体成绩属于班级中的偏下；而且不是很爱讲究个人卫生，衣服总是脏兮兮的，班里面的一部分同学会“敬而远之”。

于是，我在课间找他谈了一次，他见到我之后很紧张，站得很直。我见状便说：“小凡，你不用紧张，咱俩就随便聊聊。你能告诉我为什么你上课的时候总

---

① 马利文 . 戏剧教育的理论与实践 [J]. 教育学报，2014(2):1.

想要接话茬？”他不好意思地笑了笑，回答我说：“因为我管不住自己。”我又追问：“为什么你管不住自己呢？”他想了一会儿，说：“因为我爱说话。”哈哈，多么可爱的回答，因为他自己管不住这个爱说话的毛病，所以才会在课堂中出现接话茬等现象。我想：不能让小凡再这样了。他爱接话茬儿，不仅让自己精神无法集中，认真听讲，而且影响了课堂教学秩序。

著名教育家蔡元培先生曾说：“家庭是人生的第一所学校。”家庭是人生的第一个课堂，父母是孩子的第一任老师，无论时代如何变迁，社会怎样发展，家庭教育对孩子成长成才的作用永远是不可替代的。于是，我又对他的家庭情况进行了深入了解。小凡刚一出生，母亲就离开了他。他从小是被奶奶养大的，奶奶腿脚不是很好，走不了长路，又没有上过几年学；小凡的爷爷身体更是糟糕，需要奶奶照顾。小凡的爸爸为了维持整个家庭的生计，总是四处打工，没有时间教育孩子，只是电话联系。知道小凡的家庭是这样，我有些沉默。决定对小凡给予更多的关注。

随后，我便上网查阅资料，发现单亲家庭的孩子容易出现自恋孤僻的现象。由于其成长过程中出现不和谐的经历，有些单亲家庭的孩子心灵扭曲，嫉妒心理和自恋心理尤为强烈。对他人的长处、优势、荣誉和成绩十分不满，抱有憎恨情绪，冷嘲热讽，甚至做出不道德的行为。同时，他们自以为是，孤芳自赏，傲视一切，抱怨别人不重视自己，不分时间和场合的自我展示。这不就是小凡吗？我想他应该是想要更多的关注和展示自我的机会。

本学期，我们年级的戏剧课程以“再现经典”为主题，我们班阅读的是《西游记》这本书，想要把这个经典故事再现到舞台上。同学们都很认真，尤其是小凡，他一改往日的“游手好闲”，而是总捧着《西游记》这本书，看呀看，时不时地和别人聊着什么。让我印象深刻的，是在小组展示剧本创编的那节课。

课程伊始，我向大家说明了本节课的主要任务是以小组为单位介绍本组创编的剧本。要求轮流介绍，一个组在介绍时其他小组认真听，最后投票选出一个剧本作为班级剧本。同学们摩拳擦掌，都想要展示自己组的创作成果，终于轮到小凡的五组。只见在组长的带领下，小组成员依次亮相并阐明自己在小组内承担的任务，然后由一名同学介绍剧本梗概。之前的小组都派出了本组的组长，以达到最好的效果。而五组却推出了小凡，同学们很诧异，质疑声此起彼伏，而我却很期待，于是呼吁同学们少安毋躁并拭目以待。小凡上台后显得很紧张，一直身体绷直，双臂贴身，见同学们安静下来后，他深吸一口气便开始了他的讲解，开始有些磕巴，后面就自如许多。原以为小凡讲完后就结束了，可小凡却说：“我们组想要将这个剧本演给大家看看。”原来他们组已经将自己创编的剧本进行了实践。他们组是将《西游记——三打白骨精》内容进行剧本创编。小凡饰演的是白龙马，虽然不是主角，但是他演得特别认真，还给自己加了动作和台词，使得他们小组的表演很精彩。一时间，掌声、欢笑声、赞许声充满整个教室。我看到好多同学竖起大拇指为小凡点赞。

这节课后，我又找到小凡，我问他：“你今天的表演非常精彩，有什么想法吗？”他说自己很开心。我看到小凡不好意思的笑后那认真且坚定的目光。我说：“老师发现你在戏剧方面有很高的兴趣。”他点点头说喜欢。我肯定、鼓励他，希望再次看到他精彩的演出。果不其然，在后面的戏剧课程中，他更加认真了，不仅参与班级剧目的创编，更是多方参与，呈现《西游记新编》，逗得同学哈哈大笑。渐渐地，他感受到班级温暖，来自同学的尊重。课上没有那么“聒噪”了，努力跟着老师学习。

看着小凡的一点点进步，我很是高兴，我想这就是戏剧教育的魅力。苏霍姆林斯基认为：“美感帮助学生认识个人的道德尊严，净化自己的灵魂，培养道德观念。对别人的道德行为的审美情感，对形成个人的道德尊严起着很大作用。”戏剧教育能够声情并茂、视听结合，在故事情节的推动中，给学生美的享受，具有强烈的感染力和教育作用。将戏剧引入课堂，在戏剧教育过程中，让学生学会做人、学会生活，学会以审美的态度对待自然、社会和自身。[①]

---

① 滕亚杰. 小学戏剧的育人实践 [J]. 中国教育学刊，2022(2).

戏剧育人，铸民族团结心，培爱党爱国情

北京市密云区檀营满族蒙古族乡中心小学创办于1944年，是北京市唯一一所满族蒙古族小学，也是北京市首批民族团结教育示范校之一。2019年，成为全国立德树人戏剧教育研究共同体首批重点实验学校。在戏剧教育研究与实践的过程中，学校始终牢记民族学校的责任与使命，坚持立德树人的根本任务，积极培育和践行社会主义核心价值观，把不断增强中华民族共同体意识、不断激发师生对党对国的热爱之情作为出发点和着力点，不断探索戏剧教育与民族团结教育密切联系、相互融合的实施特色。

一、戏剧教育以立德树人为目标，确定民族团结教育主题

教育的根本任务是立德树人。学校希望通过切实有效、入脑入心的教育，让民族团结的种子根植于每个学生心中。戏剧教育，让学校找到了开展民族团结教育的新途径。

我国的56个民族历史悠久，文化各异。各民族的风土人情、历史地理、民间传说、民族英雄、团结故事、巨大成就等，构成了丰富的民族团结教育素材。这些素材，就是戏剧教育珍贵的、浩大的教育资源。学校经过系统梳理，明确了每个年级的民族团结教育主题。在这个主题之下，师生结合每个学期的时事热点、教育重点，确定具体的戏剧教育内容。主题式戏剧教育的开展，增强了民族团结教育的系统性、全面性、计划性，强化了民族团结教育的实效性。

二、戏剧教育以综合实践为途径，明确民族团结教育形式

民族团结教育一定要落实到学生的行动中、实践中。学校采用综合实践活动课程的理念、方法去开展戏剧教育，注重统筹设计，扎实教育过程，让戏剧教育凸显育人功效。

在自创剧目《火童》中，哈尼族的文化、饮食、音乐、礼仪都成了研究主题。整个过程中的研究，为孩子们提供了大量的综合实践空间。一个个研究主题的分解、研究与实践，让戏剧表达厚实起来，也让民族亲情深厚起来。

三、戏剧教育以教师培养为主导，保证民族团结教育实效

教育的关键在教师，民族团结教育同样如此。教师的教育意识和能力水平，特别是民族团结素养水平，直接决定了民族团结教育的实效性。

开展戏剧教育，需要教师真切地、深入地、持续地去学习民族知识，加深对各民族的了解，加强对民族政策的把握。这样的过程，一定会不断提升教师民族团结素养水平。而他们对民族团结的情感、态度和价值观，通过言传身教、模仿示范、交互碰撞，潜移默化地传递、影响、教育学生，从而对学校民族团结教育产生更为重要和深远的影响。

四、戏剧教育以融合创新为理念，打开民族团结教育视野

戏剧教育以其强大的“教育性”“综合性”“实践性”，通过融合实现创新，几近完美地帮我们打开民族团结教育的视野。一是打破学科边界，实现各学科间的融合。二是打破课堂边界，实现校内与校外的融合。三是打破部门边界，实现部门之间的融合。

戏剧教育让民族团结教育实现了学科间、课上课下、部门间的深度融合，开拓了学校民族团结教育的新局面，提升了学校民族团结教育工作的水平，扎实推动了学校民族团结教育工作的纵深拓展和创新发展，让民族团结的种子在师生的心中生根、开花、结果。

亲近戏剧，滋润民族情怀

檀营满族蒙古族乡中心小学是北京市唯一一所以两个民族命名的小学，也是北京市第一批民族团结教育示范校。学校非常重视传承民族文化，发展民族教育。通过戏剧的形式让民族教育文化走进学生的生活，将戏剧学习与艺术学习，与民族文化传承结合在一起。为师生培育民族团结教育，传承民族文化，找到有效实施的载体。

一、亲近戏剧，民族教育“温柔”地走近学生

学校承载着传承民族文化、培养民族团结教育的使命，让学生在戏剧教育中潜移默化地接受民族教育，滋养民族情怀，是我们戏剧教育的魅力。立足民族校文化背景，挖掘民族特色和传承民族文化。

以教材为载体，传承民族文化。一直以来，用好教材，深挖教材中的重点、亮点，立德树人，落实民族教育，培养综合素养，更好地为学生的发展服务，是广大教师追求的目标。《猎人海力布》是语文教材中的一篇课文，是一个非常生动的蒙古族民间故事，具有神话色彩。教师将课文转发为剧本，触摸着文字散发的温度，通过舞台呈现民族英雄人物的光芒，戏剧表演让学生在视听觉上感受到民族文化的独特，加深了对课文的理解。

以学校特色为载体，传递文化魅力。蒙古族《马头琴的故事》是基于我校马头琴社团创编的原创剧本，为了让更多学习马头琴的孩子，爱上马头琴，为马头琴的来历创编了一个美丽动人的传说故事，在角色扮演、台词对话中，让学生感受马头琴所传递的是蒙古族人民那份对大草原的热爱，对伙伴情谊的珍重，对团结一心的赞扬。孩子们在体验中，对民族的了解与热爱之情，愈加深刻。

二、亲近戏剧，民族教育“温暖”地浸润学生

为了让学生加深对民族文化的那份热爱，发展戏剧途径，深入开展民族研究活动，带着学生们上网搜集、阅读书籍、动手实践等。哈尼族的《火童》在剧本创编的过程中，让孩子们将书中承载的故事、故事的情节发展，用一种有意义的方式整合自己离散的生活经验。课上带着孩子们参与、步入故事角色，去挖掘书中隐含的情节，让学生在一个个情景中去思考、去感受。故事中有很多可以让学生想象和填补的空白。哈尼族为什么受到惩罚？失去火种之后人们经历的生活是怎样的？让孩子们入戏参与到戏剧活动中，带给他们意义深远的体验。在剧本完善中，深入研究哈尼族名字文化，独有的起名特点，让剧中的人物都闪着民族之光。在舞台呈现中，学生开展了哈尼族文化、饮食、建筑、服饰等系列调查活动，从细节入手，更好地呈现哈尼族特有的服饰、饮食及建筑。充分的调查研究活动，为学生们的戏剧表演注入了动人的元素，不仅感受着戏剧之美，同时也浸润了民族魅力之美。

我们用一种安全有意义的方式，让学生得以参与别人的故事，透过别人的眼睛看世界。用戏剧的方式去“阅读”一本书，“走进”一个民族，用身体、体验亲自去“构建”一个故事，充分浸润其中，发现民族故事的趣、文化的美。然后，爱上戏剧、爱上各个民族！

传承文化经典　戏剧点亮童年

2021年是中国共产党成立100周年，也是我和学生与戏剧“结缘”的第二年。我的育人故事就从“戏剧”说起。

一天实践课上，我对学生说：“同学们‘童心向党’第六届戏剧节即将拉开帷幕，定好剧本接下来我们要开始排剧了……”话音刚落，一个男生追问：“老师，学校为什么每年都会举办戏剧节呢？”看着他那疑惑的眼神，我故弄玄虚地说：“参与其中，便会打破疑团。”

看着学生兴头正足，我连忙说：“咱们先分组吧！照去年那样，你觉得自己在这方面擅长就可以申请进组，组员确定后要选出组长，组长做好分工后，到我这里开碰头会。”说罢，大屏幕上显示出组别、人数及要求。学生们纷纷吐露心声，很快他们就编好了组。然而，事情却没有想象得那么顺利，演员组组长迟迟没前来开会。我走上前，得知他们为争“老班长”这一角色弄得面红耳赤，谁也不服气。刘子恒先声夺人，对我说：“老师，您看王天浩那白胖胖的脸，适合演老班长吗？过草地红军连青稞都吃不上！”“我不合适，你也不合适！你还是咱班个儿最高的呢！”看着他们在我面前情绪还很激动，我劝慰道：“你们都有当演员的潜力！因为你们都外向且擅长朗诵，但是演好角色，不光看外表，还要看你们对人物的认识与理解……我们不着急定下角色，你们都有机会演出。主要角色我们可以有A、B两个演员，在接下来的排练中通过你们的表现我们再来确定最终演员。”听完我的话，他俩点头默许，我接着说：“这个方法可以选出最适合的人选，另一个人成为替补演员，为正式演出做好充足准备。虽然有正式有替补，但你们的贡献是一样的，因为你们都为剧目的顺利演出贡献着自己的力量。”

小小的风波解除后，碰头会开始了。会上，道具组组长费林瑞提出困难：“老师，用什么材料做手枪啊？A4纸太薄，用不了！”“那什么纸硬度够呢？”在我的启发下，他决定用电器包装纸盒。我为他动脑思考、积极解决问题的态度感到欣慰。“老师，我家有玩具枪，用它更方便啊！”杨子铭想了想说道。然而费林瑞却坚持自己的想法：“道具组还是要干起来的，我们能做出来！”就这样，学生们收集硬包装纸盒，我协助道具组的学生每天中午 1:30 到科学教室画图、剪纸、粘贴、上色……经历了整整两周，所有的道具才准备就绪。

“六一”即将来临，我们来到综合楼进行合练，我发现演员偏台现象严重，解决这个问题没有捷径可走，只能从第一幕开始扣每个演员的站位，我一会儿在台下观察最佳位置，一会儿跑上舞台告诉演员站位，并帮他们找参照物来记住位置。

“六一”这天，班级戏剧要在十点多演出，可始终不见主演王天浩的身影。我拨通手机，“井老师，我身上没劲，好像感冒了……我多躺一会儿，9 点我到学校！”“你好好休息吧……”“不，井老师您生病时都能吃完药继续上课，我也能坚持！再说，我是正式演员，您放心保证完成任务！”就这样，班级剧目《金色的鱼钩》在经历一波三折之后得以顺利演出。

班会课上，我手捧奖状，问他们为什么我们每年要演戏剧呢？学生众说纷纭：戏剧让我们在动手操作中体会到合作的快乐；第一次登上舞台，我感受到了自信；在多次磨剧中，我深刻体会到红军战士关心同伴、英勇无畏……

戏剧营造了团结向上的集体，一张张证书刻画了学生奋进的决心。

一出戏剧，促使学生身体素质、心理素质和社会文化素质等多方面和谐发展。宋庆龄说过：“儿童是国家未来的主人，通过戏剧去培育下一代，提高他们的素质，给予他们娱乐，点燃他们的想象力，是最有意义的事情。”

巧用戏剧，让德育入脑入心

一直以来，我校都在探索德育的有效途径，希望通过学生喜闻乐见的活动对学生进行润物无声的教育，而我校的戏剧教育课程成为一个有效的突破口。当德育遇上戏剧，会产生一种莫名其妙的作用，对学生的成长与发展会产生潜移默化的影响，使德育入脑入心。

一、精心选材构建德育内容

面对突出的德育问题，聚焦想要进行的德育活动，开学初便把德育内容与戏剧课程相融合，结合学生年龄、学段特点，确定各年级戏剧课程的主题，一年级：劳动最光荣；二年级：珍惜水资源；三年级：安全最重要；四年级：垃圾来分类；五年级：祖国在心中；六年级：网络健康行，通过戏剧课程中的自主探究，使学生受到影响与教育。

二、用心排练催化道德行为

和伙伴们一起排剧的时候，互相讨论角色内容、如何演绎等能够培养孩子们的团队协作能力；而当他们作为演员扮演角色的时候，需要从自己现实的角色中跳脱出来，扮演“另外一个人”，这就需要他们去理解思考所扮演的角色特性，这种体验可以引导学生站在他人的角度理解问题，从而培养他们的换位思考能力。如学生排演《卧薪尝胆》的时候，细致的排练过程，小到一句台词，一个道具，一个动作，一个表情，大到了解当时的社会背景，在这些仔细的雕琢下，孩子们真正走进了人物的内心世界，勾践的忍辱负重，胸怀大志，夫差的狂妄自大，范蠡的忠君护主等。在用心的排练中，学生默默地受到教育与启迪，同时培养学生多种能力，提升学生多重素养。

三、精彩演出激发道德情感

在整个戏剧教育的过程中，可以培养学生的责任心，同时能够深入地激发学生的情感。在任何一个戏剧作品中，只要有一方没有完成工作，那么整个演出都无法进行。通过这样的戏剧活动，可以让学生充分认识自己工作的重要性，能够不断提升他们的责任心。通过戏剧学习，可以培养学生成为各方面都更全面的“完整”的人。而这个过程中，学生的活动是入脑入心的，是能够深刻地影响自己的。

如为了加强生态文明教育，我校开展了以“垃圾分类”为主题的戏剧教育，其中涌现出了很多优秀的戏剧，其中一个剧目中，学生通过扮演垃圾桶，说出垃圾桶的心声，体会到垃圾桶的无奈与愿望，通过扮演鱼刺、花盆、塑料瓶、电池等垃圾，体会到垃圾的危害，以及垃圾也可以变废为宝，通过扮演文明的学生，使生态文明的意识深入心里，通过制作道具，查阅资料等更多地了解了垃圾分类的知识，为了通过小手拉大手，积极在家庭、社区中宣传垃圾分类，还开展了“垃圾分类就是新时尚”主题微戏剧评比活动，学生通过和家长、邻居、小伙伴共同表演，有效地宣传了垃圾分类。通过这样的戏剧活动，学生一定会逐渐体会到生态文明的重要意义，增强垃圾分类的意识，而这是空洞的说教完全达不到的效果。

四、深入反思增生德育价值

学习戏剧并不是为了“会做戏剧”这项技能，而是为了学习过程中的锻炼，学习过程中学生受到的教育。这个过程不仅可以培养学生的创造力、与人沟通能力，以及对问题的解决能力，还能够提升他们的自信心，而这些能力和影响是可以让学生受用一生的。在戏剧课程的推进中，教师及时进行反思，找到问题，明确教育目的，使对学生产生的影响更为深远。

当德育遇上戏剧，丰富的不仅是形式，而是逐渐显现出来的潜移默化的力量！

戏剧润童心　快乐促成长

戏剧教育是一种寓教于乐的教育方式，通过生动的表演和情节，激发学生的兴趣，培养学生的情感、思维、表达和创造力。在小学教育中，戏剧教育可以帮助学生更好地理解知识，提高学生的综合素质。

戏剧课程以创新性的方式将戏剧元素融入教育之中，让一年级学生通过戏剧代入的方式，对学生的创造力、想象力进行塑造。它是一种教育性质的戏剧活动，也是一种戏剧方式的教育活动，让戏剧教育化、游戏化和综合化就是戏剧课堂的魅力所在。戏剧课程通过让学生在戏剧扮演中尝试各种解决办法，推动学生在表演中思考人与人、人与社会、人与自然的关系和问题，从而丰富了儿童的各种体验。从这个意义上讲，戏剧课程就是一门综合性课程，其对于一年级学生的教育功能和作用已远远超越了戏剧课程本身。

一、初识戏剧，感受戏剧的魅力

学校旨在通过戏剧促进学生的成长，我和班里的学生们也是初次接触戏剧。刚开始的时候，也不知道戏剧到底应该怎么学、怎么教。通过系列的学习培训之后，对于戏剧有了一定的认识与了解，于是和孩子们从欣赏戏剧开始，生动的舞台、小演员们富有感情的表演、极具震撼力的音乐让我们如痴如醉，一下子便爱上了戏剧表演。我们也开始尝试着一点一滴地构建我们班的戏剧表演剧目。

二、演绎戏剧，发现不一样的自己

戏剧课程并不只是让一年级学生习得一些戏剧知识和表演技能，其目的在于通过戏剧代入的课堂形式和教育方式，塑造和不断发展一年级学生的创造力、想象力。富有成效的戏剧课程让学生思维更活跃、想象更丰富、表现更积极、表达更精彩。所以，将戏剧植入课堂让孩子们快乐地学习、成长和发展就是戏剧课堂的终极目标。

为此，我不断丰富戏剧课程的内容与形式，以创新性的方式将戏剧元素融入教育之中，我把生活中的故事搬到戏剧舞台上，让一年级学生觉得更加活泼有趣。给每一个孩子不同的任务，让他们主动自觉地参与到戏剧排练和戏剧表演中来。

我们班的一个小男孩很聪明，但是很调皮、喜欢恶作剧，喜欢把同学的东西拿走藏起来，让同学找。有一次班里一个同学的笔袋找不到了，我在班里问，有人看到是这个小男孩拿过，然后向他问清楚，原来他把人家笔袋藏到了另一个同学的柜子里。后来我和他妈妈沟通孩子在家里的情况，妈妈说孩子在家里表现不错，然后我跟她说了这个事，孩子妈妈说她会关注，但是后来还是会隔三岔五发生这样的事。

于是我利用周末去家访，发现家里只有孩子和妈妈在，交谈中得知孩子爸爸忙于工作，很久才回来一次，和孩子妈妈交流了孩子的在校表现之后，妈妈答应会多关注孩子。之后一直都是我和妈妈沟通，但效果不明显。后来我想了一下决定和孩子爸爸聊聊，因为他比较忙，所以都是微信简单沟通，在和他的交流中，我觉得问题的关键就是在这个爸爸身上，孩子平时和妈妈在一块的时间比较多，受到了她妈妈所有的关注，所以平时在家里都很正常，爸爸偶尔回一次家也就是睡觉看手机，简单过问一下孩子，对孩子关注较少。然后我就把孩子在学校的一些事情跟孩子爸爸沟通了，也问了是不是爸爸回家时也遇到过孩子出现这样的现象，回答是肯定的。所以孩子长期跟妈妈在一块，受到妈妈的关爱比较多，孩子爸爸的关注比较少，有点失衡，孩子小不懂得如何表达，所以选择了这种藏东西，让人着急找的方式来和爸爸玩，来和同学玩，吸引大家的注意力。我想帮助这个孩子解决问题，也在家长那里得到了支持。

之后我在班里认真观察孩子的表现，通过观察发现孩子喜欢画画，动手能力很强，于是在戏剧课上大家讨论海报负责人时，我郑重地向全班同学推荐了他，当听到我推荐他时，他一脸不可置信的表情看向我，我肯定地看向他，说："老师看过你画的画，觉得你肯定可以胜任这个任务，你愿意代表咱们班完成这个任务吗？"他使劲点了点头。之后我便发现，每个课间，他除了喝水上厕所就是坐在位子上认真地画，不满意时还会来回地修改。

在剧目演出前，他拿着海报介绍我们班的剧目，当他把海报展现在大家眼前时，瞬间响起了热烈的掌声，他不好意思地低下了头。通过这一次活动，同学们都对他刮目相看，他也发现了自己的特别之处，变得更开朗乐观了，和同学们相处得也更好了。

三、爱上戏剧，促快乐成长

通过一次又一次的戏剧活动，班里的孩子都爱上了戏剧，尤其是那个曾经爱藏东西的小男孩。在戏剧活动中，他们收获了快乐，更收获了成长。遇到困难时他们懂得想办法、团结一心解决问题；他们变得善于发现生活中的美好并记录下来，所有的一切都源于戏剧对孩子们的影响。现在的他们变得更加团结、自信，敢于表达，家长们也经常和我交流孩子的变化，这让我们都很欣喜。

通过对戏剧的学习与创作，让我看到了戏剧教育在小学教育中的实际运用。戏剧教育不仅能够激发学生的兴趣，提高学生的学习积极性，还能够培养学生的团队意识和沟通能力、社会责任感和公民意识等多方面素质。戏剧润童心，快乐促成长，我们会一直在研究戏剧的道路上前行，和孩子们一起感受戏剧的魅力！

戏剧润心　育人无痕

一、故事背景

新接手的一个班级，还没有完全认识每一位同学，其中的一个小男孩让我大吃一惊。不是因为他优秀得让我无比惊讶，而是他的习惯简直让我不敢相信这是一个已经上了三年的学生。王同学，一个很特别的名字，同样的，他也是一个很特别的小男孩，大大的眼睛，小小的个子让许多老师都认为他是一年级或者是幼儿园的孩子，这一切都不足为奇。

上课的时候，每次我提问他都不举手，张嘴就说，有的同学看可以不举手就说，都纷纷张嘴就说，弄的课堂声音此起彼伏，但是不会的同学又没有得到锻炼，整个课堂的效率变低了。上操排队的时候，他也是想回头说话就说两句，不想动就坐在操场上，我每次提示完用不了多久就恢复原样了。看着这个小小的男孩，我有说不出的感觉，甚至觉得这样的他怎么转到我的班了，但是，身为一名班主任，我不能放弃任何一个孩子，所以，我决定一定要帮助他养成良好的学习习惯。

二、故事解读

要帮助他养成良好的学习习惯，不仅要让他知道好习惯的重要性，更要让他发自内心地想这样做。学校开展的戏剧课程就是非常好的机会。在这个课程中，学生们需要自己参与到整个戏剧的全过程中，从剧本的创作、道具的制作、舞台的表演等都要人人参与，学生通过表演来表达自己的想法和情感，这对于锻炼他们的沟通能力和自信心具有很大的帮助。我想通过让他参与到我们的戏剧活动中，去真实地感受到好习惯的重要性。为了更好地帮助他，了解他的内心想法，我主动找他谈话，和他父母沟通，从而多了解一些他的情况。

1. 从小不在父母身边，疏于管理。

从小他的爸爸妈妈把他交给了爷爷奶奶照顾，爷爷奶奶也只是负责他的日常生活，习惯上不知道怎么培养，慢慢地便养成了自己随心所欲的习惯。

2. 学习环境的不同，要求不同。

转学以前，他一直在老家的农村小学读书，在他们学校，学生下课就随意地奔跑、玩耍，老师也没有很严厉的要求，所以他就一直这样想干什么就干什么，忽然来到了新学校，要求严格了，让他很不习惯，更不适应。

3. 父母很忙，几乎不管他。

他的父母开了一个小店，每天很早起床，很晚才回家。即使现在把他接到了身边，也没有时间管他，对于他的表现也不是很清楚。

4. 从小独立，有自己的想法。

从他口中我知道，从小他就一个人上下学，没有人接送他。而他的上下学时间也都是靠自己，因为忙碌的父母顾不上他，所以自小他就很独立，有自己的想法，以至于我说他时他认为自己一直都这样，没有问题。

三、故事发展过程

鉴于他的这些情况，戏剧课上我们特意选了关于习惯的小故事进行改编剧本，同学们纷纷发表自己的看法，把主人公没有好习惯以至于闹出许多笑话的故事改编得生动有趣。接下来就是同学们分组进行准备，为了能让他切身体会发生在故事中主人公的事情，在分组时我特别鼓励他参与到表演组中，起初，他对此并不感兴趣，甚至有些抵触。但在我的引导和鼓励下，他还是鼓起勇气参加了表演组。同学们也和我心有灵犀似的选择了他饰演故事中的主人公。

排练刚开始时，也出现了一些小问题，他总是想说什么就说什么，或者自己随意发挥，弄得其他同学都不太高兴，于是我便找到他，和他的交流中我发现他很有自己的想法，说得很有道理，于是我和同学们解释之后顺势任命他为小导演，帮助大家进行一些指导，他看着我，我明显感受到他眼神里流露出来的惊喜和自豪，我看着他点点头，相信他可以做得很好。在之后的排练中，我惊喜地发现，他不但帮助同学们去大胆表演，还学会了合作和沟通，看着他的变化，同学们也是赞不绝口，而他在感受到大家对他的肯定之后，更是表现得越来越好。

最后的戏剧展演中，班级的剧目得到了大家的喜爱与肯定，而他的表演也受到了同学们的大力表扬，同学们一句句的赞赏让他发现了自己原来可以做得这么好，自信心大增。我也把孩子们表演的剧分享给了家长，特意和他家长表扬了他的进步和努力。

没过几天，我突然收到了他送我的一封信，信中表达了他对我和同学们的感谢和关心，也说出自己在表演之后认识到了好习惯的重要性，通过这次活动，他喜欢上了戏剧，让我看他今后的表现，他一定会像故事中的主人公一样，改掉坏习惯，做一个拥有好习惯的小学生。

四、故事发展现状

最初的时候，他还是会偶尔管不住自己，我们都会提示他，经过一段时间的努力与坚持，他的习惯慢慢养成了，上课会举手回答问题了，排队也不随意乱晃了，还被评为班级小明星。

对于我来说，他的转变让我更加坚定戏剧育人润无声的作用，在戏剧活动中切身地去感受，锻炼语言表达、团结协作等多方面能力，对于学生的成长是非常有益的。

五、故事反思

通过戏剧对王同学的教育、指导和他的转变，使我有了很深的体会和感受。

小学戏剧教育是一种富有创意和趣味性的教育方式，它通过让学生参与戏剧表演、角色扮演等活动，培养学生的表达能力、沟通能力、团队协作能力和创造力等。

（一）提高学生的自信心和表达能力

通过参与戏剧表演，学生可以扮演不同的角色，体验不同的人生。这种角色扮演的过程有助于学生发现自己的兴趣和潜能，从而增强自己的自信心。同时，戏剧表演要求学生用语言、动作、表情等方式表达角色的情感，这有助于提高学生的表达能力。

（二）培养学生的沟通能力和团队协作能力

在戏剧表演中，学生需要与其他同学配合，共同完成一个故事或情节。这要求学生学会倾听他人的意见，尊重他人的观点，同时也要学会表达自己的想法。

此外，戏剧表演还需要学生与老师等其他角色进行沟通，以确保表演顺利进行。这些经历有助于培养学生的沟通能力和团队协作能力。

（三）激发学生的创造力和想象力

戏剧表演是一种充满想象力的艺术形式，它可以让学生充分发挥自己的创造力，创造出一个个独特的角色和故事。在这个过程中，学生可以通过对角色的塑造、情节的设计等方面展现自己的创意。

总之，小学戏剧教育对于学生的成长具有重要的影响。通过参与戏剧表演，可以提升学生的多方面能力，更重要的是，戏剧可以潜移默化地对学生产生影响，促进他们的个人成长和发展，让学生在戏剧中收获更多的感悟，戏剧润心，育人无痕！

“小红帽”男孩

在我们班有一个“小红帽”男孩，父母离异，学习落后。学校为了均衡教育资源将他从四班调来了一班，作为一个“半路”加入的孩子，他总是用衣服上的帽子将自己与外界隔离开来。上课戴，下课戴，走路戴，做操戴。帽子，本是用来装饰自我，保温保暖的，但是他用帽子将自己的孤独与拘谨深深地藏起来，将自己和自己的心与外界隔绝。我本可以强制性地要求他把帽子摘掉，但是我知道我摘不掉他心里的那顶帽子。

如何让他主动地敞开心扉，融入集体便成了我需要重点解决的事情。不能强制要求，又需让他主动融入。这时我想起了学校的戏剧教育。“戏剧教育是一种人格教育，它使我们形成健全的人格，并能与他人、与外界的管理相融合。”戏剧所具有的独特的教育形式和力量完美适配他的需求。于是，我决定用戏剧打开他的心灵，助力孩子成长。

一、巧借戏剧唤醒自信心

亲情的缺失，加之学习成绩不理想，让他丧失了自信心。小学生本应是活泼开朗、自信阳光，但是他却因为缺乏自信心而变得敏感小心。直接表扬显得过于牵强，应该依托具体媒介找到孩子身上的闪光点。于是我便抓住参加学校戏剧节这一契机，排演班级剧目。我没有直接给他一个很重要的角色，我觉得这样对于他来说有些太困难，压力过大。于是我便找到了一个小角色，主动邀请他来参演。可想而知，第一反应就是摇头拒绝。嘟嘟囔囔地说道：“我，我演不好。”听完他的话，我很开心。因为他担心的是演不好，而不是不想演。于是我便给其他孩子一个眼神，班级里的孩子一拥而上，围着他说：“你演吧，我帮你，你肯定可以演得很好。这个角色你不演就没人可以演啦！”就这样在半推半就中他竟然答应了。良好的开端就是成功的一半，机会拥有后，如何帮助他在角色中找到自信心呢？于是我便在课余时间帮助他一起背台词，一个字一个字地指导他。台词熟练以后，便手把手地教他动作。我们排练的剧目是校园安全剧《熊出没之死里逃生》，主要是借助《熊出没》的题材，融入防溺水教育。他在里面扮演的是一个救助溺水熊熊的医生，虽然台词简单，出场也不多，但是他却认真对待每一次彩排和演出，而同学们也给了他最大的包容与鼓励。就这样，在最终登上学校舞台时，他出色地完成了戏剧演出。在结束的时候，他跑到我身边，手舞足蹈地和我讲述他刚刚差点忘词，紧张的心都要跳出来了。我真切地感受到，他的眼眸充满了自信的光芒。在领取奖状的时候，我让他代表班级站上了领奖台，此时的他早已忘记身后的那顶帽子，走出属于他自己的道路。我想此时此刻，他一定充满了自信心。

二、借助戏剧助力规则感

由于他这几年学习习惯的懒散，虽然已经有了一些自信，但是在平时的生活和学习中，缺乏规范的行为习惯。影响了他的学习成绩和习惯养成。于是我便依托戏剧帮助他养成正确的行为习惯。安全戏剧教会他上下楼梯靠右行，不在楼道里追跑打闹。劳动戏剧教育他热爱劳动，艰苦朴素，珍惜每一粒粮食。爱眼戏剧让他知道保护眼睛的重要性，合理使用眼睛。民族戏剧带他领略民族的魅力，增强民族自豪感。就这样，在欣赏戏剧、排练戏剧的过程中，我将耳提面命的要求变为戏剧，春风化雨般娓娓道来，在戏剧欣赏排练的过程中，进行行为习惯的学习和养成。

在排练戏剧时，我要求不允许迟到，所以他每天便定好闹钟，按时到校练习。别人在彩排时我们要安静欣赏，于是他便将随意说话的坏习惯立马改正。观看时，他从不与人随意交谈，而是坐直坐正，用饱满的热情和专心沉浸在戏剧演出中。戏剧育人，总是区别在变无形为有形，有依托，有凭借。让他在习惯的各个方面有所改善。

三、依托戏剧增强荣誉感

在唤醒自信心，规范行为习惯后，可以明显地感受到他的进步。但是生活在集体中，需要帮助他在集体中进步，增强班级荣誉感。在本学期戏剧彩排时，我们的戏剧中有一个角色是“黑暗魔王”。为了体现这一角色的特点，我们需要黑色的披风道具。我便和孩子说，谁家里有黑色的披风就带来。第一天，没有一个孩子带来。这个说家里没有，那个说家长不让带。于是我便决定上网买一个。但是第二天，在我的办公桌上放着一个黑色披风。披风有些老旧，上面隐约还挂着一些黑色的膏体。闻起来一大股的烟味。当我拿起来，尺寸明显不合适。一问才知道，是他带来的。他把他爷爷染头发的披风带来了，上面是染膏的痕迹，名不虚传的“爷爷牌”披风。拿着披风，我特别感动，我表扬了他，因为我从他的身上看到了善良和这种集体的荣誉感。我便问他为什么会把披风带到学校来，没想到他依旧是不好意思地笑笑，告诉我因为他希望我们班的戏剧能够得第一名。多么直接简单的理由，我分明看到了处在集体中的他，开始慢慢融入集体了。虽然这次戏剧演出没有他，但是在道具的制作中，他贡献了自己的一份力量。于是我便在戏剧的最后特别鸣谢了他的道具提供。摘下帽子的他，开始主动融入集体，能够为集体贡献自己的一份力量。

就这样，他慢慢摘下了那顶帽子，那顶心里的帽子。

是戏剧拓宽了育人教育的途径，让我可以欣赏更美的风景。让他能够摘下帽子，拥抱阳光与快乐。

研究让戏剧厚起来

戏剧是一种综合艺术，它融合了音乐、语言、舞蹈、美术、科学等多个学科知识，它也是成为学生多种能力培养的基石。综合实践同样也是一项多学科的融合，通过探究、服务、制作、体验等方式，培养学生综合素养的跨学科实践性课程。开展以戏剧为主的综合实践活动是一项可操作、利用师生共同成长的尝试与实践。

作为一名专职的综合实践教师，以戏剧为开展的主题，扎实走研究之路。综合实践活动初始阶段是开题阶段。利用读书导读的形式引出戏剧的话题是一种形式、我采用的是交流会的形式，利用任务单引导学生进行故事推荐，能够引起多数人共鸣的故事作为研究的话题。还可以采用学生结合学校、家庭生活中的现象，发现并提出自己感兴趣的问题，能将问题转化为研究的小课题，在研究中找故事、排戏剧。过程的实施在研究中厚实起来。

一、剧本的研究

以个人到小组到班级分剧幕进行研究。要想呈现出10分钟左右的剧目，剧本需要3000多字，对于我们的学生来说有一定的难度，将难度分解。我通常按照教室的座位分成10组，每个剧大概按照故事的起承转合分成4—5幕。这样就可以2—3个小组负责写一幕，将困难降低，学生在做剧本创编时也就相对容易些，愿意尝试。课上小组交流选出一个最佳的剧本进行班级内的交流，在一次次探讨中完成我们剧本的初步创编。在这样的操作过程中，我发现有优势可以很好地进行小组合作，但同时也发现了问题，有的学生有依赖不动等靠组长的行为，剧本在完整性和连贯性上欠缺。我打算新的学期尝试一个组内每一个人负责剧幕的一幕，让人人都有责任意识，也能弥补剧本连贯性的缺陷。

二、道具的制作

小学综合实践的实施目标包括：价值体认、责任担当、问题解决、创意物化四个方面。道具的制作能够体现以上每一个目标，更多的指向于创意物化。为了培养学生将自己的创意付诸实践的能力，前期的设计必不可少。每一件道具的制作，都要在学生个人或小组内完成设计方案，再付诸行动。四2班《火童》剧制作了多个道具。石犀牛的制作，从最初学生想到利用人来扮演移动的道具，问题就聚焦在犀牛要做大上，从选择材料、犀牛图案、绘画、剪裁等一系列过程中，学生学会了小组合作。纸板的下脚料，四2班费林瑞想到去除外面的纸膜用来做蜂窝。纸膜的去除很是困难，小组内又通过多次实验尝试，寻找更便捷更好的办法。在火种的制作过程中遇到的问题最多，要让火种能够体现亮、灭，一个学生找来了家里玩具拆下来的灯，用纸板打孔与纸灯笼进行连接，并利用纸板固定灯，挖孔留出开关位置。这一过程中，我们一起商量，不断地在这个过程中发现问题解决问题。学生在制作过程中不断迸发出智慧的火花，一个学生利用家里的废旧半袖制作了天神的披风。在道具的制作过程中，学生已经完成了多样的道具，怎样让道具更精美更符合剧情需要是我们接下来重点研究的。学生已经固化在自己制作道具的思路上，他们认为自己的道具没什么问题，这就需要通过其他方法让他们认识到自己存在的问题。我带着学生做调查问卷，调查四年级的学生和观剧的教师，学生通过数据分析认识到存在问题最大的道具是什么？存在的问题在哪？利用一节课的时间修改道具方案设计，这是完成道具制作必不可少的步骤。每一步的道具制作都让学生养成设计、制作、修改、再制作的习惯与意识。四2班我采用的是建立道具组，由于道具较多，道具组人员也多被分成3个小组，分别负责不同的道具。四3班这个学期我换了一种形式，效果也不错。我们在剧本出来之后，先确定需要制作哪些道具，10个小组分别领任务制作不同道具，把做道具的时间放到课下，课上展示介绍道具，从而进行道具修改方案的讨论，将大家讨论选用的道具进行修改，有的交给道具组、有的交给原制作组或学生进行后续的修改。我利用日常评价积分的方法激发学生制作道具的兴趣，完成道具的积1分，选用的积2分，再次修改制作道具的学生积1分。我发现这个方法极大地调动了学生制作的积极性，在道具的制作过程中，我带着学生一直走在研究的路上。

三、表演练习

戏剧是舞台表演的呈现。研究角色、练习语言表达、设计动作等都是一门学问。戏剧同时也是一门游戏，就是带着学生去玩，在玩中学习。我设计了一些游戏活动，这些游戏活动，练声音表达、情绪表达、动作设计等，学生在课上玩，也能为我们剧目的呈现奠定基础。

戏剧可以研究的点有很多，在《火童》剧中，哈尼族的文化、饮食、音乐、礼仪都可以成为我们一个小的研究主题。在后续的宣传活动中，宣传的形式、宣传的策划、宣传的制作，利用微视频、美篇等信息技术的宣传，每一个都可以结合学生的年龄特点，做一个研究小主题。在接下来我们的戏剧综合实践活动中，戏剧剧目的呈现是我们一个终极目标，但过程中的研究必不可少，一个个小主题的分解与研究才能让戏剧厚起来，培养学生的综合能力。

演绎校园故事，塑造优秀品质

——戏剧中促安全意识

当前，在国家教育管理部门的严格要求下，全国各地的小学纷纷开展安全教育课程，也为学生提供了相关的安全教育读本以及安全教育广播、班队会活动等。小学阶段的安全教育目标是引导学生树立安全意识以及提高其抵抗危险的能力。同时，小学作为义务教育初级阶段，小学生的安全教育对其健康成长以及行为习惯的养成起着重要的奠基作用。现阶段小学安全教育还存在着内容贫瘠、形式单一、重形式而轻成效、重理论而轻实践等问题，这些问题也让校园安全隐患无处不在。戏剧在适应新一代少年儿童的精神需求和文化心理的同时，还肩负着引领学生健康的价值取向，塑造高尚品质的重大社会责任。戏剧表演通过创设虚拟情景，在角色互动的过程中，让学生们可以立足所见所闻展开想象和实践。将戏剧表演与安全教育相融合，在剧本编写、戏剧排演、观看过程中，形成安全意识，提升维护安全的能力。

从戏剧教育本身来讲，传统教学方式单一枯燥，同时小学阶段的学生自控能力薄弱，注意力差，这也要求教师在授课过程中必须使学生始终处于兴奋状态，才能保证学生全身心投入课堂。而戏剧由于其所具有的故事性、娱乐性等特点，给予了学生们更大的想象空间，拓展了学生的思维。戏剧教育是一种通过艺术手段达到育人目的的形式，学生既可以是观众，也可以参与到舞台表演中，在契合原有主体情景的同时，学生可以充分发挥个性，赋予角色新的灵魂，通过戏剧的方式将想法表现为现实的行动，在娱乐的同时鼓励思考、感受情感，这为通过戏剧促进安全意识提供了可能。

校园戏剧节为学生们提供了展示自我风采的舞台，也为学校创造了以戏剧育人的契机。在剧本创作过程中，给予学生思考想象的空间，学生们会主动思考某一类安全事故发生的原因、经过以及结果，感悟剧中角色的心理及动作，从而结合自身，联系实际，主动思考行为的对错。

从学生本身来讲，学生们在戏剧排演过程中意识到，自己不仅是在完成参赛任务，更是要通过戏剧形式宣传校园安全。剧本不断改了又改，动作神态练了又练，小演员们会主动观察课间学生行为举止以及语言神态，反复磨合，共同学习，努力将最切合实际的安全问题呈现给观众。

戏剧活动结束后，学生们的行为有了很大的改观。学生们会更加注意在校行为，尤其是在走廊、楼梯口等地点，自觉遵守小学生日常行为规范，遵守安全教育守则，跑跳、疯闹等行为明显减少。最令我感动的是，班级学生不仅个人行为有了极大的改观，而且越来越多的“小小督察员”出现在了校园中，监督并及时劝阻某些危险行为。某次，两名学生在走廊疯闹，这时一名平时十分顽皮的学生及时站了出来，说：“你们不能在走廊上疯闹，不仅你们两个容易受伤，而且容易撞伤来往的同学和老师，课间可以去图书角看书或者站在走廊边上呼吸新鲜空气。”看着这一幕，我心中充满了感动。也许他们不是最优秀的演员，但是他们最大化了本次校园安全剧的目的。无论是学生观众还是学生演员，安全意识都有了极大的提升。

现阶段学校的安全教育活动多以广播、班队会、板报等形式开展，方式单一乏味，难以激发学生的学习热情，真正提升学生的安全意识，实现安全教育的目标。戏剧作为教育改革发展的催化剂，在小学教育阶段愈加普遍。作为新时代教育工作者的我们，应该继续深入研究戏剧教育教学方法，充分利用戏剧这一载体，让学生们在不同的情境中感受不一样的自己，通过角色帮助学生塑造美好品格和高尚品质，实现育人目标。

用戏剧点燃课堂

戏剧教育作为一种全新的教育元素，我深切地体会到戏剧教育对孩子们的积极影响。在我多年的教育实践中，我亲身经历了戏剧教育的魔力，以及它如何塑造孩子们的性格、激发创造力、培养自信心，以及促进团队合作。基于此，我将分享一些案例，以便更清楚地展示戏剧教育的影响力。

在我所在的小学，戏剧教育一直被视为教育的重要组成部分。它不仅仅是一门学科，更是一种教育方法，通过戏剧的方式，让孩子们在参与中学习，提高他们的综合素养。戏剧教育的意义在于，它能够培养孩子们的创造力和想象力。在戏剧表演中，孩子们可以扮演各种角色，编创故事情节，这种创造性的活动激发了他们的创新思维。此外，戏剧教育也有助于培养孩子们的表达能力和自信心。通过表演，孩子们学会了如何清晰地表达自己的思想和情感，同时也锻炼了面对观众的信心。

在我的教学实践中，我经常使用戏剧教育来丰富课堂教学。在班级中，有一位名叫小明的孩子，一直非常害羞，几乎不敢发表自己的意见。为了帮助他克服害羞，我安排了一个戏剧表演的活动，让每个孩子都要扮演一个角色，并表演一段小故事。

在开始时，小明有些紧张，并不敢表达自己，就连说台词的声音都是支支吾吾的。我找到了他，亲切地对他说：“小明，你很勇敢能够尝试扮演一个角色，你的角色是班长，你要把自己想象成班长的样子，大胆地表达自己，勇敢地说出来。”慢慢地，小明敞开了心扉，开始接受自己的角色。在平时课间休息时，还会主动找我探讨角色的问题，“这里的台词我觉得应该怎么说……”“我表演的是班长，这里的台词应该表达出班长的权威”就是这样，小明尝试表演。在戏剧演出中成功表达自己，演好了自己的角色。小明出色的表演，引来了大家的掌声和赞誉。这次的戏剧表演经历让小明的自信心大大提高，他变得更加开朗和活跃，也更愿意参与课堂讨论。

此外，戏剧教育还可以培养小组的合作能力。学校在教育教学中推崇赏识课堂理念，其中班级小组合作在课堂的教学中起着至关重要的作用。但是，在我的班级中，小组合作一直都不太好，小组组长作为组内带头人，没有很好地带领本组组员在课堂上进行研究，给小组成员分配任务，小组成员之间也不能很好地配合。借助学校的戏剧教育，我设计了一个团队戏剧表演的项目。根据本学期的戏剧教育主题，我让每个小组提交一份戏剧剧本。每个小组都需要合作编写剧本，这个小组合作任务强调团队之间的合作和沟通技巧。

我的任务刚刚发布，有的小组表现非常好，根据戏剧的主题以及生活中与主题相关的案例，很快就确定了本组剧本的大纲。但是，在开头确定剧本大纲时就遇到了各种问题，小组成员之间的意见不合，争吵不休，不肯听取别人的意见。还有的小组，小组长并没有起到领导的作用，小组成员没有任何想法，大家只是面面相觑地看着对方。发现这种问题，我进行了积极的引导。让表现优秀的小组在班级前进行展示，为大家做示范。这些小组逐渐学会了倾听对方的意见，协调分工，组长能够很好地协调控制本组，最终成功完成了小组剧本的创作。这个经历不仅提高了他们的团队合作能力，还增进了他们之间的友情。

在我的班级中，有一位名叫小娜的学生，她一直表现出色，但在创造性思维方面还有待提高。我决定组织一个小型戏剧表演项目，让每个学生编写自己的故事，并在舞台上表演。小娜选择了一个关于友情的故事，她用自己的创意编写了剧本，设计了舞台布景，并亲自扮演了主要角色。在排练和表演的过程中，她不断地思考如何使故事更有趣、更吸引人。最终，她成功地呈现了一个充满创意和想象力的表演。这个经历不仅提高了小娜的创造力，也增强了她的自信心，她开始积极参与各种创造性的活动，并在学术上取得了更好的成绩。

戏剧教育是一种通过戏剧表演来提高孩子综合素质的教育方法。孩子们可以扮演不同的角色，编织故事情节，这种创造性的活动激发了他们的创新思维和想象力。在戏剧表演中，孩子们需要站在舞台上，面对观众，这锻炼了他们的自信心和表达能力，成功的表演也增强了他们的自尊心。戏剧表演通常需要团队合作，孩子们需要协调动作、对白和表情，这培养了他们的团队合作能力和沟通技巧。通过戏剧表演，孩子们学会了如何清晰地表达自己的思想和情感，这对他们的语言表达能力有积极的影响。在实际的教育实践中，戏剧教育对孩子们的影响是显而易见的。我亲身体验了戏剧教育的魅力，我深信它对孩子们的成长具有积极的影响。

因此，我鼓励更多的教育者积极采用戏剧教育方法，为孩子们提供一个充满乐趣和学习机会的教育环境。在戏剧的舞台上，孩子们将不断发现自己的潜力，展现自己的光彩，为未来的成功奠定坚实的基础。

让戏剧助力学生精彩绽放

对于戏剧，我曾经望而却步，但真正走进它，我发现它有一种魔力，让你不自觉地亲近它！

一、亲近戏剧，体验别样的精彩

第一届戏剧节的时候，我们根据历史故事改编，孩子们自己深入了解故事文化背景，自己改编故事，自己创编剧本，自己设计服装道具，选择音乐，设计海报等，在这个过程中，学生的实践能力得到提高！我们班同学被越王勾践的忍辱负重所折服，共同确定班级的剧目为《卧薪尝胆》，而后孩子们自己设计服装造型，孩子们纷纷查找资料，观看视频等，因此更多地了解了当时社会的民生、经济等面貌，细致的排练过程，小到一句台词，一个道具，一个动作，一个表情，大到了解当时的社会背景，在这些仔细的雕琢下，孩子们真正走进了人物的内心世界，勾践的忍辱负重、胸怀大志，夫差的狂妄自大，范蠡的忠君护主等，孩子们通过接触戏剧，有了别样的体验。

在戏剧的舞台上，孩子们造型精美，道具精致，表演用心，呈现了精彩的演出效果，在舞台上自信，精彩地绽放光彩！但，这精彩的背后是怎样的付出呢？选择剧目，改编剧本，制作道具，选择音乐，编排舞蹈，设计造型，彩排训练等，同学们各司其职，尽心尽力，每一个细节都倾注了太多的心血和热情！不曾想到，他们会为了一句台词争论不休；不曾想到，他们会自己挤出时间来自发训练；不曾想到，大家演出结束，有一个默默打扫卫生、收好道具的身影，没错，他就是曹宇帅同学！更不曾想到，已经很晚了，老师还是能收到各种短信：有的说，老师，您看我这样制作服装行吗？有的说，老师，我觉得我家里的这个茶杯更适合做道具。有的说，老师，我觉得这句台词应该用这样的心情来说。有的说，老师，我找到的音乐合适吗？太多太多了，看着他们发来的一条条短信，看到他们自己亲手缝制的一件件针脚明明很丑陋却让人觉得那是最美好的服饰，感受着他们一颗颗为了集体而不遗余力的心，我真的被感动到了！就为了孩子们的这份真诚与热情，我还有什么理由不付出全部呢？正是因为这份集体的力量，孩子们才能在戏剧的舞台上找到新的自己！才能更深刻地感受到六2班这个家真好！

真诚地用心地去做一件事，你才会有意想不到的收获！孩子们用自己全部的热情，全部的努力去享受这个舞台！绽放自己！成就自己！遇见更好的自己！

二、感受戏剧，迸发无穷的力量

真正走进戏剧，才能感受到它的魅力！它对老师、对学生都产生了深刻的影响，激发了师生的能量！

第二届戏剧节，我们六年级各班尝试原创，我们鼓励孩子们原创剧本，孩子们原创的剧本并不是天马行空地写，而是根据发生在身边的事，包含生活的影子！六年级的学生面临毕业，因此他们创作的剧本大多会表现自己对母校，对老师，对同学依依不舍的情感，情动而辞发，字里行间流淌的都是学生最真实的情感，尽管他们创作的剧本还很稚嫩，却因为真实而显得那么可爱！对六年级的毕业生来说，即将离开母校，奔赴新的征程，通过戏剧对他们进行立志报国的教育与影响有着特别的意义。于是我们首先进行了剧本的创作，每个人都费尽心思，经常在一起研究剧本，最终根据发生在本班学生之间的事，进行了创作，故事真实有意义，我们根据聂李玉老师的故事进行了剧本的反复修改、切磋，最终形成《我的航天梦》的剧本创作，而后关于演员、服装、道具等都是在学生自主设计的基础上逐渐完善的，其中在关于“有点坏坏的”小飞的选角上，费了一番周折，刚开始试了几个演员，都不能把握人物的灵魂，把角色演活，我们便一次又一次地试戏，最终惊喜地发现我们班的唐佳林同学简直就是本色出演，这个角色就像为他量身定制的一样！在整个排练的过程中，我们几位老师各司其职，齐头并进，谁没课了，谁就参与排练，谁有新的灵感了，就赶紧修改完善，还参与了表演！孩子们更是爆发了自己的能量，一遍一遍地背台词，再修改，再背台词！精细化地排练，不辞辛苦！在这个过程中，参与到其中的每个人都迸发了自己最大的能量，因此才有了最后精彩的呈现！

戏剧，让我们体验了别样的精彩，迸发了无穷的力量！遇上戏剧，让我们收获美丽！戏剧，助力了学生精彩绽放！

第四章

戏剧论文

戏悦童年，美丽一生
——密云区檀营小学戏剧教育掠影

十九大报告对教育的要求中提到："要全面贯彻党的教育方针，落实立德树人根本任务，发展素质教育，推进教育公平，培养德智体美全面发展的社会主义建设者和接班人。"习近平总书记在2018年全国教育大会上特别强调要培养德智体美劳全面发展的社会主义建设者和接班人，就要把"综合协同育人"作为根本途径。新课程改革如火如荼，热词频出—— 核心素养、综合素养、学科穿越、实践创新等，揭示着新课改的核心是关注每个人智力、情感、社会性、物质性、艺术性、创造性与潜力的全面挖掘、全面培养。它强调面向全体儿童，致力于儿童的全面发展。

因此，我们认为，新课改背景下探索育人新模式，两点最为重要：一是要着眼于全体学生的全面发展；二是强调实施。

一、我们的思考

第一，新课改背景下探索育人新模式，必须着眼于全体学生的全面发展。

不"全"不足道，唯"全"才是真！全，包含三个含义：一是全体，即指每一名儿童，每一位学生；二是全面，即全面发展，和谐发展；三是全程，指关注整个过程，所有环节，所有细节。

第二，新课改背景下探索育人新模式，过程决定效果，实施亦课程！

进校参观，听学校汇报，如果只听做了什么，很多学校似乎大致相同；但若能看到、听到没做什么，便有可能发现相去甚远。其中一个重要原因，是实施有别。就像课程建设 = 课程结构 + 课程实施，课程实施是课程建设当中重要的一部分。没有好的实施，课程结构便是一具毫无意义的空壳。

戏剧教育，让我们找到了实现着眼于全体学生的全面发展的路径与策略。

二、我们的实践

（一）聚焦育德，依托综合实践，培育育人目标

教育的根本任务是立德树人，育德是关键。我校于 2018 年提炼出了新的发展阶段学校“谈赢”文化理论识别体系。明确了新的办学目标和育人目标，分别如下。

办学目标：让每个学生都精彩！

育人目标：培养拥有温暖的心和聪明的脑的现代人。

基于这样的目标，全校师生又一起梳理出了我校学生发展的六个核心素养：家国情怀、谈赢品质、健康体魄、自主内驱、合作能力、创新精神。如何实现立德树人？如何促进学校育人目标的落地？

我校制定了聚焦育德，依托综合实践，培育育人目标的戏剧教育实践思路。

1. 聚焦育德。学校的各项工作，最终目标是育德，戏剧也不例外。戏剧独特的教育性，就在于它不是简单的说教，不是老套的灌输，而是引发孩子们自己教育自己。在举国欢庆新中国成立 70 周年之际，各个地区各个单位都以“我和我的祖国”为题用不同形式表达着对祖国的热爱！檀营小学，则以戏剧的形式，各个年级以不同的主题，为祖国生日献礼，恭祝巨龙腾飞。孩子们参与整个活动过程，拿出自己的剧目，再观看其他同学的成果，那样的教育效果的确非同一般。六年级的学生面临毕业，又恰逢新中国 70 华诞。这时，通过戏剧对他们进行立志报国的教育与影响有着特别的意义。学校确定了以立志报国为主题，鼓励六年级各班结合自己的实际，进行原创剧本的编写。一个个感人的故事应运而生，《我的航天梦》代表六年级登上了学校戏剧专场的舞台。孩子们立志飞上蓝天、报效祖国的话语令全场振奋。

2. 依托综合实践。综合实践活动课程，最重要的意义在于给研究的意识与方法，科学的精神与品质以及灵活运用所学知识解决身边问题的能力。所以，这门课程的理念、方法与策略便非常可贵。我校开展戏剧教育，不是为了拿到一个个获奖证书，而是致力于学生在这个过程中学会学习、学会合作、学会做事、学会做人。

戏剧可以研究的点有很多，在《火童》剧中，哈尼族的文化、饮食、音乐、礼仪都可以成为我们一个小的研究主题。在后续的宣传活动中，宣传的形式、宣传的策划、宣传的制作，利用微视频、美篇等信息技术的宣传，每一个都可以结

合学生的年龄特点，做一个研究小主题。在接下来我们的戏剧综合实践活动中，戏剧剧目呈现是我们一个终极目标，但过程中的研究必不可少，制作一个个小主题的分解与研究才能让戏剧厚起来，培养学生的综合能力。

3. 培育育人目标。本学期，学校尝试将六个核心素养目标分散到六个年级，成为每个年级的教育重点。使六个素养的培育在学生六年的成长中，既融会贯通，又各有重点。而落实核心素养的课程之一，就是戏剧教育。年级素养的确定，需要本年级的戏剧，从剧本选择到组织排练，再到宣传展示、交流表彰等所有环节，都要紧紧围绕培育这个年级素养，让培育目标落点更实。

（二）激活教学，打破各样边界，推进课程改革

新一轮课程改革要求学科教学致力于培育学生的核心素养，格外强调“综合”与“实践”。戏剧教育以其强大的“教育性”“综合性”“实践性”，几近完美地带我们走进新课改。

1. 打破学科边界，实现各学科间的融合。

戏剧教育面向学生成长的德智体美劳各个方面，有利于促进学生的全面发展。各个学科都可以围绕戏剧教育开展有意义的适合不同年级的实践活动，有利于探索学科整合，开发校本课程，完善课程体系。年级剧目、班级剧目的完成，既需要各学科老师通力合作，又需要每个老师自觉整合。一个剧的完成过程，同时也是一个年级综合实践活动课程的实施过程。

2. 打破课堂边界，实现校内与校外的融合。

教师们 10% 的学科实践活动任务有了内容，学生的校外实践活动有了目标。一个剧本、一件道具、一幕背景、一首乐曲、一句台词，都自然能调动学生已有知识经验范畴，综合学生已有能力素养，引发学生向校外实践的自主探索。六年级同学共同确定班级的剧目为《卧薪尝胆》，需要孩子们自己设计服装造型。他们纷纷查找资料，走进图书室、博物馆，观看相关影视，了解当时社会的民生、经济等情形。这样的实践，让孩子们呈现出一出好戏的同时，更收获了别样的体验，留下了珍贵的财富。

3. 打破部门边界，实现部门之间的融合。学校各个部门，包括党建、工会、德育、教科研、家校、总务后勤等部门，都可以围绕戏剧教育找到推进本部门工作的结合点和发力点。我校已经举办两届戏剧节、一场专场演出。在这些活动中，明确各部门职责，提出合作具体要求，带动了学校各个部门之间的齐抓共管、通力合作。

（三）谋划融合，减轻师生负担，探索科学管理

这是我们学校坚守的八项管理举措。确保各项工作思路清晰、科学推进。

党建统领——全面贯彻党的教育方针，落实立德树人根本任务；

科学管理——带领教师完成从办学理念到办学行为的转化；

闹中守静——课堂教学改革是课程改革的关键；

坚持规律——特色建设必须以夯实基础为前提；

融合务实——研究工作之间的联系，整合推进，师生皆需减负；

教、育合一——学生的生活在哪里，德育工作就跟到哪里；

做真做实——让各项工作成为促进“实际获得”的需要；

赢在谋划——“一篇精讲”胜过“群文阅读”（课改不是事务的简单叠加）。

戏剧教育，是促进落实八项举措的美妙途径，而且一以贯之，毫不违和。时间关系，不能一一列举其中精彩，只单说第五——融合务实——研究工作之间的联系，整合推进，师生皆需减负。

课改，既要有保有守，又要迎变迎新；教育，既要全面综合，又要教书提质；学校，既有规定动作，又有自选动作。教师，既要教书育人，又要家庭幸福……如果没有很好的统筹规划，各项工作平铺乱码的后果，必定是教师自然苦不堪言，学生不堪重负。所以，课改不是新旧事物的简单叠加，各项工作之间必须整合推进。这是新课改背景下，学校科学管理的必须。戏剧教育，为我们打开了减轻师生负担、探索科学管理的一扇窗。

1. 将阅读表达工程与戏剧教育相融合。

阅读表达工程是密云区教委六大工程之一，阅读表达能力也是学生素养的重要组成部分。学校将阅读表达工程与戏剧教育相融合，贯穿一个学期，扎实培养学生的阅读表达能力。开学初，各年级根据规定书目组织学生购书、读书，孩子们边读书边感受、思考。读书之后，组织孩子们做读书交流。之后，就是孩子喜欢的戏剧教育了。各个班会集体讨论、确定书中最吸引他们的某个片段或情节，作为戏剧的内容并进行创编。戏剧的展示，就是孩子们交流读书收获的快乐方式。这样的交流展示，促使孩子们更爱读书、更会读书，也更加深刻、丰富了他们的读书收获。

2. 将民族团结教育与戏剧教育相融合。

檀营小学是一所民族小学，也是北京市第一批民族团结教育示范校。戏剧，让学校找到了另一条进行民族团结教育的途径。学校组织孩子们收集、学习各个

民族的文化习俗、民间故事、英勇人物、先进事迹等，再用戏剧的形式展现出来。仅仅一年，学校就已经有非常优秀的反映民族文化的戏剧5个，《猎人海力布》《马头琴的传说》《火童》等全部是获奖作品。孩子们在这个过程中，对各个民族的了解与热爱之情，愈加深刻。

3. 将德育主题活动与戏剧教育相融合。

德育部门每学期都有来自教委的各种各样的德育工作需要认真完成，戏剧是可以整合多项工作的教育载体。面临爱国教育、保护环境、节约意识、垃圾分类等几个工作，老师们认真研究，自编剧本，用编剧演剧的形式呈现，巧妙地用一个剧《垃圾分类，从我做起》，完成了多个教育任务，也达到了很好的教育效果。

其实，戏剧教育对多项工作的融合功能是巨大的，多个任务、多个主题、多项工作，都可以通过一个贴近实际的剧本、一个完整扎实的创作过程、一台共同交流的戏剧节目来完成。

（四）培训队伍，促进理念落地，提升师资水平

课程改革，归根结底是理念的更新。理念更新了，转化成教育教学实践又是重要课题。于是更新理念与行动转化互相影响，互相促进。聚焦人的发展的戏剧教育，一定能促进干部教师专业水平的整体提升。

1. 培训有主线，教师有需要。

因为戏剧教育项目的研究与推进，老师们在过程中的确遇到了很多问题：剧本怎么写？如何给学生分组？怎么指导表演？如何在戏剧教育中激发每个孩子的潜能？如何将年级教育主题用剧本呈现？等等。这时，引进专项的培训便成了老师们自下而上的需求。根据老师们的问题，结合戏剧教育推进的研究进程，学校每学期邀请专家或者组织老师外出学习，组织校内老师论坛分享等，就有了主线。老师们在这样的有针对性的系列化的培训之下，提升的不仅仅是来自戏剧方面的专业知识水平，更有全员育人以及综合育人的观念与认识。

2. 育人有新法，教师有惊喜。

戏剧教育的全程性，让老师们格外关注每一个学生，格外关注每一个学生的每一个细节。这样的关注，慢慢引发的是教师学生观、教育观的转变。面对学生，他们更有耐心、更有方法。这种观念体现在课堂上，就是更加灵活多样的教学策略，凸显寓教于乐的教育方式。尤其是戏剧教育这种形式本身，让老师们体验到了独特的教育效果。

3. 催生新课程，教师有发展。

因为对戏剧教育的研究，老师慢慢研发出了适合自己的个性化课程——演讲、剧本创作、表演、道具制作、海报宣传、戏曲、民族音乐等。这些课程的出现，极大地丰富了学校的自主课程体系。老师们有了自己的课程，又开始纷纷研发校本教材，展示个性化课堂。戏剧教育，正促进更多的教师走上自主发展之路。

三、我们的收获

一年的时间，我们已经小有收获。

去年，我校首次参加戏剧艺术节比赛，《猎人海力布》便获得区一等奖，北京市级银奖。今年，我校戏剧《马头琴的传说》获得区一等奖第一名，老师们相信明年参加市赛，一定会有更好的成绩。今年上半年，成功举办“戏悦童年爱中华”戏剧专场演出，得到与会领导、来宾和观看直播的家长们的一致好评。

与此同时，老师们的课堂、论文等开始因为戏剧教育而获奖。

学生们爱上了戏剧，期盼着戏剧。来学校的老师们都感慨于他们的变化。

我们相信，这只是个开始！戏剧教育，一定会迎来更丰硕的成果！用老师们的话说则是：“戏剧成就学生精彩人生，遇上戏剧，一生美丽！”

戏剧教育课程绽放学生精彩

教育的公平就是为每个学生提供发展的机会，让每个学生有发展的舞台、有实现自我的机会。我校本着新的办学目标，让每一个学生都精彩，在课程改革及“双减”的背景下探索育人新模式，着眼于学生全体、全面、全程发展。以戏剧教育作为学校教育的载体，开展戏剧教育课程，致力于学生全面发展，提升学生核心素养。

一、立足“双减”，构建多彩戏剧课程

“双减”政策指出的发展方向，是学生的健康全面发展，构建良好的教育生态，学校教育是主阵地。落实“双减”学校既要减负，也要促进学生全面发展。构建丰富多彩的戏剧课程，让学校找到了开展“双减”下全人教育的新途径。

（一）构建民族课程

作为一所民族小学，学校承载着传承民族文化、促进民族团结教育的使命，让学生在戏剧教育中潜移默化地接受民族教育，滋养民族情怀，是我们戏剧教育的魅力。立足民族校文化背景，挖掘民族特色和传承民族文化，开展以民族主题的戏剧剧目研究及编排课程。如蒙古族的《猎人海力布》《马头琴的故事》《太阳升起的时候》，哈尼族的《火童》，鄂温克族的《小狐狸》等。

（二）构建红色经典课程

追寻最亮的明星就是传承我们民族的精神，把英雄明星作为正能量的偶像去崇拜、去学习，对于学生的身心发展有着至关重要的作用。要想让英雄走进孩子的精神世界，就要借助课程落地生根。聚焦英雄人物开展《红岩》《赵一曼》《金色的鱼钩》《抗疫联线》《有义无疫》等剧目系列课程。这些课程通过言传身教、模仿示范、交互碰撞，潜移默化地传递、影响、教育学生，拓宽了学生的视野，发掘了学生的兴趣，培养了学生的艺术综合素养。

（三）构建德育课程

学校的各项工作，最终目标是育德，戏剧也不例外。一直以来，我校都在探索德育的有效途径，希望通过学生喜闻乐见的活动对学生进行润物无声的教育，而我校的戏剧课程成为一个有效的突破口。当德育遇上戏剧，会产生一种莫名其妙的作用，对学生的成长与发展会产生潜移默化的影响。以戏剧教育为主要教学手段，提升品格素养、人文素养、艺术素养的共同发展。

面对突出的德育问题，聚焦想要进行的德育活动，期初便把德育内容与戏剧课程相融合，结合学生年龄、学段特点，确定各年级戏剧课程的主题，一年级劳动最光荣，二年级珍惜水资源，三年级安全最重要，四年级垃圾来分类，五年级“爱国在心中”（民族英雄、冬奥运动），六年级“网络健康行”（网络道德教育和心理健康教育）。通过戏剧课程中的自主探究，使学生受到影响与教育。比如四年级的《垃圾分类从我做起》以它特有的魅力走进学生心里。聚焦垃圾分类的教育活动，我们用课程的方式开展系列研究活动，用戏剧的方式呈现最直观最深入人心的教育。

（四）构建“焦点”课程

在遇到重大活动时，会用戏剧的形式开展教育活动。比如在新中国70华诞之际，以戏剧的形式，各个年级以不同的主题，为祖国生日献礼。孩子们参与整个活动过程，拿出自己的剧目，再观看其他同学的成果，深入其中、亲身感受，对学生的教育则是耳濡目染的。其中，六年级的学生面临毕业，又恰逢新中国70华诞，通过戏剧对他们进行立志报国的教育与影响有着特别的意义。《我的航天梦》代表六年级登上了学校戏剧专场的舞台。孩子们立志飞上蓝天、报效祖国的话语令全场振奋。比如《我要戴上红领巾》结合密云水库建立60周年和入队仪式活动，以其特殊的方式庆祝学生入队，同时增强爱水、保水、护水的意识。再比如在建党百年之际，分年级开展戏剧献礼课程，即一、二年级榜样的力量（我学习）；三、四年级飘扬的党旗（我歌颂）；五、六年级我们的追寻（我践行），让党员故事在心中，让党史学习教育在心中，让追寻的足迹更坚定，树立正确的价值观。

二、学科融合，助力开展戏剧课程

戏剧教育面向学生成长的德智体美劳各个方面，有利于促进学生的全面发展。学生在参与戏剧活动中，从剧本编写、灯光舞美、服装道具到登台演出，不仅会涉及音乐、美术、舞蹈等艺术学科，连语文、数学、英语这样基础的知识性学科内容也能融入，各个学科都可以围绕戏剧教育开展有意义的促进学生素养提升的课程内容。

（一）与基础课程融合，开展戏剧课程

借助语文、英语课本中的故事、寓言、古诗等进行剧本改编。结合戏剧特点，拟定课程框架，在不同年级开展不同剧本创编活动，明确各年级的目标，开发具有序列性、递进性的课程内容，在剧本创编的课程设计上，从艺术形式、容量和场次、题材等角度进行设计，在此基础上选择相应的戏剧资源。比如低年级开展以儿童剧、童话剧为主的戏剧课程；中年级开展以成语、寓言为主的戏剧课程；高年级立足焦点、问题、实事开展原创剧目的戏剧课程。

借助数学学科开展理性严谨的研究活动课程，针对舞台的场地、舞台的走位、时间的计算、场地安排等进行方案设计与实地测量，让每一次舞台表演在严谨的研究下，以最佳的姿态呈现，以最动人的方式影响人。

（二）与艺术课程融合，开展戏剧课程

利用音乐、美术学科教学开展剧目欣赏，鼓励学生从舞美、灯光、音效、服装上进行探讨与交流，并借助学科知识，进行音效选择与编辑，服装道具的设计与制作，舞蹈的编排与肢体表达训练，让学生在践行中懂得用抽象的艺术作品呈现自己的想法。抛开学科知识不说，一个剧本、一件道具、一幕背景、一首乐曲、一句台词，都自然能调动学生已有知识经验范畴，综合学生已有能力及艺术素养，开展丰富的戏剧课程，从而提升学生的核心素养。

三、项目学习，扎实实施戏剧课程

戏剧教育以项目学习的形式作为一条主线，把各种展演形式作为公开展示的一种学习效果呈现，将戏剧课程项目化，以多种形式展演为最终呈现，与生活实际相结合，与知识的应用相联系，在具有真实性、挑战性、复杂性的任务情境中培育学生的核心素养。

我校借助综合实践课开展“以促进学生提升核心素养为目标”的戏剧实践课程，建立学校多层级的、科学完善的育人体系。为学生搭设了“五育并举、多科联动、修炼素养”的综合训练场。为了扎实推进课程实施，学校做顶层设计，

学期初由学校课程负责人拿出校级实施方案，并利用1—2周时间由年级主管带领年级教师开展年级实施方案的研讨，明确主题，细化任务，责任到人。固定时间、固定教师、固定主题，通过项目学习形式开展系列行动站：决定行动、实践行动（表演行动、展开行动、探究行动）、亮彩行动、明德行动确保课程有效实施。在每个行动站中都围绕终极目标开展系列课程，将总任务分解到剧本改编与创作、角色分析、舞美设计、道具制作、排演等“分任务”。这种形式有着地方文化、建筑、习俗的研究，有着人物性格、特点、习惯的分析，有着服装、道具的设计与制作，有着为了宣传策划的宣传行动，有着为了剧目改进进行的调查问卷，等等，每一个行动站都有着分解下的小主题，都有着学生不断研究不断分析问题、解决问题的实践活动课程。一次次研究行动让戏剧课程厚起来，让学生的综合能力得到提升。

在整个教学中，戏剧教育就像一辆列车，它终将驶向教学目标，但是在沿途中，学生会收获非常多的风景，这些风景恰恰是学生们的技能，比如沟通能力、倾听能力、团队协作、动手操作能力等，他们在此过程中不仅提升综合素养，更加收获快乐。

教育是内容，戏剧是形式；教育是核心，戏剧是载体。戏剧教育课程的有效实施，实现教育目标让每一个学生都精彩。

关注戏剧教育，推动美育发展

——密云区中小学戏剧教育发展的几点思考

中共中央办公厅、国务院办公厅于2020年10月15日下发的《关于全面加强和改进新时代学校美育工作的意见》指出，“义务教育阶段学校在开设音乐、美术课程的基础上，有条件的要增设舞蹈、戏剧、戏曲等地方课程”。戏剧作为一种综合性艺术，在美育领域内一直占据着独一无二的地位。当戏剧与教育相结合，戏剧教育受到越来越多的青睐。伴随着“双减”政策的逐渐落实和实施以及2022年新课程标准中将戏剧教育纳入基础教育中等一系列政策的出台，再次将艺术教育推上一个新高点。

近几年，密云区十分重视戏剧教育工作，但是此项工作起步晚，戏剧教育水平低，为推动密云区中小学美育发展，我们也在提升密云区中小学戏剧教育水平方面进行了探索和实践。

一、密云区中小学戏剧教育发展现状分析

密云区共有51所中小学校，小学29所、初中18所、高中4所。29所小学中，密云六小、檀营小学作为戏剧特色学校，学生对戏剧有深入的学习和实践，除此之外，还有15所小学开设戏剧社团，每个社团参与学生15—30名，表演经验只限于参加校级和区级戏剧展演；18所中学中，参与区级戏剧展演的学校占80%的比例，密云三中、密云五中两所学校是其中开展戏剧教育较好的学校，学生们在学校里参加戏剧团，连续参加过校园戏剧节及区级、市级戏剧等展演，有一定的戏剧基础；4所高中校，每所学校都有戏剧社团，其中首都师范大学附属密云学校是戏剧特色学校，其他三所学校每年定期举办戏剧节。

二、密云区中小学戏剧教育发展存在的问题

通过调查发现，密云区戏剧教育水平不高，所存在的问题有以下几点。

（一）师资力量薄弱

目前密云区从事戏剧教育活动的教师基本上是喜爱和热爱戏剧的各学科教师，都不是戏剧教育专业，全区 20% 的戏剧教育教师接触过一些戏剧教学培训，80% 的教师没有参加过专业培训。因此，在教学过程中，也只是进行简单的戏剧编排，现有的师资队伍难以对戏剧教育提供深入的支持。

（二）缺少课程建设

课程建设对戏剧教育发展的影响是很大的。目前密云区还没有统一的、系统的戏剧课程，还没有 100% 做到戏剧教育进学校，又因为没有专业的教师，因此戏剧教育课程十分缺乏。

（三）展示平台单一

大多数中小学校都缺乏良好的戏剧艺术展示平台，因为学校条件有限，最常见的展示就是校内艺术节活动展示，展示平台单一，不够丰富。这也成为制约戏剧教育发展的重要因素之一。因此，为学生们拓展更多、更好的展示平台是很重要的。

（四）缺乏奖励机制

目前很多学校没有重视戏剧教育工作，原因之一就是缺乏相应的奖励机制，没有最大限度地激发教师的工作积极性，区级教委应出台合理、科学的奖励方案，调动学校及学生的参与积极性。

三、提升密云区中小学戏剧教育水平的几点思考

依据密云区中小学戏剧教育发展的现状，为了能够进一步推动全区戏剧教育的发展，总结出适合密云区戏剧教育水平提升的几点有效策略。

（一）加强师资力量，保障戏剧教育质量

目前，密云区的戏剧教育教师，多半由语文教师、综合实践教师、班主任或者音乐教师担任。各科老师只擅长自己的专业，不能做到全面综合指导，因此，亟须增强专业的师资力量，建设良好的专业教师队伍是实施戏剧教育的重要保障，才能更好地发展戏剧教育。

1. 引进戏剧教育专业教师。目前北京市开设戏剧教育相关专业的高校只有中央戏剧学院戏剧教育系戏剧教育专业，每年招生 40 人左右。我们要抓住这个来源，为本区青少年宫校外机构及戏剧教育特色领衔学校引进戏剧专业教师，让一部分中小学校的戏剧教育先发展起来。

2. 加强现有戏剧教育教师的系统培训。一是提供专业知识资源，教师进行自主学习；二是聘请专家进行线上线下培训和实践指导；三是带领教师走出去，开阔眼界、增长见识、开拓创新。

（二）完善课程建设，推动戏剧教育发展

一个完整的课程体系是推动戏剧教育发展的重要因素。经过四年的戏剧教育探索，适合密云区的戏剧教育课程可以从以下三方面进行构建。

1. 以学生为主体，构建适合学生特点的阶梯形课程。阶梯形的课程可以按照 1—2 年级、3—4 年级、5—6 年级、7—9 年级、高中五个阶段来设置，采取循序渐进的方法，内容层层深入，目标步步高升，这样更容易让学生接受。

2. 构建有主题的戏剧教育课程。主题教育对于学生来说，是很好的也是很有成效的一种教育活动。戏剧教育完全可以设置不同主题来进行课程安排。以密云区檀营小学为例，他们以年级为单位，结合学生年龄、学段特点，制定各年级戏剧课程，一年级劳动最光荣，二年级珍惜水资源，三年级安全最重要，四年级垃圾来分类，五年级“爱国在心中”（民族英雄、冬奥运动），六年级“网络健康行”（网络道德教育和心理健康教育）。这样主题式的课程安排适合所有的学校，可以效仿进行本校的主题课程构建。

3. 聚焦社会热点，构建焦点课程。如新中国 70 华诞、建党百年、密云水库建立 60 周年、建团百年、传统节日等，都可以提前做好计划，设置成戏剧教育课程。

（三）搭建多样平台，丰富戏剧展示模式

一个地区，戏剧教育发展水平的高低程度，有好的展示平台是很重要的。针对密云区实际情况，可以从校级、区级、市级三个层面创建展示平台。

1. 校级平台，重在普及。密云区中小学中，有 8 所中小学校设置“戏剧节”，每学年都开展一次，其他学校还不能全面实施。这就需要校领导重视起来，为学生个性发展搭建平台，如借助节日、纪念日等，开展展演或者比赛活动，让更多的学生接触戏剧，接受戏剧教育。

2. 区级平台，重在发展。一是在校级平台的基础上，推选高质量戏剧作品进

行区级展示，比如开展学生艺术节、戏剧展演等。二是搭建社区平台，利用优质资源，走进社区，进行展示。三是建立区域联动校，进行校与校之间的交流和展示，共同探究，共同进步。

3. 市级平台，重在提升。密云区每年组织优秀的戏剧节目参加市级艺术节展演或者区域联盟组织展演等，让更多的孩子走出去，开阔眼界、增长知识，为更好地发展密云区的戏剧教育创设机会。

（四）设置奖励机制，促进戏剧教育开展

为了促进学校及广大师生积极开展、参与戏剧教育活动，制定合理、科学的奖励机制是必不可少的。奖励机制设立为竞赛类和活动类，两种类别中分别设置集体奖项和个人奖项，具体设置如下。

1. 竞赛类：依据各级别竞赛类的活动，按照获奖等级金奖、银奖、铜奖分别颁发集体奖项和个人奖项。

2. 活动类：除参与各级比赛外，学校内组织的戏剧教育活动以及参与区级和市级戏剧教育活动等，根据组织机构的要求，上交符合活动要求的材料，依据材料进行分数评价，分为优秀、合格、不合格三个等级，对优秀级别的学校颁发集体奖项和个人奖项。

以上是对密云区中小学戏剧教育发展的一些见解，教育在不断发展，在今后的戏剧教育实践中，还会继续探究出更好的提升戏剧教育水平的方法，期待我们密云区中小学的戏剧教育绽放更加艳丽的花朵，为美育发展做出应尽的贡献。

开戏剧教育之花，结学生成长之果

戏剧教育就是运用戏剧与剧场的技巧，从事学校课程教学的一种方式。它促使参与者在彼此互动的关系中发挥想象、表达思想，在实作中学习，以期使学习者获得美感经验，增进智能和生活技能。简单地说，就是运用戏剧因素进行教育的一种新思想。把“戏剧教育”引入校园，对学生健康全面的成长具有独特的作用。

一、“戏剧教育”实现与德育的完美契合

戏剧教育是一种集德、智、体、美育目标于一体的综合有效的教育模式，对培养受教育者健全的世界观、价值观和人格，全面开发心智，全方位培养能力具有独特的价值。

（一）主题与德育目标自然融合，教育效果更有保障

戏剧教育的主题、内容的可操作性极强，完成可以根据德育工作的需要进行选择。我们完全可以在加强和改进学校德育工作的背景下，把戏剧教育纳入德育新体系当中，成为学校德育的一种新形式。把戏剧教育的主题与德育的主题教育自然融合在一起。也可以说“学生需要在哪方面受到教育，我们就选择哪个方面的戏剧教育”。如孝悌和感恩教育，我们就选择《小蝌蚪找妈妈》《沉香救母》这样的戏剧教育；爱国主义和革命传统教育，我们就选择《闪闪红星》《穆桂英挂帅》……凡此种种，班级也可根据学生的特点，在学校整体德育的框架下，有针对性地选择剧目，帮助学生获得最有价值的精神营养。

（二）人物触发学生的情感体验，使德育深入人心

戏剧教育的特点使学生在参与过程中能够进行自觉的反省和体验，教育形式更加吸引学生，摆脱枯燥的说教，让学生在轻松愉快的氛围里辨别是非。作为一种艺术形式，戏剧教育离不开人物、故事、情节。在把剧本“变成”剧目表演的过程中，学生受到的教育会步步深入、深刻。首先，在研读剧本的过程中，学

生必然会对剧中人物和整体故事情节进行初步的了解，形成简单道德判断，知道善恶美丑。其次，老师也会依据剧本和表演的需要，组织学生对剧中人物、故事情节进行分析和讨论，这样一来，学生在教师的引领下，对剧中人物的性格、品质，故事的主旨思想会形成比较深刻的认识。最后，表演和欣赏过程中的再创作，不仅培养了学生的审美品位，更重要的是影响着他们的价值取向，这是戏剧教育非常重要的一个环节。

（三）情节引导学生情感体验，建立戏剧与生活的联系

故事情节的发展变化是学生感悟提升的引导者，学生的情感会随情节的发展而发展。戏剧教育文不是单纯的文艺活动，更不是娱乐性的文体活动，而是要通过剧情的发展，引导学生思考问题，感受各种情感。学生会在戏剧这个虚构的世界里，探索和检验自己的想法，培养他们对真实世界的认识。借用戏剧的表现形式积极地表达自己内心的想法。在这个虚拟的领域里，学生们却能深刻地、真实地感受到世界，体验到快乐，这也是其他教育方式无法替代的。在《沉香救母》中，故事的情节变化分为三个阶段，即发誓救母、刻苦学艺、劈山救母。学生的情感变化在此引领下也逐渐发生了变化：从对沉香失去母爱的同情，到对他斗恶救母的钦佩；从关心沉香一家人的命运，到对为什么会有这样命运的思考。

二、“戏剧教育”填充了综合实践活动课程的内容

现在各学校开展的综合实践活动内容的选择和组织形式各有不同，戏剧教育和综合实践活动联合开展将为学校的教育教学工作带来新的发展契机。

（一）戏剧教育艺术手段构成是多样的，操作过程具有群体性的特点

我们可以将其划分为以下几种组织形式。

1. 组织全体学生参加的戏剧欣赏活动。

根据我们班的剧目《沉香救母》内容和学生已有的审美水平，我组织同学们欣赏了京剧《宝莲灯》、话剧《西望长安》，学生对课本剧《沉香救母》有了更深刻的认识，特别是欣赏了话剧之后，同学们对舞台表演也有了自己的理解，对生活与艺术的区别和联系有了简单的认识，这对提高表演的效果非常有帮助。

2. 以课本剧和翻拍中外名剧表演为主要目标的戏剧表演活动。

在众多的戏剧形式中，课本剧和校园剧无疑是最容易组织开展的戏剧表演活动。课本剧和校园剧具备以下特点。（1）它对学生的专业要求非常低，不需要

特殊的训练，人人都能参与。（2）它贴近学生的学习和生活，课本剧来源于学生的学习内容，校园剧就是发生在同学身边的事。（3）它对物质条件依赖低，比较容易得到满足，有些东西学生能够自行解决。（4）它便于全员参与，每名同学都能找到自己适宜的任务。（5）它可以凝聚人心，建设团结、和谐的班级和校园文化。（6）在课本剧和校园戏剧活动里，学生们能够尽情发挥，张扬个性，品味艺术的魅力。（7）通过课本剧和校园剧的开展，孩子们特有的那种旺盛的精力也将在老师的指导下得到利用。

3. 围绕戏剧表演，拓展学习的领域，提升学生的综合技能。

凡是与剧目有联系的知识和领域，或是表演需要的，都可列入我们综合实践活动之中。我们教师要做的就是要打开思路，跳出学科的限制，一切以学生成长需要为目的。比如在排演《沉香救母》的过程中，我们班开展了如下几方面的综合实践活动：（1）搜集整理和交流我国古代的神话传说。（2）（沉香救母传说最早出现在宋代）了解宋代的历史，知道当时的大事件。（3）了解宋代服饰特点，为剧中人物设计服装。（4）认识古代乐器，设计制作剧中人物的乐器。（5）了解宋代的音乐、画作的特点，完成配乐和选择背景的任务。总之，围绕着剧目开展的综合实践活动形式新颖、目标明确，学生参与积极性非常高，成效显著。

（二）以戏剧教育为中心的综合实践活动组织严谨，形式灵活

综合实践活动是深受同学们热爱的课程，但就现在开展的综合实践活动来看，形式还是比较单一的，大多数综合实践活动都是要求同学们完成同样的学习任务，而且同学们大多是独立完成，缺少群体性的中心目标。

而以戏剧教育为中心的综合实践活动则是把终极目标（剧目演出）分化成各个具体的小任务，再由几个学生小组承担和完成，这样每名学生的完成情况都将关系到整个剧目的准备进度和最终的表演效果。我们班在剧目排演和准备的过程中，所有的学生都参与进来，我把学生分成小组，都为终极目标贡献力量。比如导演组，筹划组、演员组、美工组、道具组、音乐组、剧务组等。这样无疑会增强学生的责任感，而且在完成任务的过程中，他们的合作能力、人际交往能力都会得到锻炼和提高。

（三）以戏剧教育为中心的综合实践活动收获丰富，成效显著

戏剧教育丰富了综合实践活动的内容，拓展了学生学习的领域，势必能使学生学到更多的知识。这样的组织形式真正让综合实践活动做到了“综合”“实践”“活动”，让综合实践活动充满乐趣和激情。戏剧教育恰恰做到了这一点，

表演者通过扮演角色，用自己的情感、经验、知识丰满剧中人物，获得在生活中不可能得到的独特的情感体验。在戏剧表演中重识自己，获得成长。学生在观看戏剧表演时不仅受到了内容的教育，还会受到表演形式的感染。表演前的准备过程是一个集思广益的过程，学生们一起运用展开想象，力求把心中构想出来的情景、形象在舞台上呈现出来，最终的表演是所有参与者智慧和汗水的结晶，同学们因此会格外珍视。戏剧创造了学生与学生、学生与老师之间交流、沟通、学习的机会，提高了社交能力，让他们运用自己的经验将课程知识与生活结合起来，从而提高了学习效率。

三、戏剧教育推动学生的成长，帮助学生形成健全的人格

这是开展戏剧教育最重要的意义，因为学校和教师的一切工作都是为了学生的健康成长。学生的天性使然，他们在参与戏剧教育活动时兴趣高昂，态度积极，从早期的准备到后面的表演，以及相关的综合实践活动中，培养和提高了他们的语言表达能力、合作沟通能力、动手操作能力。作为戏剧教育活动中最大的群体——观众，在观看过程中，会自然地把剧情与自己的生活联系起来，把剧中人物与身边的人或自己联系起来，这种关联，触动了学生内心世界，教育的深刻性可想而知。

总之，戏剧触动学生的情感，刺激思维，寓学习于娱乐。学生在编、研、导、排、演、展等戏剧教育活动中增强学习的兴趣，促进学习主动性，有效提高自身的想象和审美等综合素质，提升表达、合作、探究和创造等多种能力。戏剧教育的重点不在故事戏剧化或扮演戏剧，而是在于如何引导学生进入学习主题的情景之中，让他们在其中去探究更多的有关内容。戏剧教育的重点在于全员参与，从感受中领略知识的意蕴，从相互交流中发现可能性、创造新意义。戏剧教育满足学生发展的多元需求，在教学领域的开发与实施意义深远：提升学生的表达能力，培养学生团队合作精神，强化学生的社会意识，培养健全的人格。

戏剧，点亮生活，美丽心灵

一、初识戏剧，播种美好

初次听到刘燕君校长的《遇上戏剧，遇上了美丽》讲座，初识“戏剧教育”即以戏剧教育形式，培养人格，处处流露着教育的智慧。

参与到“戏剧”活动中的每个人亲历了这个反复打磨、团结协作的过程，以“戏剧”为载体，用戏剧精神来教育，这就是其最为独特的魅力。“戏剧教育”就像一粒美好的种子，在心底悄然生根、发芽……

二、走近戏剧，再现经典

在戏剧综合实践课上，在阅读经典书目中汲取着文学的营养，将一个个经典故事重获“生命力”！

（一）潜心读书，改编剧本

精选《中华上下五千年》这本经典著作，感受祖国文化的博大精深。整本书以导读课开展，激发学生的阅读兴趣，感受历史人物身上独有的英雄气概，感受人物丰富的内心世界，透过文字感受故事的一波三折……

这些细读文本的努力在为后面精选戏剧故事、尝试创编剧本、人物的舞台表演做出较为充分的准备。

戏剧故事表演1

戏剧故事表演2

借助读书交流会这个平台，让学生分享读书的点滴启发，对书中的人物有了全面的认识和评价，对于经典故事有了较为深入的研读。就这样师生共同学习如何改编剧本，学生用心参与，了解剧本独特的呈现形式。揣摩和体会人物的内心感受，改编人物台词。结合故事情景，设计演员的肢体动作、人物神态等细节之处。最终班级剧目定为经典故事《将相和——负荆请罪》。

师生共同亲历了这个过程，给经典故事生动演绎、鲜活呈现做出了充分的准备。

（二）小组分工，各显其能

戏剧综合实践课上学生参与热情高涨！小组分工，异常兴奋！那份难以抑制的兴奋过后，就是全身心地投入！宣传组正策划着如何绘制海报！忙得不亦乐乎！

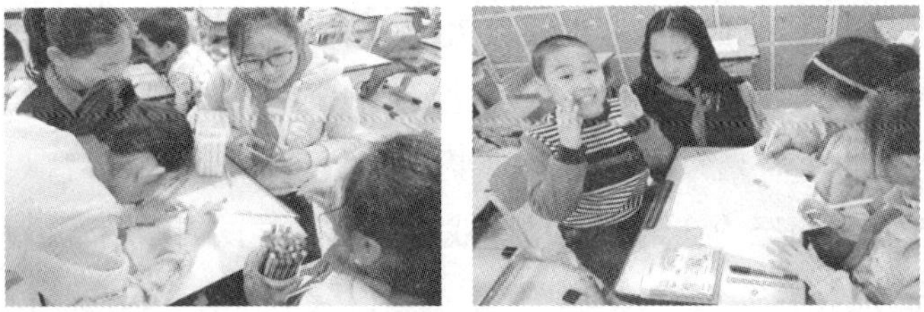

戏剧综合实践课

表演组正在细细地研读班级剧本，演员在小师傅的指导下，万分投入地体会人物性格特点，角色的切换，入情入境地练习，感动着我……小组分工，发挥学生的特长，参与的过程正是体现“戏剧教育”育人的魅力。同学间学会了互相谦让，学会了包容，更学会了团结一心。每个学生都在自己的位置上，发挥着自己的那份“光”和“热”，更好地展示自己身上独有的魅力，获得成长的自信！

（三）搭建舞台，悄然绽放

班级的表演组经过几轮的排演、打磨，在班中利用综合实践课搭建表演舞台。前期准备的道具、背景设计、宣传海报、配乐准备……各个组的同学尽情施展他们的才华！当表演组同学台上展示时，其他组的同学会坐在台下认真欣赏，及时提出中肯的建议，边排练，边打磨，每个人都在为班级剧目付出自己的那份宝贵的力量。

就这样，我们享受着戏剧带来成长的那份欣喜与美好。

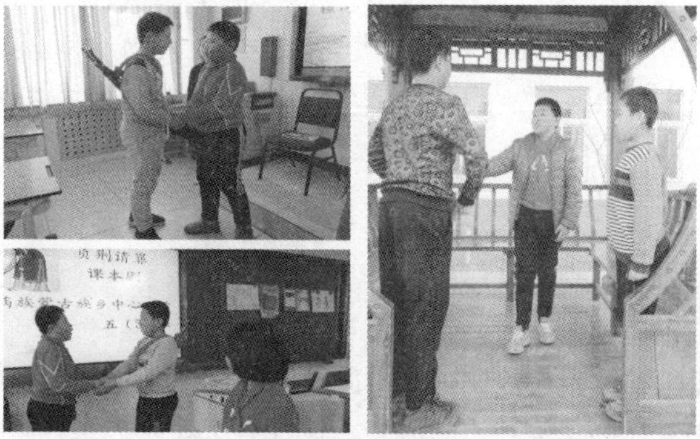

在班中搭建表演舞台

在校级第一届戏剧节上，为孩子们搭建了更大的展示平台。孩子的展演虽略显稚嫩、羞涩，但这样的一次大胆尝试，见证了他们那份美好的蜕变！

校级表演舞台

（四）主题阅读，重温经典

在完成班级的第一个戏剧作品——《将相和——负荆请罪》后，我们收获了戏剧教育带给我们的成就感与前行的动力！于是，在后续的戏剧综合实践课程中，我们再次捧起书籍，阅读经典，根据文学作品以及历史史实创编剧本，曾尝试排演经典故事《三顾茅庐》《青梅煮酒论英雄》以及红色教育主题剧目——《赵一曼》《红岩——红梅赞》等，走进人物故事，揣摩人物内心，感受其人物品格，在一次次创编、排演以及反思中成长！

戏剧的舞台呈现细节需要精雕细琢，要有情节的冲突，这些对剧本创编提出颇为严格的要求。舞台排演时，更应关注演员的眼神、动作、舞台站位、走位这些表演细节，表演人物应该走进其内心，让人物能说出自己真实的话。一个回合一个回合地对话、打磨，将生活中的故事艺术呈现出来，精益求精，育人育心。

三、创编戏剧，返璞归真

在马彦伟老师的《走近戏剧美妙的世界》专题讲座以后，让我对戏剧这门综合艺术有了更为真切的认识。戏剧最为可贵的是它源于生活，是真实生活的艺术呈现。

戏剧的核心组成部分包含剧本和演员表演，整个戏剧舞台应呈现的是——活生生的人现场演给活生生的观众，引发共鸣，带来审美的愉悦。

因此，原创剧本创编的珍贵之处也随之凸显。原创剧本来源于学生的生活，更加真实，学生的角色内心的体会更加真切，舞台呈现就更加自然、亲切，这样就不会有台词腔的困扰，这将是真实情感的自然流淌！

（一）真情阅读，捕捉美好

我和孩子们就一同踏上了原创戏剧的这条探索之路。一本《城南旧事》，一段充满善良、纯真而美好的童年岁月，成为林海音心中最美好的回忆，于阅读中，我与孩子们一同触碰到了小英子那颗善良的心，也感受到了周围的人对小英子的爱，徜徉于文字中，我们与小英子一同长大！

就这样，孩子们拿起手中的笔，纷纷动情地写下了自己成长过程中的难忘故事。那一篇篇随笔，或传递着满心的欣喜，或是挥洒着满满的幸福，抑或是承载着满满的感动与温馨……这些饱含真情的故事，这样真实的成长历程，串成了孩子们五彩的童年！为创编原创剧本做了充分的准备！

因为，我们想要演一台属于我们自己的、真实且美好的原创剧目，将美好的点滴在每个人的心中永远定格！是戏剧给这些回忆注入生命与活力！

在大家的随笔中，有好几位同学写到了我们班开展的两次特殊的班会，经简单的商议，大家达成共识，将班级的戏剧定为《特别的爱给特别的她（他）》，将我们对这两位同学的那份特殊的关爱与呵护的美好通过戏剧的方式展示，让那份触及心底的感动与美好在舞台上鲜活再现。

（二）分工合作，共绘美好

班级原创剧本素材的确定，班级里各个小组活动便热火朝天地开展了起来。

创作剧本

剧本组的同学分组撰写这两个故事的剧本，看着剧本组的同学们围坐在一起细心地讨论着剧本中的细节，一次又一次地打磨剧本，凝聚着他们无尽的汗水。对于参与展演的每一个角色的确立，每句台词的定夺，每一个动作和表情都在紧张、激烈地有条不紊地进行着……一个个细微的表情孩子们都会在那儿用心回忆、精心设计。

打磨剧本

打磨剧本（续）

道具组、宣传组也不甘示弱，一张张精美的海报设计，为班级的原创戏剧填上了一抹亮丽的色彩！大家互帮互助，只为共同的目标而努力！渐渐地，开展戏剧的综合实践课成了我和孩子们所期待、所向往的美好时刻了！

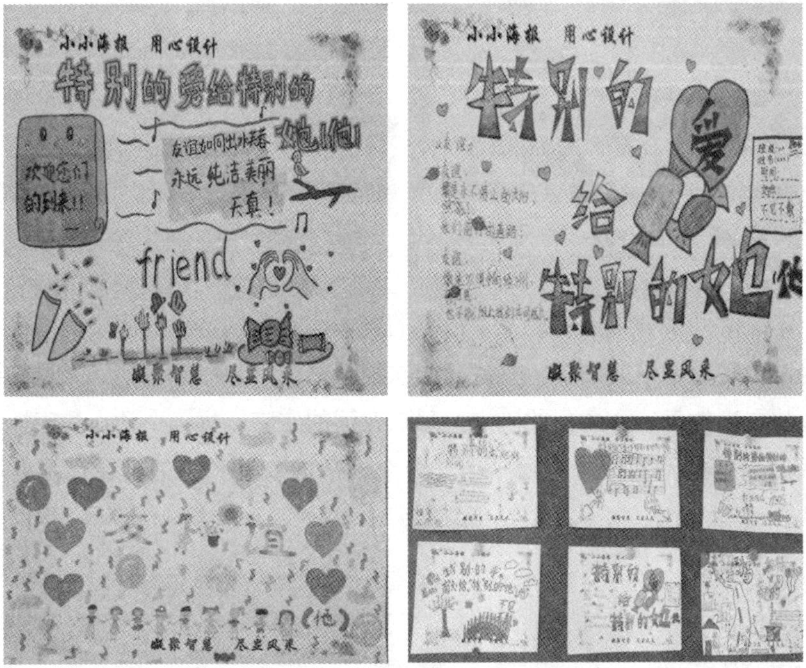

设计海报

表演组的孩子们更是用心，为了将班级的故事动情地展现，孩子们用心地排练，每句台词都用心揣摩，将那一个个感人的班会真实再现。幕后的导演更是辛苦，演员的舞台站位，哪怕是一个细微的动作都会走上前去给予指导。各个组的同学尽情施展他们的才华！当表演组同学台上展示时，其他组的同学会坐在台下认真欣赏，及时提出中肯的建议，边排练，边打磨，每个人都在为班级剧目付出自己那份宝贵的力量。

孩子们用心排练

为此，剧本组的同学组建了剧本群，群主张凯熙还精心设计了演出背景课件，班级里的幕后工作者们积极搜集和下载音乐互通有无。

赵文祺牵头为戏剧演出还专门写了一首原创诗歌《友谊》，组员们一同修改，尽显共同的智慧。

为了展现这一台我们专属的原创戏剧付出了辛勤的汗水，我看在眼里，记在心上，为这群可爱的孩子们的成长双手点赞！

（三）全情排演，再现美好

都说“功夫不负有心人”，在综合实践课上，我们反复排演、关注细节，一次又一次地打磨，终于迎来了我校第二届戏剧节。以欢乐周的年级展示为契机，给他们搭建了更大的舞台。虽然孩子们的展演虽略显稚嫩、羞涩，但饱含真情，真实地将班中的温暖人心的故事一一演绎，打动人心。正是这学期原创戏剧的创编之路，历练了我们，在克服了一个又一个困难过后，每个人都收获了蜕变后的那份美好！

综合实践课上反复排演

（四）真情创编，再续美好

创编原创戏剧，就是在用鲜活、朴素的戏剧形式，将真实的成长滋味儿记录，谱写出孩子们多彩的童年。在随后的日子里，留心生活的孩子们又创编了《垃圾分类我先行》《友谊》等剧目，将我们的最平凡生活中的美好捕捉。原创戏剧，就像一盏柔和温暖的灯，将生活点亮，再续那份美好！

四、乐享戏剧，美丽心灵

走在戏剧之路上，渐渐地，我欣喜地发现我们师生的心会变得更加细腻，更加阳光！我们往往会因为一朵花的绽放而欣喜，因为一片叶变绿而拍手欢呼，因为一个个笋芽而破土而出而痴痴地俯身端详……我们会不由得拿起笔，将那一份份美好轻轻谱写！

感谢戏剧，擦亮了我们的双眼，指引着我们发现更多生命的色彩……

感谢戏剧，美丽了我们的心灵，引领我们用心去热爱、去珍惜生活中的每一个人、每一段故事、每一份真情……

戏剧教育融入小学英语课堂

小学戏剧教育在我校得到广泛的开展，它是一种新的教学形式，它给课堂带来了许多积极的影响。受其影响，笔者一直思索是否可以将戏剧教育这一新的形式引入小学英语课堂中。下面，笔者结合“戏剧教育融入小学英语课堂”的尝试谈一谈看法。

一、戏剧教育的特点

戏剧教育以其独特、新颖的教学方法受到了广大教育工作者的青睐。调查显示，很多学生都喜欢具有学习形式并富有教育意义的戏剧教学。戏剧教育重视通过营造一个具有真情实感的学习氛围，培养学生的学习兴趣和自主学习能力。由于戏剧教育强调学生的情感体验，因而学生能够在情境中更好地学习和感知课文知识，进而培养认知能力、语言能力、交际能力等。这种戏剧式的交互性学习，能使学生在与他人的交流过程中感受到快乐和幸福，还能使学生提高与人交流沟通的能力。小学英语课程标准强调培养学生的语用能力，但如今的教学现状是学生普遍缺乏学习外语的语言环境，导致学生不能很好地掌握英语语言的规律。结合戏剧教育的特点，笔者认为，在小学英语课堂上运用戏剧教育能营造良好的学习氛围，更好地实现小学英语课程标准中提出的教育目标。

二、戏剧教育在小学英语课堂中的应用

（一）“四步”教学法让学生迅速进入学习状态

学习兴趣对于小学生学习英语具有良好的推动作用。传统教学方法中的“满堂灌”难以调动学生的学习兴趣，而戏剧教育则能很好地弥补传统教学中的这一缺陷和不足，它能有效地激发学生的学习兴趣，使学生获得学习的愉悦感。要想在小学英语课堂上运用戏剧教育，首先需要教师想方设法将英语内容转换成有助于实施儿童戏剧教育活动的学习形式，使学生产生表演戏剧的欲望，从而调动学

习的积极性。

以人教版小学英语二年级上册 Unit 2 People around me Lesson 3 Play with my friends（课文故事）为例，本着 Learning by doing 的理念，笔者逐步引导学生正确朗读并表演故事。如何引导学生结合课文故事情节展开表演活动呢？笔者是这样考虑的：通过听一听、猜一猜、说一说、读一读、小组合作等形式让学生对“Play with my friends”这个话题有一个综合的认识，并通过课文学习可以自信地表达自己能演什么，能声情并茂地用戏剧方式表演故事。学生在场景中自然、灵活地进行交际，自然而然地运用所学知识。具体而言，在英语教学中引导学生进入“戏剧状态”，我们需要从以下四个步骤做起。

第一步，引入课文故事情节。①暖身活动。通过游戏“I say, you do”热身、复习与操练故事中出现的词汇。教师说单词，学生做出动作，操练故事中出现的关键词汇，如 rabbit, duck, friend, boy, man, monkey, tiger 等。②用“故事棒”引入故事。通过本环节训练学生听懂故事并做出相应动作的能力，教师每说一句话，就用故事棒去敲一下鼓，告诉学生需要多少人扮演句子中的什么角色。学生自愿上台扮演相应的角色。指导教师讲完故事并敲鼓三下，说“one, two, three”，学生一边回应“three, two, one”，一边快速回到原座位上。③教师入戏，迁移创新，引入学生生活。通过教师入戏，引导学生学会关心身边的人，学会与他人和谐、友爱相处的意识。

第二步，以故事为基本创作戏剧。为了训练学生的团队合作能力、想象力和用英语创编故事的能力，教师让学生分组模仿课文，创设出一个个情景编写短剧。短剧的内容可以是简单模仿课文，也可以自由发挥，自由换角色，自由编结局。让学生编写短剧时考虑如下内容：时间、地点、人物、起因、经过、结果等。故事要素可以简单列表，也可以通过思维导图来列出。例如，When: one afternoon. Where: in the forest. Who: rabbit, duck elephant. What: What is it? I can’t see it clearly. How: rabbit and duck find the “monster” is the elephant. Soon they are happy. 让小组成员根据自己的喜好确定角色扮演、设计语言、创设情境。

第三步，分角色表演。让学生在真实的情境中使用所学的单词和句型讲故事、说台词。①学生 4 个人一个小组分角色扮演故事中的人物，其中 3 个人分别扮演 rabbit, duck and elephant. 每组再设一个旁白。教师到各组提醒技巧。②由一名学生说出戏剧情境，如“Look! There are a duck and a rabbit in the forest. What are they doing ?”角色出场：Hello, rabbit. Hi, duck. 随后两个角色入场说话：Who is he ? Is he a boy? Is he a man? Is he a tiger? ... 教师也可以在课程开始前指导学生用小动物害怕的语气强调句式，以达到强化教学效果的目的。

第四步，总结和反思表演过程。在分角色表演结束后，教师要引导学生总结和反思，以判断表演是否达到了预期的效果。一旦学生的心理活动过程在戏剧教育中变成了现实，学生就会愉快地参与到教学活动中。在戏剧教育的作用下，学生学习英语的方式与传统的死记硬背完全不同，不仅学习变得主动、自主了，人也变得积极、有热情了。久而久之，用英语表达自己的想法就会成为学生一种条件反射性的行为。

（二）借剧中之戏实施教育

在戏剧教育中，我们要点拨学生根据自己的兴趣爱好和性格特点等来表达自己的想法。在戏剧教育的视角下，这些表达形式都是呈现英语学习内容和知识点的重要载体。如本文前面所列举的“Is he a boy? Is he a man? Is he a tiger?”这一句式，学生看似在做机械的重复和猜测，实际上要提出这样的问题却需要情境的衬托。教师给学生设计的就是两个朋友偶遇一个看不清楚的绿色怪物时，用害怕的心情进行互相询问对方是什么，后来知道绿色怪物其实是鸭子的朋友大象的时候，小兔子和小鸭子才不害怕了，反而很高兴。在此基础上，教师再引导学生对英语语言进行加工、润色和具体运用。譬如发现绿色怪物是小鸭子的朋友大象时，大象会和小鸭子说什么呢？大象和小兔子会说什么？好朋友见面了都会做什么呢？老师引导学生对人物语言进行加工，学生也自然而然地就会将它们与自己的生活联系起来，也会很自然地说：Hello. Hi. How are you. Nice to meet you. Let’s play. 等交际语言，教师在学生表演的时候引导礼貌用语，德育教育融入其中。

总之，戏剧教育融入小学英语课堂让英语课堂更丰富、更有趣，学生学习英语更主动、更无痕。戏剧教育能让学生心里愉快地学习英语。笔者认为，英语教师如果能够深刻地认识到戏剧教育的重要性，并能将其巧妙地运用到小学英语课堂教学中，长此以往，学生的英语学习能力一定会得到很大幅度的提升。

以传统文化（二十四节气）为载体的小学生戏剧教育活动开展路径

戏剧教育是一种在学校课堂教学中运用戏剧或剧场技巧的教学方法。它强调过程性、具有即兴性和全体参与性的特点，不仅关注表演结果，更注重通过创造性的过程促进参与者在认知学习、个性发展和社会性等方面的全面发展。戏剧教育的目标是让学习者通过戏剧实践达到学习目标，而不仅仅是传授戏剧知识。把戏剧教育作为综合实践活动的内容，重点在于让学生通过实践中的戏剧学习，摆脱单一化、技能化和应试化的困境，重新回归教育的本质，为教育注入新的活力，从而提升学生的综合素质，促进学生的全面发展。以传统文化（二十四节气）为载体开展小学戏剧教育，不仅有助于学习对传统文化的学习，还对学生人格修养和身心发展有重要的指导意义。

一、以传统文化为载体开展戏剧教育的意义

（一）激发学生创造力和想象力

通过戏剧教育活动，学生可以深入了解和体验传统文化的精髓和魅力，增强对传统文化的认同感和自豪感。这有助于传承和弘扬传统文化，培养学生的文化自信和文化素养。而以传统文化（二十四节气）为载体的戏剧教育活动可以激发学生的创造力和想象力。学生可以通过扮演传统文化中的经典角色或故事情节，自由发挥和创造，提升他们的艺术表达能力和创造力。学生在参与戏剧表演过程中，需要理解和扮演不同角色的情感和心理，从而培养对他人的同理心。同时，戏剧教育活动也需要学生之间的合作和协作，提升他们的社交能力和团队合作意识。

（二）丰富学生学习内容和教育方式

以传统文化（二十四节气）为载体的戏剧教育活动还可以丰富学生的学习内容和教育方式。中国二十四节气文化是中华民族的瑰宝，通过戏剧教育活动，

可以将二十四节气文化与学科知识相结合，使学生在学习中获得更多的乐趣和启发。同时，戏剧教育活动也可以为学生提供多样化的学习方式，促进他们的全面发展。通过戏剧教育活动既可以使学生传承和弘扬传统文化，又可以培养学生的创造力、情感认知能力和社交能力，同时丰富学生的学习内容和教育方式。

二、以传统文化为载体的小学生戏剧教育活动开展路径

（一）选取适合学生的文化内容，进行戏剧教育

在选取适合小学生的传统文化内容方面，可以从传统文化故事、传说或经典作品中进行选择。这些内容应当具有小学生能够理解和表演的特点，同时也要确保选取的内容具有教育意义和吸引力。结合综合实践活动主题，我们选取学生喜欢的节气，通过观看二十四节气纪录片，了解二十四节气的特点、习俗、相关故事等。使学生明确主题和教育价值，教师引导学生思考和学习传统文化的智慧和道德观念。同时，也可以选取一些具有情节和冲突的故事主题，鼓励学生创编剧本，激发学生表演的兴趣。

观看二十四节气纪录片

其次，可以选取一些传统文化传说，如《谷雨的来历和传说》，告诉我们与自然界、人类生活密切相关，具有浪漫的情节和丰富的想象力，能够激发学生对传统文化的好奇心和探索欲望。此外，还可以结合语文学习内容进行剧本改编，如二年级语文学完课文《开满鲜花的小路》，可以选取其中的一些片段或主题，通过适当的改编和解释，让学生能够理解和表演其中的精华部分，从而增强对传统文化的认识和兴趣。总之，在选取适合小学生的传统文化内容时，需要考虑内容的可理解性和吸引力，以及教育意义的体现。通过选择合适的传统文化故事、传说或经典作品，可以使小学生更好地理解和欣赏传统文化的魅力，同时也能够激发他们对戏剧表演的兴趣和热情。

了解节气的来历和传说

（二）戏剧情节对比，提升学生参与兴趣

认识和了解戏剧的构造和要素

在小学戏剧教学中，教师可以为学生提供适合他们年龄段的优质音视频资料，这些资料可以涵盖传统文化的音乐、舞蹈和戏剧表演，也可以包括相关的纪录片。通过这些资源，学生可以更好地认识和了解戏剧的构造和要素。同时，教师在进行传统文化教学时，可以将戏剧相似的影视剧情节，以戏剧的构造和要素为基础来进行内容比较。这种方法不仅可以让学生对传统文化寓意进行理解，还能够加强学生对知识的记忆。教师通过对情节的展开和冲突的解决，引导学生主动思考和探索问题。例如在戏剧欣赏时，观看沉香《劈山救母》的故事，教师可以穿插电影版《杨戬》中的故事情境，教师提问，“为什么它们的情节是如此的相同？”“为什么杨戬也要劈山救母？”“为什么两个仇人可以合作劈山？”而通过把传统的沉香救母和影视剧进行对比，发现同样是沉香劈山救母，电影版却引出杨戬也曾劈山救母。把这两个相似的题材放到一起，引发学生主动探讨，打开学生的思维，让他们发现原来劈山救母的内涵还可以更广大，寓意更深刻。教师通过使用趣味性电影对比，让学生在一个互动性的学习环境中体验不同情境下传统文化的寓意，从而激发学生的学习兴趣和动力。同时，戏剧教学不但能够让学生积极参与到其中，还培养学生发现问题的能力，从而提升学生的表达能力，提高他们的综合素养。

（三）活动性戏剧教育，鼓励学生戏剧创作

戏剧表演和展示

为了让学生更好地体验传统文化，可以组织他们进行戏剧表演和展示。首先，需要安排适当的时间和场地，确保学生有足够的准备和排练时间。可以选择学校礼堂、剧场或户外场地作为表演的场所，以提供适当的空间和氛围。其次，可以邀请其他班级、家长作为观众，增加表演的观众和影响力。通过邀请更多的人参与观看，可以让学生感受到表演的重要性和影响力，同时也能够展示他们的成果和努力。在组织戏剧表演和展示时，选择一些传统文化故事、传说或经典作品作为表演的素材，将故事改编成简短的剧本，让学生扮演其中的角色，通过表演来展现传统文化的魅力和内涵。以《开满鲜花的小路》戏剧创作为例，这是一个充满爱的故事。

在创造中，教师鼓励学生利用舞蹈、音乐和美术等戏剧元素，展现多个小动物看到鲜花时的惊喜与好奇，引发学生的猜想，最后结合传统文化元素，升华出戏剧主题——爱。这样的戏剧创作不仅激发了学生对戏剧的兴趣与热情，在活动中能够主动参与，乐于交流，懂得合作，大胆表达，同时也培养了自主探究等综合能力。帮助孩子获得全面均衡发展，使学生实现理性、道德等方面的和谐发展。

创作戏剧主题——爱

综上所述，通过选取适合学生的文化内容，以戏剧的元素、戏剧的构造和戏剧的展现对小学生进行戏剧教育，使学生的情感和认知得到正确的引导，促进学生人格修养和才能全面健康地发展。因此在小学开展戏剧教育活动对学生的身心发展有重要的教育意义。

戏剧课程对小学一年级学生的育人价值与实践

戏剧课程以创新性的方式将戏剧元素融入教育之中，让一年级学生通过戏剧代入的方式，对学生的创造力、想象力进行塑造。它是一种教育性质的戏剧活动，也是一种戏剧方式的教育活动，让戏剧教育化、游戏化和综合化就是戏剧课堂的魅力所在。戏剧课程通过让学生在戏剧扮演中尝试各种解决办法，推动学生在表演中思考人与人、人与社会、人与自然的关系和问题，从而丰富了儿童的各种体验。从这个意义上讲，戏剧课程就是一门综合性课程，其对于一年级学生的教育功能和作用已远远超越了戏剧课程本身。

一、戏剧课程对小学一年级学生的育人价值

戏剧课程对于一年级学生的成长和发展具有哪些育人价值呢？戏剧课程集语言、音乐、美术和形体等于一体，是通过戏剧方式开展的综合性教育活动，并在实践过程中自然融入美育，能够综合提升一年级小学生的感受力、理解力、表现力、动手能力以及团队合作精神和创造力，进而培养和提升学生鉴赏美和创造美的能力。

（一）促进学生创造力发展

一年级学生在创造性的戏剧课程和戏剧活动中，会把自己完全置于某一个场景和某一主题表演中，表达自己思想和感受，这一过程使学生的创造力得到了充分的发展。另外，戏剧课程作为一种综合课程，需要学生学习编剧、导演、表演、道具制作等方方面面的知识，一年级学生需要在戏剧课程中尝试各种办法来解决戏剧表演中的各种关系和问题，在这个过程中，学生能够通过戏剧这种最能直接面对生活的艺术让学生学会思考、学会生活，从而提升了思考问题和解决问题的能力，培养和发展了学生的创造力。

（二）促进学生语言能力发展

戏剧课程的语言通常优美凝练且言简意深，所以说戏剧的台词必须经过精

心设计和巧妙安排。作为高度概括的精练语言，戏剧里的所有对话，无论是遣字用词还是造句修辞都非常简洁精练，学生不但能够从戏剧的台词里学习言语表达、情感表达以及说话的语气和说话方式，还能在这个过程中提高语言能力和表达能力。

（三）促进学生审美力发展

戏剧课程里的舞台造型艺术包括色彩、光线以及形状、体积、构图等各种美术成分，蕴含着戏剧特有的艺术魅力，并随着特定的剧情和表演而展现出来。戏剧音乐则让学生在音乐的表现中充分感受和体会角色的喜怒哀乐。有了戏剧音乐的辅助，学生就能够在不同的戏剧场景中感受和体验不同情感的音乐，理解角色复杂的情感和剧情的发展。这种戏剧教育、艺术教育和美的熏陶对学生的终身发展可谓受益无穷。

二、小学一年级学生戏剧课程的实践路径

戏剧课程跨越了学科界限，学生们全身心地投入戏剧活动，在参与过程中迸发出耀眼的才华。那么，戏剧课程通过什么样的实践路径才能够真正成为促进小学一年级学生成长和发展的有效手段呢？

（一）激发学生对戏剧课程的兴趣

戏剧课程既是课堂游戏活动，更是带有明确教育方向和强烈心理暗示的教育活动，提供全面的人文熏陶和丰富的生活与情感体验，让每一个参与其中的学生都能学会合作、学会分享、学会创造。一堂成功的戏剧课程能够充分培养学生的动手能力、执行能力和思维能力，从而实现全人教育。一年级学生表演欲望和可塑性很强，能够积极地参与到戏剧活动中来，但是他们缺乏生活经验，自控能力偏弱，大多以自我为中心，不会倾听不懂交流，不懂合作和协调，在开展集体式戏剧时有一定困难，行为规范需要特别强调，同时，他们对于戏剧了解甚微，在角色认知方面有很大的困难，需要老师的引领和带动。

为此，教师要有目的、有计划地引领学生开展戏剧活动，为学生营造良好的戏剧课堂教学氛围，要采取多种方式激励学生对戏剧课堂保持持久兴趣，以融入表演元素和情景再现的戏剧方式，来激发学生们参与戏剧课堂活动的热情，让令人耳目一新的教学方式引导学生们跟随教师一步步走进戏剧这个精彩的世界。

（二）不断丰富戏剧课程的内容与形式

对一年级小学生而言，戏剧课程堪称极具魅力的课程，它使某一门课程相对固化的模式发生了改变，不但让课堂形式产生了显著的变化，更打破了学科界限，让学生在学习和思想上获得了解放和自由。戏剧课程并不只是让一年级学生习得一些戏剧知识和表演技能，其目的在于通过戏剧代入的课堂形式和教育方式，塑造和不断发展一年级学生的创造力、想象力。富有成效的戏剧课程让学生思维更活跃、想象更丰富、表现更积极、表达更精彩。所以，将戏剧植入课堂让孩子们快乐地学习、成长和发展就是戏剧课堂的终极目标。

为此，要不断丰富戏剧课程的内容与形式，以创新性的方式将戏剧元素融入教育之中，让戏剧课程不但成为教育性质的戏剧活动，更成为戏剧方式的教育活动。教师在戏剧课堂中要通过创设、扮演、启发、设计等方法，让课堂戏剧教育化、游戏化、综合化，这不但是戏剧课堂的最大魅力所在，也让一年级学生的学习方式变得更加活泼有趣。丰富且富有乐趣的戏剧课程没有其他课程的提问、背诵等传统教育手段带来的心理压力，学生们的学习情绪更加轻松愉悦，主动自觉地参与到戏剧排练和戏剧表演中来，不仅提高了学生参与戏剧课程的积极性，锻炼了学生的实践能力，更增强了学生们的自信心，培养了学生积极的人生态度，推动了学生的综合素质发展。

（三）不断提高戏剧课程的育人成效

重视学生在戏剧课程中的实践活动，让学生亲自参与服装道具等的动手操作实践，能够一步步学会正确选择戏剧课堂所需的工具和材料，一步步熟练掌握手工设计与制作的基本技能，能够有效增强学生的肢体协调能力，丰富学生的想象创造能力，提高学生的自信心，使学生在活动中主动参与、大胆表达，在实践中提升探究能力、发现问题并解决问题的能力、合作能力、鉴赏能力等综合能力，并在分组活动中树立责任意识和担当意识。同时，还可以在戏剧课程中引导学生了解一些劳动最光荣的典型故事和事例，使学生体会到爸爸妈妈劳动的辛苦，帮助学生养成爱劳动的习惯，帮父母做一些力所能及的家务活。另外，通过对一年级学生戏剧教育的不断熏陶和强化训练能够有效提升他们主动表达、准确表达、适当表达等语言表达能力。

为此，要让一年级学生在戏剧课堂中真实体验、快乐学习，让戏剧课程蕴含的育人功能不断发挥成效。要让一年级学生在戏剧课程活动中初步了解戏剧教育的相关知识，让他们通过角色扮演、情境创设、戏剧创作等学习方式，学习和锻炼多学科知识，在这个基础上将已有知识进行再整理、再学习和再提高，这样才能在后续戏剧课堂活动中不断发现和提出有价值的问题，并在尝试解决问题中得到能力提升。还要不断激发学生对戏剧课程的兴趣与热情，让学生在持续的戏剧活动中得到德智体美劳的协调发展和全面发展。

综上所述，一年级学生可塑性非常强，蕴含着无穷的想象力、语言表达能力和舞台表演力。戏剧课程有着很强的群体性和合作性，学生们必须学会与其他人协调合作、相互尊重，而且要能够适时地表达自己和配合别人，才能使戏剧活动圆满完成，这有助于一年级学生融入群体生活。不仅如此，戏剧课程还丰富了学生们的各种情感体验，培养了各种能力发展。戏剧课堂作为促进小学生成长和发展的教育形式，对小学一年级学生的社会适应性、能力发展和情感体验等有着显著的教育作用。

在戏剧教育中收获成长

将戏剧教育与基础教育有机融合，实现以戏剧为载体，全方位整体规划的学科整合，形成了多元复合的创新性教育模式，戏剧教育在课堂教学的应用上不是单一性的，而是全学科覆盖，具有教育性、广泛性、艺术性、创造性。为实现我校的办学目标“让每个学生都精彩”，我们在探索“向美而生”的戏剧教育上不断思考与实践。

一、在戏剧教育中，发现自己

教育即发现。教育不能改变人生而具有的本质，智能根据人的潜质来促进人的发展，但是，没有一个人能完全认识到自己天分中沉睡的可能性，因此需要教育来唤醒，需要教育来引导，需要教育来成就。我们倡导让每个学生都精彩，就是鼓励学生人人都有展示的平台，人人都敢于绽放，在活动中发现每一个学生，引导每一个学生。成就每一个学生，让学生发现自己，绽放属于自己的精彩。

（一）多途径让学生发现自己的天空

戏剧教育着眼于学生全体、全面、全程发展。能够增强学生的责任意识、合作能力、表达能力、动手实践及创造力等。因此开展戏剧教育能够让学生在活动中发现不一样的自己。

1. 在课堂上发现自己。

我校借助综合实践课开展戏剧实践课程，建立学校多层级的、科学完善的育人体系。为学生搭设了“五育并举、多科联动、修炼素养”的综合训练场。课程面向全体学生，固定时间、固定教师、固定主题，通过项目学习形式开展系列行动站，在每个行动站中都围绕终极目标开展系列课程，将总任务分解到剧本改编与创作、角色分析、舞美设计、道具制作、排演等“分任务”。这种形式有着地方文化、建筑、习俗的研究，有着人物性格、特点、习惯的分析，有着服装、道具的设计与制作、有着为了宣传策划的宣传行动，有着为了剧目改进进行的调查问卷等等，每一个行动站都有着分解下的小主题，都有着学生不断研究不断分析问题、解决问题的实践活动课程。让每一名学生在不同的行动站中发现那个具有无限潜能的自己。

2. 在社团中发现自己。

为了使更多学生发现自己，学校建立了阶梯式社团，成立了不同年级组学生社团。社团的建立秉承以学生为主的理念，自主报名，学生本着自己的爱好特长选择报名；自主招生，学生充当考官进行入社团的面试；自选角色，根据剧本内容选择适合自己的角色；自我竞争，每个角色都有 AB 角色，竞争上台；自编自导自演，为学生的创造提供自主空间。

3. 在戏剧节上发现自己。

为了让每个学生在戏剧中发现自己，绽放更精彩的自己，学校每个学期都会举办戏剧节，围绕德育主题，选择适合的内容进行剧本的创编，剧本的创编，从生活中来，到生活中去，聚焦学生的日常生活，让剧目更好地为生活服务。学生在每次戏剧节中，不仅更好地释放自己，发现自己的精彩，享受戏剧的视觉盛宴，更能在剧目中发现自己的才能，承担起相应的责任。平时不起眼的学生通常会在戏剧展演中承担剧务的工作，这样细致、有耐心的工作，发现了不一样的自己。

（二）实践中让学生发现自己的美好

学校的各项工作，最终目标是育德，戏剧也不例外。一直以来，我校都在探索德育的有效途径，希望通过学生喜闻乐见的活动对学生进行润物无声的教育，而我校的戏剧课程成为一个有效的突破口。当德育遇上戏剧，会产生一种莫名其妙的作用，对学生的成长与发展会产生潜移默化的影响。戏剧教育让学生发现自己良好的人格品质。

每个剧目的最终呈现都需要多名学生共同完成，每个角色的表现都影响着整个剧目的呈现效果，每次排练，专注认真都是对学生的一次考验，有着对自己对团队负责任的态度，就会有理想的效果呈现，每一次排练都让学生体验到了责任的重要。AB 角色的制定就决定着，有的学生要面临被替换、没有机会上台等情况，面对这种情况，学生的内心是受挫的，如何面对挫折，战胜自己，对学生又是一种考验，在为剧目呈现效果的这一目标面前，学生明白了人人平等，学会了自我调节，学会了尊重。每次比赛学生的准时到位，自信展示也是一种考验。因生病不影响团队准时到位坚持比赛的感人故事，也鼓舞着身边人坚持就是一种最好的自我展现。戏剧教育让学生发现了自己对理想坚持不懈，对梦想不轻言放弃的自信。

二、在戏剧教育中，浸润心灵

戏剧剧目展演就是一个个的故事呈现，通过表演，学生们走进每一个角色，走进角色的内心世界，在剧中与角色对话，心里沟通，在潜移默化中浸润心灵，感受美好。

和伙伴们一起排剧的时候，互相讨论角色内容、如何演绎等能够培养孩子们的团队协作能力；而当他们作为演员扮演角色的时候，需要从自己现实的角色中跳脱出来，扮演“另外一个人”，这就需要他们去理解思考所扮演的角色特性，这种体验可以引导学生站在他人的角度理解问题，从而培养他们的换位思考能力。如学生排演《赵一曼》的时候，细致的排练过程，小到一句台词，一个道具，一个动作，一个表情，大到了解当时的社会背景，在这些仔细的雕琢下，孩子们真正走进了人物的内心世界，赵一曼的坚强不屈、坚定信仰，军官的残忍无情，汉奸的曲意逢迎等。 在用心的排练中，学生默默地受到教育与启迪，充溢真情的戏剧感化了学生，也感动着身边人。

三、在戏剧教育中，收获成长

学习戏剧并不是为了“会做戏剧”这项技能，而是为了学习过程中的锻炼，学习过程中学生受到教育。这个过程不仅可以培养学生的创造力、与人沟通能力，以及对问题的解决能力，还能够提升他们的自信心，而这些能力和影响是可以让学生受用一生的。

（一）过程中收获成长力量

对于学生的生命成长来说，过程就是一切，过程才是目的。剧目表演是结果，一路走来的过程别样精彩，学生们在戏剧教育的整个过程中，经历了一整个系列活动，剧本创编、道具制作、音效选择、宣传策划、剧目排练等，在每一个活动中，学生们都各司其职，又相互碰撞，才艺互补，合作共赢。

鄂温克族剧目《小狐狸》源于一个故事绘本，经过学生的解读和后续的剧本创编，学生将故事进行了扩充，增加了多个角色，其中小狐狸的三个伙伴驯鹿角色丰满起来，性格各异，有勤奋、有活泼、有慵懒，根据不同的性格设定了各自的台词，让三只驯鹿也贯穿全场，学生们成立剧本组、导演组，为了剧本多次研磨修改，课下微信群里的沟通成为常态；回家后自编自导自演的画面时有发生，家长们都说孩子回家“魔怔”了，拉着我们和他对戏；宣传组群策群力画海报做宣传短片；道具组变废为宝发挥无限创造力；剧务组事无巨细做着整理和服务工作。看到剧目展演后孩子们露出自信的笑，被他们感动与温暖着，每名学生都有着自己的角色和职责，他们在活动中收获着成长的力量。

（二）展演中收获艺术美

戏剧是一门综合艺术，在剧目展现中融合音乐、舞蹈、美术、表演、语言等多门学科于一体，通过精致的道具制作，唯美的舞台设计、多样的表演手法、多维的感官冲击，吸引学生走进艺术殿堂，接受艺术熏陶，这对于学生来说每一次戏剧展演都是一次审美的体验。

每年的戏剧节都聚焦不同的主题，每个年级的主题又各不相同，围绕节日、爱国、民族、传统文化、核心价值观不同关键点进行剧目创编，呈现出来的戏剧节不仅在情感上感染学生，也能在艺术上熏染学生，让学生感受到艺术美。让学生拥有值得回味的童年，拥有充满情味的人生。戏剧教育实现了学生语言和精神的同构共识。学生在领会、理解、认识和创造语言的整个过程中，精神世界得到发展。在培养学生综合素养上，用戏剧教育来切入，不但很好地体现了美育的价值，更重要的是落实了立德树人的根本任务。

戏剧是灵魂的舞台，赐予我们绽放的精彩！戏剧是实践的殿堂，展示我们追梦的力量！戏剧能让学生收获成长的力量。

戏剧教育助力小学科学教学的实践分析

戏剧教育是指将戏剧中的元素、方法和技巧应用在教育教学中，让学生在戏剧实践中达到学习的目的。通过戏剧游戏、角色扮演和即兴表演等活动激发学生的科学学习兴趣，引导孩子更自信、勇敢和认知更全面的成长，提升学生的思维品质和学习能力，培养科学技能。由此可见，在小学科学教学中实践戏剧教育对于培养学生科学核心素养有着重要作用。

一、小学科学戏剧教育实施现状分析

戏剧教育的研究一直是学者们重点关注的问题，通过查阅资料发现，对于小学科学戏剧教育的研究很少。在小学科学教学中，学习内容更加偏向于培养学生的理性思维，但这并不意味着不需要承担培养学生人文意识的教育责任，如何在科学课中实现科学性与人文性的统一，是困扰一线教师的现实难题。

具体分析小学科学教学内容可知，可以将教学内容分为两大部分，分别是理论知识类和实践操作类。站在学生角度上思考，面对实践操作类课程学生会非常感兴趣，因为他们可以亲身参与到课程中，亲眼看到实验现象。实验为学生呈现视觉的冲击，使知识的学习变得有趣。而面对理论知识类时，学生则会表现得较为平淡。究其原因，部分科学现象、科学知识是与学生日常生活息息相关的，这也就是学生的前概念，存在于学生的认知框架或体系中，是长时间积累形成的。但是孩子们的了解并不全面、准确，甚至是错误的，我们想通过科学课的简单讲解来纠正学生的认知是非常难以做到的。站在教师的角度上来看，常规教学都需要经历“新知构建—练习—解决问题”的过程，这很难与戏剧教育联系起来。很多教师都会认为，传授完知识点后的练习就是应用，即将学过的知识点自己在实际解题中应用。但是这样就会有许多学生认为，学习知识点就是为了解题，别无他用。这也就与我们生活中的一个场景联系起来了，我们经常会听到孩子们说“去菜市场买菜根本用不上三角函数”。但家长会这样教育他们：“学好三角函数可以决定你在哪里买菜。”大家都认为学习知识本身并没有什么用处，只是我们获得社会经济地位的手段而已，布迪厄的文化资本理论可以很好地解释这一问题。但是我认为这其实也是我们教育出现的问题，只顾着向学生传授知识，忽略了知识在生活中、在真实场景中的应用。由此可见，我们需要重新探索科学教育的教学实践模式。

二、在小学科学教学中实施戏剧教育的有效措施

（一）单元整体教学，丰富情感体验

新版课程标准倡导大单元教学，以大主题或大任务为中心，对学习内容进行分析、整合、重组和开发，形成具有明确的主题、目标、任务、情境、活动、评价等要素的一个结构化的教学形式，这与戏剧教育不谋而合。单元整体备课能够将整个单元的内容联系在一起，帮助学生整合他们所学的各学科知识，提高知识的综合运用能力。比如，我们可以将整个单元的内容融合成一个小故事，或者一个小挑战，教师和学生一起提出一个主题，和孩子们一起写剧本。他们在学习以及排练的过程中，扮演故事中的角色，讲着故事中角色的台词，甚至是穿上符合角色身份的衣服等，对于孩子来说其实就是学习的过程，而最终的演出也就是孩子们学习成果的展示。

（二）设计反馈机制，调动学生积极性

学生在演出前，教师自己应先对戏剧教育以及本次主题有充足的了解。教师应先设定好一套完善的评价机制，不只包括孩子们对于知识的掌握，还包括孩子们的表达、状态等。而评价标准对于孩子们来说也应是透明公开的，让孩子们知道什么是好的标准，向着标准不断努力。同时，教师还要组织学生进行自评、互评，看到他人的闪光点，指出他人的不足之处，自己也要接受大家的建议，互相点评，共同进步，在一次次评价中养成虚心接受他人意见、懂得反思的好习惯。演出结束，教师还应收集学生反馈，反思自身在本次活动中的不足之处，与孩子们共同成长。同时，教师可以每月或者定期在班级中进行“最佳男主角”“最佳女主角”“最佳原创剧本”“最佳亲子微剧场”等奖项的评选，调动学生学习的积极性。

（三）家校合力，打造亲子微剧场

孩子们的舞台不一定仅仅局限于校园，局限于学生，教师可以为孩子们争取更大的舞台，获取更多展现自我的机会。最简单的就是可以邀请家长来校共同参与孩子们的戏剧，在参与的过程中，家长可以作为参与者，参与到孩子的演出中，和孩子们一同学习。在排练中孩子们需要将知识讲给家长，不仅增进了彼此的感情，还能帮助孩子加深对于知识的印象。同时，家长也可以作为陪伴者。在家庭中，父母可以通过角色扮演、戏剧游戏、问答等方式引导孩子研读故事剧本，帮助孩子梳理故事情节，理解故事内容，逐步培养孩子养成自主思考、独立学习的能力，最终达到“用故事陪伴孩子，用故事教会孩子思考”的活动目的。

（四）巧用角色扮演，锻炼学生思维

戏剧游戏不仅能有效激发学生的学习兴趣，还能让学生在游戏中充分锻炼自己的思维能力。在传统教学模式下，科学基础知识的学习较为枯燥，在没有实验的情况下，教学内容多为教师出示图片、视频等为学生讲授，但这种教学方式往往会导致学生理解不充分，印象不深刻，学生对于知识的记忆也不准确，经常会出现一段时间之后再提及相关知识点学生像没学过一样。所以，大部分学生会采用死记硬背的方法来记住知识点，长此以往，大量需要记忆的资料不仅会加重学生学习的负荷，也会使学生失去科学学习的兴趣。从教学实践可知，课堂中如果没有良好的氛围，无论是教师还是学生都难以积极投入教学活动，无法提升教学效果。与此同时，小学生年龄较小，学习经历不足，无论是生理还是心理上都存在一定的欠缺，很容易受周围环境的影响，难以集中注意力高效学习。因此，实际以小学生为对象开展教学活动时，科学教师可以适时组织角色扮演活动，打造良好的课堂教学氛围，助力教学效率的提升。比如，在人教版四年级上册第一单元中，主要学习的内容为了解各类动物的特征并能为其分类。在教学中，我们可以让学生扮演“森林医生”和各类小动物，每位学生轮流成为“体检督察员”，设置体检日程表，让学生们自主完成这一体检活动，在活动结束后让每组同学讨论后分别汇报今日成果。在活动中，孩子们穿上扮演各种小动物的服饰，通过感官刺激学生更好地理解每类动物的特点，让科学知识的学习不再枯燥。如此，不仅能充分让学生理解科学知识，还能锻炼学生的语言表达能力、组织管理能力、小组合作能力等，还可以促进学生在互动的过程中培养思维品质，提高课堂参与度。

通过实践，教师会感受到戏剧教育助力小学科学教学的诸多优势，将戏剧教育元素融入小学科学教学是一次十分有意义的尝试。小学阶段的学生正处于个性化发展的关键阶段，教师应该给予学生充分的发展空间，让学生在戏剧创作与表演的过程中激发潜能，发挥创造力，在轻松、快乐的学习环境中学习科学，发展学生的科学核心素养。

戏剧教育融入体育教学绽放高阶思维之花

传统的体育教学注重体育知识的学练，致使学生思维停留在“记忆、理解、应用”的低阶思维层面，往往忽视对学生“分析、评价、创造”为主的高阶思维培养。戏剧教育是一种新兴的教育教学方式，融入体育教学，增加教学参与者的互动与合作的良好体验，通过创设意义、趣味浓厚的课堂情境提高教学实效性，为学生高阶思维的培养提供了更多帮助。

一、角色扮演是培养高阶思维的好抓手

爱因斯坦说过：“兴趣是最好的老师。”小学生只有对事物产生浓厚的兴趣才能够激发他们的高阶思维。

在传统体育课堂教学中，教师占据主导地位，而学生往往被动地接受知识。当体育教学陷入一成不变的循环时，戏剧教育的融入让体育教学焕发出新的生机，在利用戏剧教育开展教学时，根据学生的年龄、身体、心理的实际情况找到学生的兴趣点，设置不同的角色，让学生自己选择感兴趣的角色。教师结合实际情况和教学内容为学生营造适当的学习情景，调动学生参与的积极性，激发学生的兴趣，活跃学生的思维。

在处理投掷内容时，创作以攻城为主题的剧本，学生自己选择八路军（负责进攻）、救援组（救护伤员）、国民党军（负责防守）、后勤保障组（负责制作武器）等角色。戏剧如同一个万花筒，每个人都能找到自己感兴趣的颜色。学生挑选到自己感兴趣的角色并投入角色中，然后根据教学任务分析角色所处的现实环境，分析其内心想法，开动脑筋想办法完成任务，学生因选中自己喜爱的角色而兴趣倍增，在思想碰撞中开拓思维，这是培养高阶思维的关键。

二、定格是培养高阶思维的好手段

小学体育教学的主要内容之一是技巧类项目，对发展学生的基础素质和基本活动能力具有重要的意义，但是这些教学内容在练习时比较枯燥，又对学生的柔韧、灵敏、协调素质要求较高，使得相当一部分学生感到练习的难度较大。小学生自尊心都比较强，有些技术动作稍差的学生遇到其他学生的议论或取笑时会更加信心不足，失去锻炼的动力。戏剧教育定格手法的运用正好解决了这方面的问题。戏剧教育中的定格是通过播放器的暂停功能，将生活面貌凝固。学生运用肢体形态，集体复制一个画面，从中具体呈现生活及事件。

在处理团身滚动的技巧内容时，创设小刺猬学本领的戏剧主题活动。天气很好，小刺猬（学生）分组在家（小垫子）附近玩耍，练习本领，森林里的老虎（教师）四处游走寻找食物，当听见老虎的叫声时所有的小刺猬都跑到家里将身体团起来，画面定格，老虎走近小刺猬轻轻地推一下，看看团身紧不紧，当发现团身不紧的小刺猬时，请其他组的小刺猬分析原因。定格的运用，就像按了暂停键一样，使学生的技术动作完全暴露在所有人面前，而此时由于学生们都沉浸在戏剧里，都是以小动物的身份积极思考并且分析、讨论、评价，被指导学生的自尊心得到保护并且能够坦诚地接受别人的建议，在分析、讨论、评价技术动作的过程中学生的高阶思维也得到了培养，同时对学生技术动作的提高也起到了很大的帮助作用。

三、戏剧游戏是培养高阶思维的好方法

戏剧游戏是指融入戏剧或表演技巧的游戏，游戏是孩子与生俱来的天赋，而戏剧游戏不仅充满乐趣，更主要的是能增加学生的观察力和创造力。戏剧游戏的核心永远不在于表演而在于玩，教师要为教学的开展创设丰富生动的戏剧游戏，激发出学生强烈的好奇心，使学生在玩中乐中积极的思考，强烈的好奇心和积极的思考才能使体育课中培养学生的高阶思维成为可能。

（一）在课的开始编排戏剧游戏开拓思维

在体育课的开始、准备部分也就是热身活动，编排适宜的戏剧游戏对开拓学生的思维会起到很好的作用。体育课的开始、准备部分就是让学生身体和心理进入运动状态，此阶段传统模式体育课通常采用的方法是各种方式的慢跑，接着做

热身操或者韵律操。学生只要跟着完成动作就行了，不需要动脑。此时设置强度不大、趣味性强又安全的戏剧游戏能够对学生的思维进行很好的锻炼。

以戏剧游戏《猫捉老鼠》为例，10 人一组，选出一只猫和一只老鼠，其他人手互相搭在左右人的肩膀上，站立围成一个圈，猫在圈外，老鼠在圈内。猫要想尽办法进入圈内抓老鼠，老鼠要外出找食物，其他人通过集体左右转圈来躲避猫的追逐。猫要想办法去抓老鼠，老鼠要找食物还要防止被抓住，其他人要协同配合，所有的角色都要分析对手并且想方设法做好自己，既锻炼了思维又完成了热身活动。

（二）抓住教学重点编排戏剧游戏拓展思维

体育教学的重点是一节课着重要达成的目标，是一节课教学成功的关键。在体育教学的重点部分编排戏剧游戏，学生大多会被故事中的情节所影响，都思考怎样也像故事中的人物一样成为人们心目中的英雄，由此也调动了他们学习的积极性。在田径项目障碍跑教学时，学生大多都会有畏难情绪，没有什么积极性，更不要说是掌握教学重点了。

在创编的《解放密云城》戏剧游戏中，战斗很快就要打响了，上级突然接到敌人增援的消息，需要用最短的时间将这一重要情报传达给几公里外的前线指挥员，情报员二嘎接下这个艰巨的任务，路途远又要越过很多敌人设置的障碍，二嘎以惊人的毅力将情报送到了前线，最终战斗取得了胜利。请同学们分析讨论，当解放军叔叔送情报过程中遇到水沟、沙丘、敌人的哨兵等诸多困难时怎么办。学生积极性瞬间被点燃，他们在激动人心的故事情境中被解放军叔叔不怕牺牲、不怕困难、勇敢完成任务的英雄事迹所带动，完全融入故事的情境中，思索完成练习任务的方法，并且进行交流、讨论、形成一致意见，课的重点在学生积极的分析、探究中得以解决，学生的高阶思维在完成戏剧游戏中被激发。

四、创意戏剧是培养高阶思维的好技巧

体育教学的我教你学、一切按照规范来的做法严重影响了学生学习的积极性和高阶思维的发展。传统的教学过程中，教师总是按照多年的套路带着学生们去练习，学生只是机械地模仿，长此发展就出现了更多大脑简单四肢发达的人。结合我校的戏剧教育，学生已经掌握了一些基本的戏剧创编方法，让学生自己分组

进行创意戏剧游戏，学生在思考、合作、演绎、模仿中积极性很高，课堂气氛异常活跃，而且学生的表达能力、团结协作精神也得到了锻炼和提高。学生高阶思维自然也得到了发展。

创意戏剧游戏《抗洪救援》中以田径 50 米跑为主题，用废旧轮胎和 10 厘米宽的长绳做道具。故事的背景是前方受灾需要把物资（废旧轮胎）尽快运上去，学生们分组后自选角色，分配任务，讨论方法。游戏开始，先滚动运送觉得有些慢，然后抬轮胎运送发现相互间容易碰到摔倒，经过分析、讨论后把废旧轮胎平放在地面上用绳子拉动运送，效果特别好，并且起了个形象的名字“狂野战车”，绳子系轮胎的方法也是改进了好几次，由开始的直接系在轮胎上，改成在轮胎上打孔系绳，转变到最后把轮胎中间加一个横梁拉绳，学生们通过开动脑筋得到了最优答案，枯燥的跑步练习完美地融入“狂野战车”中。学生还创编出了不同的玩法，圆形追逐、同向竞速、向外十字、双人拉等多种玩法，学生在玩自己创编的游戏时异常兴奋，游戏的创编使学生的手脑充分的结合，学生不再是模仿练习也不再直接得到结论，教师放手让学生在实践活动中思考解决问题的办法，并且创造出了多种新的玩法，对学生的高阶思维的提升起到了极大的帮助。

戏剧教育融入体育教学，通过开展科学合理的戏剧主题教育教学活动，促进小学生高阶思维的发展与提升，是一种全新的尝试。体育教学中戏剧教学策略的运用、角色扮演、戏剧游戏、创意戏剧都是为解决学生的真实问题，通过戏剧教育引导学生分析问题、积极思考、创造性地完成任务，进而培养学生的高阶思维，实现小学生全面发展。

戏剧教育向美而生

戏剧教育活动是一种有形、有声、有情节的艺术活动。在新的教育改革形势下，为改变单调乏味的课堂教学，教师要紧跟时代的步伐，运用新的手段来调动学生的积极性，突出学生的主体地位，提高他们的学习积极性。从不同角度，多方位、多层次、有效地点燃学生的心灵火花，在丰富多彩的活动中，将学生的目光引向一个更宽广的领域。让戏剧教育丰富学生的童年生活，让戏剧促使学生自我成长，成为可以开花的种子。

一、巧经营，挖掘美的因素

戏剧教育不是具有指向性的专才教育和精英教育，不是为了培养专业的编、导、演和舞美或是从事艺术鉴赏的人才，而是一种潜移默化的教育方式，与德育教育、性格养成相似。教师的精心设计，通过多种渠道挖掘剧本创作的素材，在其文学欣赏，剧本创编过程中，感受美的存在。

（一）挖掘教材美，实施美育教育

尝试在课文教学中，渗透戏剧教育，不仅是基于学生的学习兴趣，基于课文中的戏剧元素，以表演为抓手，在教学中渗透戏剧的内容和方法，让每一个学生感受到课文与戏剧的魅力，提升学生的文学与艺术品位。让学生们用表演的方式触摸文字的温度。在语文课上教学引导学生理解课文时，对于那些角色特点明显，对话生动有趣的内容，教师直接让学生根据课文表演。如《狐假虎威》这则简短的寓言故事，让学生根据寓言中的角色，尝试角色扮演。教师启发学生充分理解剧中角色，小动物们在大森林是怎样的欢快？小狐狸出场时会说什么？学生展开充分的想象，创编出符合儿童特点的角色语言：“我是一只花狐狸，专门爱动坏脑筋，小动物看见我就害怕，今天出门散散心，散散心。”在学生想象练说的基础上，再表演这则寓言故事，学生以小组为单位，在充分理解角色的特点基础上，根据故事进行改编。学生感受到剧本创作并不难，在表演过程中，不仅发展了学生的想象力，也感悟到了文字的美。

（二）挖掘绘本美，实施美育教育

绘本是小学生都喜欢阅读的书籍，精彩的图画给学生们更广阔的想象空间，生动的文字增加了文字表达之美。以绘本为阅读题材，根据绘本故事进行戏剧创编是我校低中年级都喜欢的方式。我在四年级教学时，依据我校民族校的特点，选择了向华老师的民族民间绘本《火童》《小狐狸》作为学生导读书目，在学生充分感受图文之美的基础上，带着学生寻找民族故事之美。为使剧目表演得更生动，更能突出民族地域特点，我们开展了调查研究哈尼族、鄂温克族民族文化、饮食、建筑、服饰等系列活动。从细节入手，在《火童》剧中关于人物起名字，我们就进行了多方搜集资料，从书中我们知道，哈尼族的起名很有意思，父亲如果叫山达，儿女的名字要以父亲名字的最后一个字为姓，因此我们给剧中人物起名为达修。充分的调查研究活动，为学生们的戏剧表演注入了动人的元素，不仅感受着绘本之美，同时也丰富了民族魅力之美。

（三）挖掘德育美，实施美育教育

学校处处是德育，德育教育贯穿于学生的每一个日常学习生活。让学生在戏剧教育中潜移默化地接受德育教育，是我们戏剧教育的又一魅力。我们分不同的年级从多个角度去做德育教育。在我校第一届戏剧节活动中，学生精彩的剧目呈现，不仅是美的熏陶，更是德育的盛宴。低年级《小白兔小灰兔》教育学生热爱劳动、中年级《我们共同的家园》进行环保教育、高年级《将相和》传递着英雄情感。一个个故事留下的都是德育之美。

二、多探究，感受美的魅力

在戏剧教学中教师应有一颗爱美之心和一双发现美的眼睛，能够敏锐、准确地发掘、提炼戏剧教育之美。著名艺术家罗丹说：“美到处都有，生活中不是缺少美，而是缺少发现美的眼睛。”学生长期耳濡目染戏剧的美，必然会引起其对美的热爱与追求。这种由戏剧美感所引起的积极的情感体验，将在他们心中形成美的沉淀，从而对其产生深刻、久远的影响。

（一）台词的表达，触摸文字温度

语言表演作为戏剧表演中不可或缺的一部分，同时也是体现角色内心情感的直接方式。表演人员需要结合角色自身情感，根据角色的情感经历，在语言节奏的带动下，表达角色的情绪和心理变化，从而达到表演与艺术相结合的效果。从戏剧表演自身角度来说，在语言节奏中，需要表演人员充分了解所要塑造的人物性格，进而才能将人物演实演活。学生在进行戏剧排演过程中，一次次的台词修改，一次次的体会角色特点，用角色应该有的语言说话。在《火童》剧中刚刚出场的天神有一段话："哈尼族的村民们，你们破坏生态环境，不懂得珍惜大自然赋予你们的美好，我要惩罚你们，收回你们的火种，让你们永远生活在黑暗、寒冷和恐惧中。"这句话是此剧的开始也是故事发生的原因。学生在对故事深刻理解后，体会到天神的愤怒与惩罚时的狠绝。学生在表演中加上了动作来辅助表演，更好地表达了角色语言特点。每一次练习，都让学生深刻地触摸到文字表达鲜活的温度，体会文字与角色表达之美。

（二）道具的制作，提高动手能力

舞台道具是戏剧舞台美术重要组成部分，道具的设计制作是源于生活高于生活。道具的使用是在舞台上创造典型特定环境空间，具有较大的假定性特征。戏剧舞台背景是夸张、抽象、典型、概括的。当我们的剧本完成后，我们会成立道具组，这些同学负责设计剧目需要的道具，并且拿出设计方案及制作。比如《火童》剧中，道具组共设计制作了8种道具：火种、石犀牛（纸板）、斧头、蜂窝、树神服饰及头饰、冰山、哈尼族食物、哈尼族村庄背景图。由于需要的道具多，他们又分成3个小组分别负责制作不同的道具。在制作过程中，需要多次进行方案交流，提出制作中出现的问题，让全班同学群策群力共同解决问题。在制作蜂窝时，纸板去除表面的一层纸就是很好的蜂窝面，可是去除那一层薄纸困难很大，他们先是用刀子划，又用湿布擦，想了很多办法把问题解决了。在这些道具的制作过程中，小组成员相互配合，发挥特长，擅长画画的学生负责背景图、石犀牛、冰山的绘画，善于动手制作的学生负责斧头、树神服饰和头饰的制作。每一件道具背后都凝聚着学生们的智慧。每一件道具的设计都更好地为舞台表演做辅助。道具不管是选择或制作，最重要的是要和具体的戏相结合，为特定的表演场合服务，只有这样，道具才能展示它的特性、突出它的个性，真正发挥道具在戏剧表演中的作用，而道具的制作，更好地提高了学生动手操作能力。

道具的制作

（三）音乐的选择，提升审美趣味

声音元素是一种重要的戏剧表现手段。在剧目舞台呈现时，为了更好地呈现舞台效果，将剧中所有声音组织起来。在班级做戏剧剧目排演，音乐的表达是必不可少的。我校每个班都建立班级剧社，设立音乐组，这些同学会根据剧目内容选择适合的音乐，一个出场音乐，就需要选择多个不同的音乐在班级内大家一起试听，选择与剧情相符合的音乐，并根据剧情做音乐的编辑。在这一过程中学生感受着音乐的美，同时更深地感受到音乐在剧目美的呈现上发挥的巨大作用。

三、善启发，培养美的情感

戏剧凝聚着浓郁的人文精神。其人文因素对学生的影响是潜移默化的，当这些人文因素得以张扬的时候，戏剧文化背后蕴含的情感因素就会更好地凸显，丝丝缕缕融入学生心灵中，点点滴滴，渗透到血脉里。学生的审美能力和审美情趣都得到很大提升，个性也得到很好的完善和发展。在我们第一届戏剧节中，每一个剧目都是一个耐人寻味的情感故事，影射着丰富的情感世界。低年级根据学生们喜爱的绘本改编《从现在开始》《请安静，图书馆里有只金丝雀》《小白兔和小灰兔》《彩虹色的花》等，从学生们喜爱的小动物着手进行模仿与表演，一个个充满童趣的故事，让学生们在研究与观看中再次学会了做人做事的道理。中年级聚焦成语故事《狐假虎威》《守株待兔》；民族故事《火童》《小狐狸》；生活原创剧《我们共同的家园》《节约用水》。小小故事大大道理，精彩灵动的表演，让学生们在表演中更深入地了解故事中隐含的道理。高年级传承经典《将相和》《卧薪尝胆》。开展“品读中华历史故事 开启学生精彩实践”主题活动，在整个实践活动中，学生学会了做读书笔记、思维导图、评价人物、写读后感等多种读书方法。再次让故事中的人物深入心中，感受经典文化的独特魅力。剧目的再创编，投入的演出以及通力合作，在观看中领悟经典，在感悟中进行思想的洗礼。

校园因戏剧而美丽，这里的精彩不仅是活动本身，更是一群活泼可爱的学生精彩的绽放。一方舞台，演绎众多风采，一段故事，诉尽人生百态，丝缕遐想，悟出人生真谛。让戏剧与德育同行，戏剧与美育相伴，把戏剧的种子种在每一个学生的心里，盛开出一朵朵绚丽的花。

戏剧教育与语文教学同生共长

戏剧，在我们的传统观念里，是一门表演艺术。而戏剧教育是面向全体学生的一种普适性教育。作为课程的戏剧，其功能已远远超越了戏剧本身——它不是单纯的才艺教育，而是指向学生的全面发展。它不是教给戏剧知识、训练表演技能，而是提供全面的人文熏陶，提供丰富的生活与情感体验；它不是培养少数有表演天赋的儿童，而是让每一个参与其中的孩子都能从中学会合作、学会发现、学会创新的教育。

一、戏剧教育在语文教学中渗透的初步设想

在我们的语文课堂上，孩子们接触到了更多的文字和故事。课堂上，他们时而摇头晃脑地朗读着，时而静下心来默读着，时而小脸通红地讨论着，时而目不转睛地倾听着……他们用不同的方式触摸着文字和故事的温度。“老师，我能把故事演出来！”“我也能！”“我也想演！”……每当课堂上有表演环节时，举手的人数总是最多的，大家都争相抢着表演。何不把戏剧引入课堂？有了这个设想，我们决定先从表演开始走进戏剧。

小学生模仿能力强，生性爱表演，尤其是低中年级的孩子有很强烈的表现欲望，他们喜欢表演，渴望表演。表演可以加深学生对课文的理解，深入体会课文所蕴含的思想感情，从而提高学生的语文素养。因此在语文课上我努力营造轻松愉悦的学习氛围，寻找语文中的戏剧元素，循序渐进、各有侧重地进行指导，激发他们的创作热情，给他们展示自我、表现自我的舞台，让他们感受到无穷的乐趣，使他们觉得语文不再是单纯的字词句段篇的教学，而是一种快乐学本领的活动体验，从而极大地调动学生学习的积极性，使他们愿学、乐学、学有所得，课堂真的成了孩子们的学习乐园。

二、戏剧教育和语文教学与相辅相融的实践

戏剧教育的实施，不是只靠每周一节综合实践的既定式开展，戏剧教育的实施，还应在课堂的教学中巧妙渗透。如何在语文课堂上开展戏剧教育？最方便且有效的抓手就是“表演”。语文书中并不是每篇课文都适合表演，即使是适合表演的课文，也不是从头到尾都适合让学生表演。因此，在备课时，要挖掘课文中可表演的内容，明确表演的目标和形式，形成表演的初步构想。所以语文老师首先要思考的就是用心选择“演什么”。字词、片段、人物心理都是可以选择的内容。

字词理解，表演来帮忙。在引导学生理解生字词时，对于那些学生早就熟悉的词语，如一些表示动作的词语，我让学生联系生活实际来表演，从而加深学生对这个词语的理解。因为儿童思维的特点是直观感性的形象思维占主导地位，在理解生字词语时，利用情景表演，可以使概念清晰而形象地显示出来。如在教学《揠苗助长》中的“巴望、焦急、筋疲力尽”三个词语时，我让学生演不同的动作，其余学生猜词语。学生通过肢体语言，能准确传递信息，台上台下互动，既明确了动词准确运用的重要性，又增加了趣味性。学生在表演中理解词意，既符合儿童活泼好动、生活经验少的特点，也有利于他们正确地理解词语，形成清晰认识并牢牢记住。课文感悟，表演来助阵。引导学生理解课文时，对那些角色特点明显、对话生动有趣的内容，我直接让学生按照课文表演。如《动物王国开大会》这课中有很多的人物角色，我让学生们根据自己的喜好分别扮演老虎大王、狗熊、梅花鹿、大灰狼、狐狸等角色。表演前，我提醒大家注意不同动物的特点，比如，他们的动作、说话的语气、声调等，并在课文基础上，稍加改编，让每个部分的表演更有完整性。在学生想象练说的基础上，再表演这段内容。这样的表演既发展了学生的想象力，又丰富了学生的语言，还对学生进行了礼貌教育。

表演以课文为依托，只有学生熟悉了课文内容，他们才易于表演、乐于表演。确定了表演内容，怎么演，又成了我们思考的主题。不同题材的内容，需要借助不同的表演形式来呈现。比如《小马过河》这个小故事，学生们耳熟能详。故事中对话环节比较多，那就需要抓住人物特点，要重点引导学生体会故事情节，抓住文中人物特点，熟读人物语言，进行朗读指导，加入表情、动作等，然后表演。为了使学生感受语言要在不同的情境下富于变化，我请几位同学到讲台

前，我读课文学生表演，让其他同学感受老师读得好在哪儿。学生在讨论中明确了：小马是故事的主要角色，它勇敢、善良但是缺乏自信；老牛伯伯沉稳自信，给人依赖感；小松鼠灵活机敏，好奇心强。于是，我又请一组同学上台来读课文，另一组同学表演，其余同学当评委，读完、演完后，说出自己的感受，提出合理化建议或意见。

表演，不应是少数人的专利，而应该是属于全体学生的，要面向全体“大家演”。为了在课堂上让全班学生都参与其中，我们发挥小组合作学习的优势，让每一个孩子都参与。全班每个学生都必须编入小小组之中。同一小组的前后两桌为一个自然小组，每个小组必须有一个组织能力强、有一定表演能力的学生任组长，同时兼顾男女生的搭配。这样配置的小小组不仅有利于课堂表演，对实施小组合作学习也很有帮助。在进行表演时，让学生在四人小组内根据课文内容，明确各自的角色，互相练习、评价，再由每个小小组的相同角色的学生共同表演，然后交流、评价。或者选择那些表演能力强的学生，分成不同角色，在老师指导下面向全班学生表演，然后各小小组或模仿或创新，再由每个小小组集体表演。只有让每个学生都动起来，共同参与到表演活动中，才能取长补短，全方位地走进课文，走进角色内心，有整体概念，有合作概念，在一次次的磨合中，找到表演的最佳状态与方法。

三、戏剧教育育德育能实现教育价值最大化

表演，不是表面上的热闹，仅仅让学生笑一笑、乐一乐，调节气氛。它是通过表演这种形式引导学生琢磨课文，推敲文本语言，体会课文情感的过程。表演不是目的，而是一种手段，是学生深入课文，培养语感，提高阅读和审美能力的手段。表演《动物王国开大会》中，狗熊的四次通知，学生要学会做个细心的人；《小马过河》中，小马出色的表现，学生学会要勇敢面对困难和挑战，坚持不懈；《我要的是葫芦》中，学生穿越至古代，成为一位农夫，经历了葫芦满架到葫芦一个都不剩的痛苦经历后，明白了事物之间都是有联系的，看问题不能只顾结果；《打电话》真实再现生活情景，学生学会礼貌、简洁地进行电话交流。

我们与学生在语文课上一起揣摩、推敲文本知识，点燃学生的思维火花，充分发挥学生的主观能动性，鼓励学生通过自身的想象力对文本进行开发与创造，让学生从中有所发现，有所感悟。

四、戏剧教育让学生精彩绽放熠熠生辉

教育家杜威说：“要让学生参与到获取知识的过程中去，让他们觉得学习是一种乐趣而非负担。”戏剧教育渗透在语文教学中，语文教学中又包含着戏剧教育，两者互相作用，相辅相成。学生平时在课堂上的积累，使得他们在戏剧展演中，总是井井有条，忙而不乱，能尽可能全面地考虑整台剧所需要的要素，有条不紊地选素材、写剧本、改剧本、选演员、对台词、制作服装道具、初排、评议修改、精排。辛勤的付出让孩子们收获了成功的喜悦。《动物王国开大会》《小马过河》《坐井观天》《我要的是葫芦》《揠苗助长》等一个个剧目被我们搬上了舞台。班里的孩子们在舞台上收获着各自的精彩，惟妙惟肖的对话、生动丰富的表情，再加上精心准备的服装、道具，精彩的表演赢得了观众热烈的掌声。在专注而动情的表演中，每一个孩子都找到了属于自己的舞台，学习不再是一种负担，而是一种审美的追求，一种生命成长的渴望。孩子们用精彩与收获谱写出最动人的童年赞歌，用光荣与梦想装扮最斑斓的童年时代。

戏剧教育与语文教学同生共长，让戏剧这颗种子在孩子幼小的心中生根、发芽、开花、结果。让孩子爱上语文、爱上戏剧，让语文课堂成为提升学生文学与艺术品位的文化场。未来的路我们一起努力。

后　记

本书是一本关于戏剧教育的书，有着他们深入研究，贴着地面飞行的戏剧教育理念，有着他们脚踏实地摸索前行的痕迹，有着他们愿意为学生绽放精彩而付出的坚定，有着感染教育生长的力量。

在整理《戏剧教育之光》这本书的过程中，我们以小学生的认知水平为出发点，以学校地域特色为依托，借助课例、案例、剧本、论文四大板块，将戏剧艺术的魅力传递给读者。

我们特别感谢王蕊校长给予我们一群对戏剧有热爱之心的人，一个及时整理自己教育痕迹的平台。感谢扎根戏剧跨学科整合课堂研究的周迎旭、井涛、赵燕峰、金志英、王梦尧、安振明、张晴、伊文靖、高婷婷、陈晓娇、王海莲 11 位教师的辛勤劳作；感谢怀揣作家梦想敢于尝试剧本创编的李金金、李廷文、郭香义、李俊、周妍、项雨萌、赵倩倩、陈苏宁、田琳琳、张丹等 19 位教师付出心血的整理。感谢不断平衡智慧努力让学生因戏剧而焕发光芒的丁玲玲、聂李玉、李伶伶、刘大志、王冬冬等 13 位教师的倾情付出。感谢用执着的探索与自我突破的变革，进行自我对话的孙雪廷、郝晓娟、王海霞、冯小敏、齐天月等 13 位教师的梳理和提炼。

所有的成长，都是教师自身努力的成果，让《戏剧教育之光》这本书见证教师们的成长，为读者们的戏剧教育研究之路点亮一束明灯。愿这本书像一颗颗蒲公英种子，飞向更广阔的适合它生长的地方，让更多的人遇见戏剧，遇见一生美丽。